ཉིང་ཁྲིའི་ས་ཁོངས་རིག་གནས་དཔེ་ཚོགས།

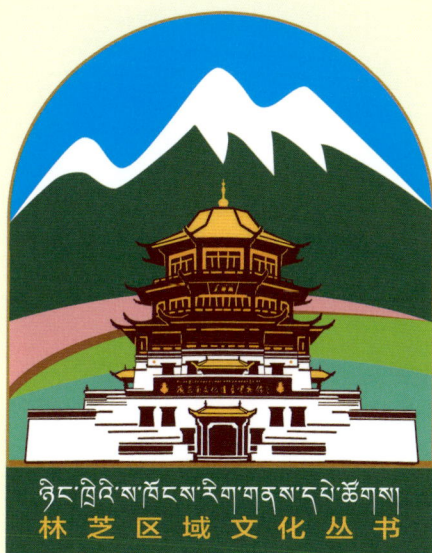

ཉིང་ཁྲིའི་ས་ཁོངས་རིག་གནས་དཔེ་ཚོགས།
林芝区域文化丛书

林芝史话

主 编 巴桑旺堆 副主编 普布多吉 丹 增

人民出版社

图书在版编目（CIP）数据

林芝史话 / 巴桑旺堆 主编 . —北京：人民出版社，2018.3
（林芝区域文化丛书）
ISBN 978 - 7 - 01 - 018731 - 0

I. ①林… II. ①巴… III. ①林芝地区 - 地方史 IV. ① K297.52

中国版本图书馆 CIP 数据核字（2017）第 321232 号

林芝史话
LINZHI SHIHUA

主编：巴桑旺堆 副主编：普布多吉 丹增

组　　稿：任 超 于 青
执　　行：侯俊智
责任编辑：侯 春
装帧设计：宁成春
美术编辑：肖 辉
责任校对：吴容华
责任印制：孙亚澎
出　　品：图典分社

出版发行：人 民 出 版 社
经　　销：新华书店
邮　　购：人民东方图书销售中心（电话：010–65250042、65289539）
印　　刷：北京雅昌艺术印刷有限公司
版　　次：2018 年 3 月第 1 版 2018 年 3 月北京第 1 次印刷
开　　本：710 毫米 × 1000 毫米 1/16
印　　张：24.25
彩色插页：5
字　　数：230 千字
定　　价：66.00 元

坐落于西藏第一座宫
殿——雍布拉康殿内的聂赤
赞普塑像（扎洛／摄）

8世纪，吐蕃赞普赤松德赞时期颁给工噶布王的盟约性质的文书——丹娘
朗嘎石碑全景（普多／摄）

《工布雍仲增石刻》
局部（普多／摄）

位于西藏林芝市朗县的全国重点文物保护单位、吐蕃王朝时期的金东列山古墓群
（普多、格桑／摄）

矗立在西藏林芝市工布江达县境内的秀巴碉楼群（扎洛／摄）

位于西藏林芝市米林县丹娘乡境内的工布阿杰王石雕像（西藏林芝市米林县政协／提供）

拉颇新石器遗址出
土的装饰穿孔鸡冠錾耳
的磨光陶片（索朗旺秋／
摄）

具有 2700 多年历史的西藏林芝市波密县倾多镇阿岗绒青石石板墓地挖掘现场
（索朗旺秋／摄）

西藏噶厦政府设立的工布则拉岗宗办公区遗址外景（普多／摄）

旧西藏的粮食计量工具——斗（左）和升（普多／摄）

坐落在西藏林芝市朗县的十三世达赖喇嘛土登嘉措的庄园——冲康庄园（巴桑次仁／摄）

用金东藏纸制作的旧西藏纸币（曲尼多吉／摄）

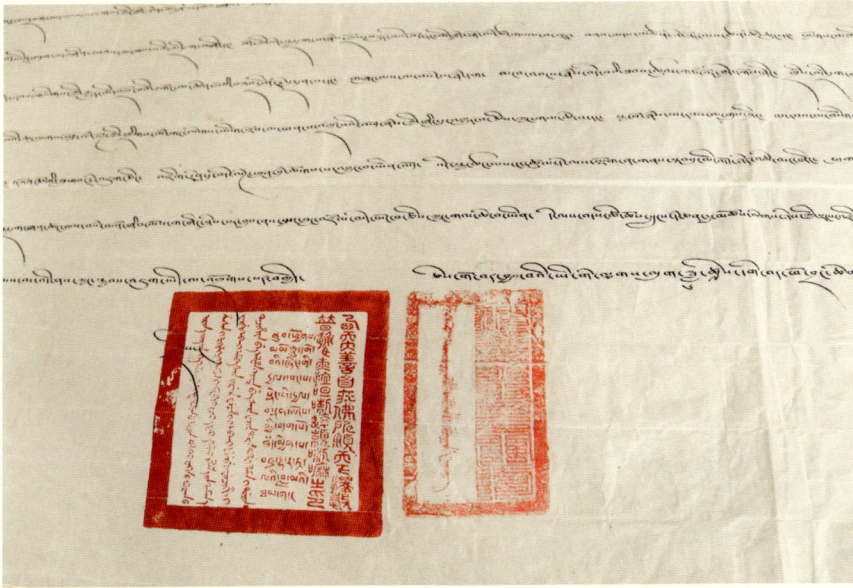

1751 年，七世达赖喇嘛格桑嘉措及西藏噶厦政府发至波沃曲宗的关于任免噶伦及其分工职责十三条纲领的文件（普多／摄）

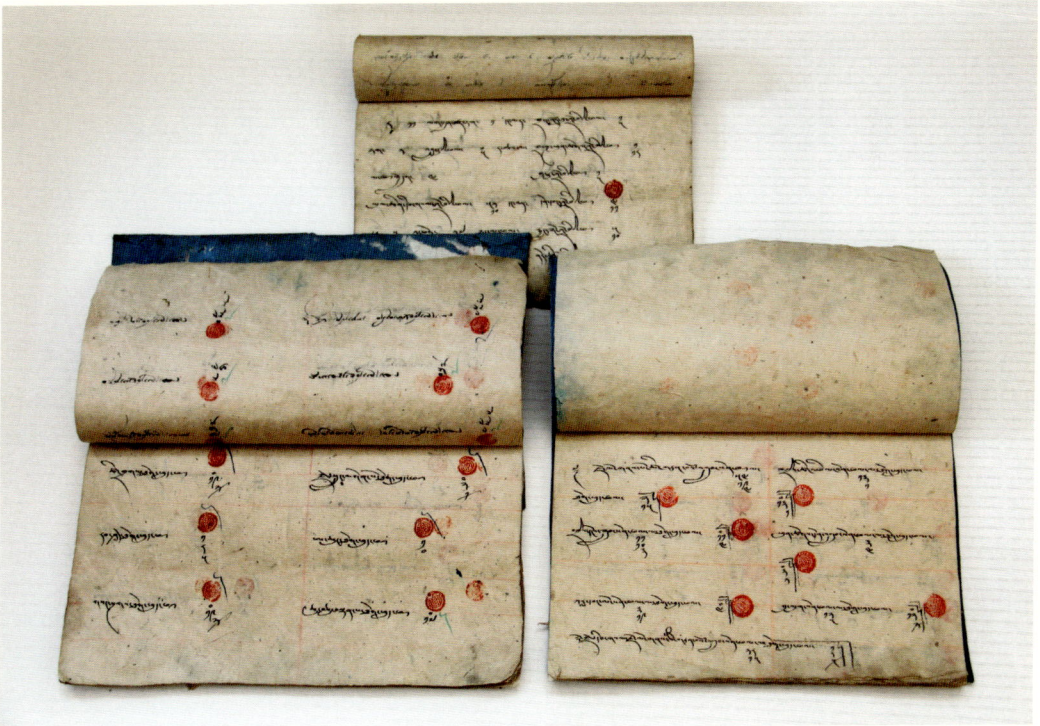

西藏噶厦政府在波密收缴公粮时的部分账册（普多／摄）

末代波密嘎朗第巴旺钦杜堆（前排左三）及其随从人员（索朗旺秋／提供）

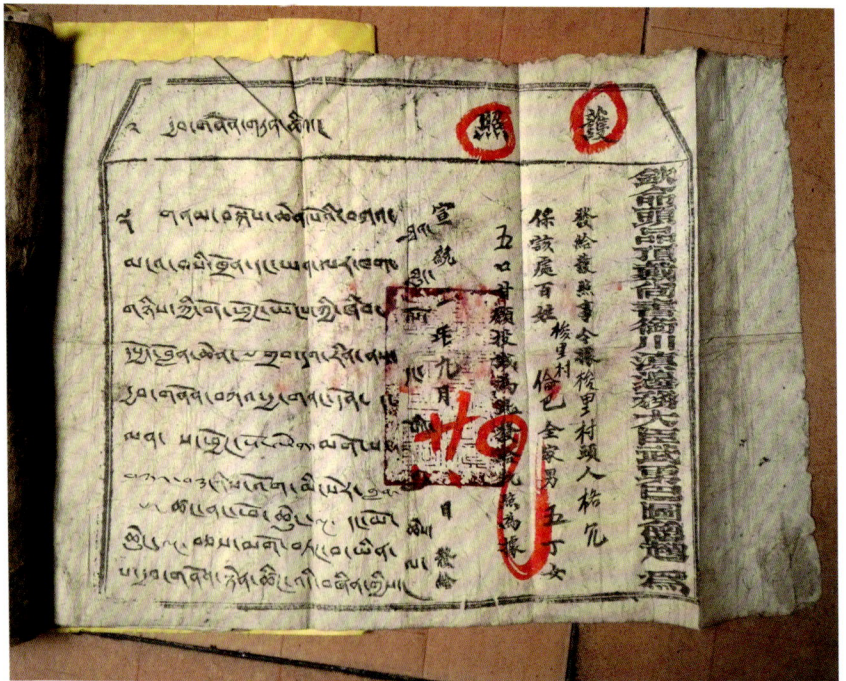

清朝川滇边务大臣赵尔丰颁发的通关证（西藏林芝市察隅县档案馆／提供）

沧桑历史的见证——西久城门遗址（普多／摄）

第一至五世帕巴拉活佛的驻地扎西曲林寺（次仁多吉、坚参／摄）

《林芝史话》编撰人员长途跋涉考证历史遗迹（嘎玛扎西／摄）

《林芝史话》编撰人员深入基层收集第一手资料（嘎玛扎西／摄）

总　序

白玛朗杰

（中国人民政治协商会议西藏自治区委员会副主席兼
西藏自治区社会科学院院长）

　　盛世修书，传承文明，惠泽世人。在全国上下推进社会主义文化大发展、大繁荣的大好形势下，林芝市委、市政府为挖掘文化资源，提升林芝的文化软实力，于2014年启动《林芝区域文化丛书》（以下简称《丛书》）编撰工作，涉及8个方面，藏、汉文共计16部，即《林芝史话》《林芝当代历史变迁》《林芝民间故事》《林芝民歌精选》《林芝名胜古迹》《林芝山水文化》《林芝民俗文化》《林芝地名历史文化释义》。林芝举全市之力，聚多方之智，融史料之精，五易其稿，始成此书。这是林芝文化事业发展中的一件大事，足以载入史册。特表祝贺！

　　林芝物华天宝，人杰地灵。工布文化独具特色，源远流长。我曾有幸在兹耕耘数年，一直以来不敢淡忘。《丛书》面世，凝结了全体编撰人员的万千心血：足行千里，书翻万卷，伏案耕耘，殚精竭虑。这种对历史负责、对人民负责、对事业负责、对后人负责的精神，当与《丛书》同存。在《丛书》编撰过程中，西藏自治区社科院有幸参与其中，能为《丛书》编撰略尽绵薄，甚感宽慰。

用马克思主义观点认识林芝、研究林芝，功在当代，利在千秋；保护林芝文化精粹，传承林芝文化优点，繁荣林芝文化发展，责无旁贷，义不容辞。

《丛书》是一面棱镜，全方位、多角度透视林芝的历史、文化、社会、政治、经济等各个层面，为世人认知林芝提供了系统、科学、准确的资料。同时，《丛书》中有关革命传统、爱国主义等内容，将对推动社会主义核心价值观教育产生积极影响。

愿《丛书》为认识过去、服务现在、展望未来发挥更大作用！

目 录

第四章　封建割据及佛教后弘期

第五章　萨迦、帕木竹巴地方政权时期

第六章　甘丹颇章政教合一政权时期

第七章　清末民初行政区划改革

第一章

新石器文化遗存

根据藏文史籍记载：西藏高原最初本是一片汪洋大海，随着大地从茫茫大海中隆起，逐渐沧海变桑田，开始有人类的活动，而位于雅鲁藏布江中下游两岸和尼洋河下游的林芝（ཉིང་ཁྲི）市辖区是西藏高原的重要组成部分。1958 年，我国考古工作者在林芝县①（今西藏林芝市巴宜区，下同）境内，出土有古人类头骨和古脊椎动物化石的早期遗址；其后，又先后在林芝、墨脱两县境内发现了多处新石器时期的人类活动遗址和石器采集点，出土了古人类头骨、石器和陶器。这使人们既可以把林芝境内人类活动的历史追溯到几千年乃至上万年前，也可以对林芝远古人类活动的历史获得全新的认识。目前，学术界普遍认为林芝地方也是西藏高原人类繁衍生息最早的地区之一。

一、林芝人类骨化石遗址及新石器文化遗址

我国考古工作者于 20 世纪 50 年代在林芝县境内发现古人类遗骸化石以后，又相继发现了一些新石器遗址和石器采集点，主要集中在林芝和墨脱两县境内，有遗址 4 处、石器采集点 13 处。其中，在林芝县有云星（སྐར་རི་གནས་ཆེངས）遗址、卓木（ཇུ་ཆུ་གནས，史称居木）遗址、都普（ཏོ་ཕུ）遗址、加拉马（སྐྱགས་ར་རྨ་ས）遗址、红光石器采集点等。

林芝县人类骨化石遗址

1958 年，在林芝县境内发现古人类遗骸和古脊椎动物骨骼

---

① 原林芝县所在地称作尼池，后译作林芝。1959 年，在尼池村设林芝县，2015 年改称巴宜区。

化石的地点是林芝的核心地区，位于尼洋河汇入雅鲁藏布江回流处的东北岸。这两处文化遗存的发现，说明早在新、旧石器时期，尼洋河流域既已经有着广泛的古人类活动，又有成群的牛、马、羊等哺乳动物在这一地区活动，为人类的生存及从事生产活动提供了良好的场所。据考古学界科学鉴定，尼洋河流域发现的古人类遗骸大约属于新石器时代晚期，说明早在新石器时代在尼洋河流域就已经有着广泛的古人类活动。1975 年，在林芝县境内发现的人类遗骨被称为"林芝人"，并确认为新石器时代藏族的先民之一。林芝人遗骨及其他如动物骨骼化石等文化遗物的发现，为探索和研究青藏高原古人类活动情况提供了重要依据，说明林芝盆地、尼洋河流域是古人类活动的重要基地之一。

林芝石器遗址

林芝石器遗址主要分布在现今巴宜区境内。发现的石器遗址有云星石器遗址、卓木（ཞྲོ་མུ）石器遗址、都普石器遗址、加拉马石器遗址和红光石器采集点。

云星①石器遗址位于米瑞乡本仲村北约20米处，地处尼洋河东岸二级阶地，海拔约 3000 米。1974 年，出土了石器 6 件和陶片百余片以及红烧土等。6 件石器中既有打制石器，也有磨制石器。打制石器中有盘状器、石刀、石凿、砍砸器等。盘状器原为大硕石片，周边经加工而成。石刀由板岩石片磨制而成，制作粗糙，单刃。石凿为条形，横剖面呈长方形，刃部稍残，器身两面琢打，由两面磨成刃部，与器身有明显界限。石砸器为残片，无完整器形。陶片以夹砂陶为主，部分为泥质陶。陶色以褐色为主，也有少量红陶和黑陶。陶片大多表面经过磨光，除素面外，

---

① 当时，此处属于云星公社，故取名为云星石器遗址。

还有划纹、压印纹、绳纹、附加堆纹。从现存残片来看，器形有钵、罐、盆等，均为平底器。

卓木石器遗址位于布久乡卓木二村南，地处尼洋河西岸坡地，海拔约3100米。1974年，出土了8件石器和一些陶片。8件石器中有磨制石刀2件，皆残，系用板岩磨成，宽背单刃；敲砸器2件，原为石核，呈半圆形，有的经过修理，周缘局部保留原石皮；石凿1件，残，磨制；网坠3件，都用扁平砾石加工而成。陶片是一些破碎片，以夹砂褐色为主，也有少量红陶和黑陶，泥质陶极少。陶器表面除素面外，有划纹、绳纹、带状堆纹和三角形镂空等纹饰。器形有罐、盖（盘）、器耳等。

都普石器遗址位于八一镇都普村南150米处、原林芝印刷厂果园内，海拔约3150米。1988年，试掘25平方米，从刨面来看，自上而下依次为耕土层、灰土层、沙土层。其中，灰土层含有陶片和灰烬，沙土层为黄褐色，无文化遗存。出土的有石锛和陶片，其中陶片22片，为泥质黑陶、夹砂红陶。

加拉马石器遗址位于八一镇加拉马二村，地处尼洋河东岸一级阶地前缘，海拔约3200米。遗址面积不详，从地表采集的陶片中能够确定的器形有罐、瓮、器盖、器耳等。纹饰有压印绳纹和锯齿形纹。另外，还采集到1件用石英岩打制而成的长石叶，长5厘米，宽2.3厘米。片身稍厚，有使用痕迹。[①]

红光石器采集点位于原林芝县红光公社，地处雅鲁藏布江和尼洋河汇合处北岸山坡台地上，海拔约2800米。该遗址基本上确定为属于新石器时代晚期。出土有石器和陶片。石器有打制石器和磨制石器，未曾发现细石器。打制石器数量较多，多为

---

① 林芝市巴宜区境内新石器遗址的相关文字依据《中国文物地图集·西藏自治区分册》，文物出版社2010年版，第270页。

生产工具，器形有盘状器、敲砸器、网坠等。少量磨制石器中，按器形有石刀（穿孔石刀）、小凿、穿孔石器等。陶片以夹砂陶为主，泥质陶较少，陶色有黑色、褐色、红色。黑陶表面磨光。除部分陶片为素面外，有纹饰的可分类为划纹、压印纹、绳纹、附加堆纹等。陶片可辨认的器形有碗（钵）、罐（瓮）、盖（盘）三类。器底只有平底一种。①

二、墨脱石器采集点

1976年，中国社会科学院民族研究所在墨脱县境进行民族调查时，从墨脱村、背崩（འབས་སྲུངས་）村、地东（སྤྱིག་གདོང་）村、帮辛（སྤང་ཞིང་）村、西让（ཞི་རང་）村等村村民手中征集了16件石器，均属于新石器遗存。②此后，又相继发现了一些同一个时期的石器采集点，前后合在一起共有12处，均分布在雅鲁藏布江下游两岸的河谷台地上，海拔高度约500—1500米，属于典型的高山峡谷地带。其中，墨脱镇辖区3处，背崩乡境内5处，格当（དགུ་ནང་）乡境内2处，达木（སྟག་མོ་）珞巴民族乡境内2处。主要采集点有墨脱村采集点、达木村采集点、玛迪（དམག་ཏྲེ་）村采集点、背崩村采集点、格当村采集点、西让村采集点、格林（འབས་སྲུངས་གདུང་ཕོང་）村采集点、地东村采集点、亚东（ཡ་གདུང་）村采集点、上布龙（ཐུ་ཕྱུང་སྟོང་）村采集点、马尼翁（འབས་སྲུངས་གང་ཕོང་）村采集点和卡布（ཁ་བུ་）村采集点。③

墨脱村石器采集点位于墨脱村南，地处雅鲁藏布江东岸阶地。在东西长1000米、南北宽500米的阶地地表上，采集了磨光石锛6件、石斧1件、石凿1件。石锛的形状有长条形、长方

---

① 转引自《四江流域社会文化经济概括》，内部资料，2004年。

② 参见尚坚等：《西藏墨脱县又发现一批新石器时代遗物》，《考古》1978年第2期。

③ 参见《中国文物地图集·西藏自治区分册》，文物出版社2010年版，第270、276页。

形和梯形，多中锋弧刃，其中，长方形石锛已残。另外，采集有装饰绳纹和划纹的夹砂红陶、灰陶陶片数片。

玛迪村石器采集点位于墨脱镇玛迪村北 120 米处，地处雅鲁藏布江西岸谷坡台地，海拔 950 米。地面采集磨制石器 3 件。其中，长方形石斧 1 件，长 5.8 厘米，宽 3.3 厘米，厚 1.4 厘米；石锛 2 件，其一为长方形，顶端略残，两面皆有琢痕，长 8.1 厘米，宽 1.9 厘米，厚 2.3 厘米。

亚东村石器采集点位于墨脱镇亚东村，地处雅鲁藏布江东岸的坡麓地带，海拔 1060 米。地面采集磨光石斧 1 件，器身呈长方形，中锋直刃，长 10.8 厘米，刃宽 5.7 厘米，厚 2.2 厘米。

背崩村石器采集点位于背崩乡背崩村西，地处雅鲁藏布江东岸高阶地，与河面的高差约 150 米，海拔 600 米。地面采集磨制小石斧 2 件，器身皆呈长方形。其一长 8.5 厘米，宽 2.1 厘米，厚 1.9 厘米；其二长 6.7 厘米，宽 2.3 厘米，厚 1.9 厘米。

马尼翁村石器采集点位于背崩乡马尼翁村。地面采集磨光石锛 1 件，墨绿色粗玉质，器身略呈梯形，一面右侧刻有一浅沟，刃部有使用痕迹，长 8.5 厘米，宽 3.9 厘米，厚 1.1 厘米。

格林村石器采集点位于背崩乡格林村东南 8 公里处，地处雅鲁藏布江南岸支流的谷坡。地面采集磨光石斧 1 件，墨绿色粗玉质，略呈长方形，上端已残，长 8.1 厘米，宽 4.1 厘米，厚 2.6 厘米。

地东村石器采集点位于背崩乡地东村西，地处雅鲁藏布江西岸阶地，海拔约 500 米。地面采集磨光小石斧 1 件，黑色石材，略呈梯形，长 6.8 厘米，宽 4.2 厘米，厚 1.4 厘米。

西让村石器采集点位于背崩乡希让村东北，地处雅鲁藏布江西岸谷坡。地表采集磨光石斧、石凿各 1 件。石斧呈长方形，长 10.8 厘米，宽 3 厘米，厚 2.6 厘米；石凿为长条形，顶端残，长

17.7 厘米，宽 2.9 厘米，厚 1.2 厘米。

格当石器采集点位于格当乡政府驻地，地处雅鲁藏布江东岸支流岗日嘎布河的北岸阶地，海拔 2090 米。地面采集磨制石斧 2 件，器身皆呈梯形。其一长 11.4 厘米，最大宽 6.5 厘米，厚 2.3 厘米；其二长 7.5 厘米，最大宽 4.1 厘米，厚 1.9 厘米。

上布龙村石器采集点位于格当乡上布龙村，地处雅鲁藏布江东侧支流岗日嘎布河的北岸坡地，海拔 2020 米。地面采集磨光石锛 1 件，黑色石材，略呈长方形，长 8.6 厘米，宽 2.9 厘米，厚 1.8 厘米。

达木村石器采集点位于达木珞巴民族乡达木村西北，地处南迦巴瓦峰东南麓低坡，海拔 1540 米。地面采集磨制石器 12 件。其中，石斧 10 件，器身呈梯形或长方形，长 7.8—10.8 厘米，宽 3.9—4.3 厘米，厚 2.1—3.4 厘米；石锛 2 件，器身呈长方形，分别长 7.2、9.7 厘米，宽 2.3、3 厘米，厚 1.6、1 厘米。

卡布村石器采集点位于达木珞巴民族乡卡布村西，地处雅鲁藏布江西岸阶地。地表采集磨光石纺轮 1 件，黑色石材，圆饼形，中孔对钻，轮径 3.3 厘米，厚 1.1 厘米，孔径 0.5 厘米，是林芝市首次发现的史前石质纺轮。

以上墨脱县境内石器采集点上采集的石器，有些打制精美、做工精细。考古专家根据这些石器的制作工艺和器形考证认定，是属于新石器时代晚期的遗存。

从墨脱境内发现的新石器时代的石器器形中，考古工作者得出了两个重要结论：一是早在 5000 多年前，即新石器时期，位于雅鲁藏布江下游和喜马拉雅山南坡的墨脱一带就已经有古人类的活动，其中一些人类活动遗迹有可能是珞巴人祖先留下来的，这为研究珞巴族族源提供了考古发现的线索。二是墨脱地区的古人类所使用的石器证明，他们主要从事农业生产并过着定居的生活。墨脱出土的石器，与时代相近的藏北高原游猎部族使用的以刮削器为主的细石器有显著不同。[①]

三、波密石器遗址

2011 年 10 月，西藏自治区文物保护研究所考古人员应波密县文物局邀请，在波密县倾多镇巴康行政村巴托卡自然村一条简易乡村公路改扩建时涉及的古遗址进行了考古调查。

此次考古调查，通过对波堆藏布流域较为详细的考古调查与发掘，新确认文物点甲木卡（ཁྱུ་ཤིང་ཁ）、拉颇（ལ་འབག）、巴甘玛（ན་ཆེན་མ）、旺果（ལ་མགོ）、拉卡擦康（ལ་ཁ་ཚ་ཁང）5 处。其中，对拉颇遗址进行考古试掘时，开挖了 2×4 米深沟一条，发掘出土一批陶器与动物骨骼标本。陶器分为夹砂陶和泥质陶两大系。其中，夹砂陶系内有灰陶、红褐陶，纹饰以细绳纹为主要特征。部分陶器还装饰有附加堆纹，单向穿孔，器物种类以体型较大的陶罐为主。泥质陶数量少，大多为灰陶，器表经打磨光滑，器物种类多为平底器。

根据西藏自治区文物保护研究所一项内部报告，这 5 处遗址中，确认拉颇遗址为新石器时代的遗址，是首次在波密境内发现的距今约 4000—4500 年的新石器时代文化遗址。拉颇遗址出土了陶器、石器，其文化特征具有地域特征，与昌都卡若、拉萨曲贡遗址的石器文化有着较为明显的区别。新石器时代的拉颇遗址的试发掘意义重大，为波密地区的进一步考古发掘和研究、为西藏的新石器文化研究提供了重要资料。另外，有可能是新石器遗址的还有甲木卡遗址，因标本太少，无法确定文化特征。[②]

---

① 以上相关表述依据《中国文物地图集·西藏自治区分册》，文物出版社 2010 年版，第 276 页。

② 林芝市波密地区考古发现资料，源自西藏自治区文物局陈祖军研究员的内部报告。

第二章

古代早期历史

林芝以历史悠久而著称，早在 2000 多年前，在工布、波密（史称波窝）等地境内就有相当活跃的政治、经济、宗教、文化活动。至今，波密境内仍流传着吐蕃王室悉补野（སྤུ་རྒྱལ་）邦国远祖聂赤赞普出生于波密的丰富历史传说。7 世纪前，林芝境内有工布、娘布、钦域三个邦国（རྒྱལ་ཕྲན་），统辖一方，管理辖境，活跃一时，又与邻近地区在政治、经济、宗教、文化等方面交往密切。

一、苯教在古工布地区的最初传播

苯教，是藏族古老的一种本土宗教信仰，是西藏古文明的主要源头，也是古代藏民族赖以生存、繁衍的思想文化基础。

根据藏文史料，大约在公元前 5 世纪前后，西藏西部古象雄地方存在着各种称为苯的原始宗教，崇奉五界神、地方神、守舍神、战神等多个不同神祇，并为供奉这类神祇，时常杀牛、羊、鹿等牲畜来举行大规模的杀生祭祀活动。大约距今 2000 年前后，一名叫作顿巴辛绕·米沃切（སྟོན་པ་གཤེན་རབ་མི་བོ་ཆེ།，以下称顿巴辛绕）的苯教师，在对原有各种苯教教义和杀生祭祀仪轨进行改革的基础上创建了雍仲苯教（གཡུང་དྲུང་བོན་）。此后，雍仲苯教在青藏高原广泛传播，成为主导藏族先民思想文化的主要意识形态。后世苯教徒把顿巴辛绕尊为开宗导师，他成为苯教的祖师。雍仲苯教在形成过程中经历了三个阶段：诵苯（བོན།）、洽苯（འགྱུར་བོན།）、居苯（འདུར་བོན།）。诵苯指一种经常需要颂诵的苯教；而洽苯意为游走苯，指从外地传播来的苯教；居苯则指从其他文种翻译过来的苯教，可称之为"译苯"。雍仲苯教形成后，其教义和仪轨由九个部分组成：占卜（ཕྱྭ་གཤེན་）、景象（སྣང་གཤེན།）、生死（སྲིད་གཤེན།）和幻化（འཕྲུལ་གཤེན་）称为四因乘，居士（དགེ་བསྙེན་）、仙士（དྲང་སྲོང་）、太白（ཨ་དཀར་）和元始（ཡེ་གཤེན་）称为果位四乘，加之大殊胜乘（ཁྱད་པར་ཆེན་པོའི་ཐེག་པ་），形成了九乘理论，称为九乘（བོན་གྱི་ཐེག་པ་རིམ་དགུ）。

根据苯教史籍记载，悉补野第七代国王止贡赞普（གྲི་གུམ་བཙན་པོ་）时期，苯教史上发生了第一次灭教灾难。由于当时苯教徒在王室和社会上拥有极大的权势与影响，对王权构成了威胁，于是，止贡赞普驱逐苯教徒，禁止苯教势力获得政治和宗教特权，使苯教第一次遭受了重大打击。苯教历史学家把止贡赞普灭苯前的苯教盛行时期称为前弘期。

后来，止贡赞普在与属臣洛昂（ལོ་ངམ་）的争斗中被杀，苯教渐渐恢复元气，重新得到了发展，又成为悉补野王室和社会十分尊奉的宗教。苯教上层人士以"古辛"（སྐུ་གཤེན་）之名参与王室的大事决断，对社会和民众拥有绝对的影响力，这种社会现象一直延续到7世纪初。629年，即藏历土牛年[1]，赤松赞（ཁྲི་སྲོང་བཙན་）[2]登基执政后开始尊奉佛教。佛教在松赞干布、赤松德赞（ཁྲི་སྲོང་ལྡེ་བཙན་）、赤德松赞（ཁྲི་ལྡེ་སྲོང་བཙན་）、赤祖德赞（ཁྲི་གཙུག་ལྡེ་བཙན་）等吐蕃国王的全力推行下获得了极大发展，并与苯教发生了激烈的冲突。尤其是在8世纪后半叶，在赤松德赞国王采取的兴佛抑苯政策下，苯教遭受了灭顶之灾，经典被火烧或被水淹，大量苯教徒被迫流亡边鄙地区。这是苯教历史上遭受的第二次灭教灾难。其结果是，佛教取代苯教成为吐蕃社会中占据统治地位的第一大宗教。

---

① 藏历绕迥，即60年周期之算法始于11世纪火兔（丁卯）年，即1027年。在此前，无绕迥之说。

② 赤松赞即松赞干布。松赞干布为臣民送上的尊号。

苯教在古工布地区的传播，可追溯到顿巴辛绕时期。[1] 根据苯教典籍记载，顿巴辛绕在工布地区的传教经历充满了神话般的传奇色彩。顿巴辛绕生于古象雄地区的沃莫龙仁，成为雍仲苯教的祖师后，萌发了前往吐蕃四茹之地传教的想法。于是，他从四水之源[2] 经藏、娘布等地来到工布地区传教。他来到查齐拉喀（ཐུག་ཕྱི་ལག་，今称巴吉）时，遇到工布地区众"邪魔"的强有力抵抗。工布地区"邪魔"首领恰巴拉仁（ཁྱབ་པ་ལག་རིང་）纠集魔军布满三座大山，试图阻挠顿巴辛绕传教。于是，顿巴辛绕以法力来集合神军，降伏了魔军，并施法在该地长出了一棵被称为"桑瓦柏树"（གསང་བ་ཁྲུག་སྐོང་）的树王。这时，恶魔恰巴拉仁又心生一计，变出一座大山，企图阻挡顿巴辛绕的去路。只见顿巴辛绕用手抬起此山搁在左边，此山顿时金光灿灿，形状犹如宝垫，顿巴辛绕坐在其上讲经说法。此山被赐名为图珠大苯日山（ཁྲུགས་སྤྲུལ་བོན་རི་），意即顿巴辛绕心力变化之山。后来在尼池、则拉一带传教时，顿巴辛绕先后降伏恰巴拉仁和众"邪魔"，以苯教之"善道"调伏了当地众生。[3]

上述神奇传说中，苯教徒把工布地区抵抗雍仲苯教传播者以"邪魔"冠名，是为了彰显和表达以顿巴辛绕为导师的雍仲苯教神性的神奇与合理性。实际上，所谓"邪魔"应该是古工布地区盛行的、与苯教有别的地方原始神祇信仰。而苯教与"邪魔"的斗争，彰显了当初苯教在工布地区传播时与当地信仰之间激烈冲突的历史面貌。

---

[1] 苯教何时传入工布地区，无可考确切年代。综合各种历史典籍记载，推断距今约 2000 年前已传入工布地区较为符合相关历史记载。

[2] 四水之源指今西藏阿里地区的冈底斯山。四水为狮泉河、孔雀河、象泉河与马泉河。

[3] 《隐秘圣地苯日山志》，参见《西藏古迹志选编》（藏文版），西藏藏文古籍出版社 1995 年版，第 141—143 页。

二、聂赤赞普来自波窝一说

早在 2000 多年前，今山南市雅砻一带就进入了发达的农耕文化时期，成为悉补野邦国的发源地。悉补野邦国的第一代君王名为聂赤赞普（ གནའ་ཁྲི་བཙན་པོ ）。藏文中用"赞普"形容人，本意指拥有权势的威严之人，进而成为古代国王、君长的尊名。"其俗谓疆阔曰赞，丈夫曰普，故号君长曰赞普。"这是《新唐书·吐蕃传》对"赞普"的释读，基本符合藏文原义。关于聂赤赞普的身世来源，藏文传统史籍记载了三种不同说法，且这三种说法源自不同文化背景，带有不同程度的神话或传奇故事。

根据 13 世纪 60 年代问世的藏文史学名著《弟吾教法源流》（ ལྡེའུ་ཆོས་འབྱུང ）记载，关于聂赤赞普身世来源的三种说法是："印度释迦王族后裔说"，"天神下凡到拉日羌脱神山为人主说"，"被波窝地区驱逐说"。以上三种说法，又被分别称为"佛教之说""苯教秘籍之说"和"民间极密之说"。①

所谓"佛教之说"认为，古印度有一个王族称为释迦日查巴（ ཤཱཀྱའི་རི་བྲག་པ ），日查巴的子嗣玛嘉巴（ དམག་བརྒྱ་པ ）的一个儿子流落到蕃土②为王，即为聂赤赞普。《弟吾教法源流》中记述的"佛教之说"，最初出现在 11 世纪的伏藏名书，诸如《柱间史》中。13 世纪后，这一传说在一些佛教高僧的史学著作中得以进一步传播和发挥。事实上，"佛教之说"本质上是佛教徒史学家试图用佛教史观，把吐蕃赞普祖系向古印度释迦种姓高攀的一个离奇的杜撰故事，并不意味着有任何史实依据。

"苯教秘籍之说"是藏族史上影响深远的一个传说。在雅砻

---

① 《弟吾教法源流》（藏文版），西藏藏文古籍出版社 1987 年版，第 226—243 页。
② 蕃土为学术上通用的对古代藏区的称呼，是吐蕃之地的简称。

一带的一个部落有父系九族的臣民，因为不能抗衡十二邦国的势力，共议寻找一个具有法力和神术的君王。此时，正好从上天得到启示，说七层天界之穆域（ རྩང་རིས་དགུ་ཕུབས་ ）有一名穆氏的外甥聂赤赞普，可请他下凡为人主。于是，父系九族委托"孜神"孜噶玛约德（ ཕྱྭ་བདག་གྱི་སྲས་མ་ཡོལ་ལྡེ་ ）去迎请聂赤赞普。当聂赤赞普决定下凡人间，遥望大地时，突然云霄开阔，拨云见日。见山莫有比拉日羌脱山（ ལྷ་རི་གྱང་ཏོ་ ）①更威严，见平地莫有比工旭色莫楚西（ ཀོང་ཡུལ་སི་མོ་གྲུ་བཞི་ ）②更为广阔秀丽，于是，聂赤赞普下凡到人间，成为黎民百姓之主。

苯教典籍对聂赤赞普从天界下凡到人间、为黎民百姓之主的经过，还有另外一番说法：苯教创始人顿巴辛绕在工布地区成功传教后，苯教上祭祀神灵、下调伏鬼怪的仪轨盛行于工布地区。当时有苯教的两个著名巫师，一个叫觉恰噶（ ཅོག་ཆུག་དགང་ ），另一个叫茨米萨琼（ འཚེ་མིའི་སྲས་ཆུང་ ），来到工布直纳（ ཀོང་པོ་ཇི་ན་ ）③。一天，当地民众在一座山顶上举行祭祀神灵的仪式时，突然随着一声巨响，一个满身发光的人从天而降，落到山顶。人们惊奇不已，议论纷纷，说是天神降临人间来做黎民百姓之王。见有如此奇异的事情发生，众人便用肩膀扛起一个宝座，让那个人高坐在上面，簇拥着立此人为国王，取名为聂赤赞普，意即"坐肩王"。而聂赤赞普降临的山被叫作拉日羌脱，意即神山羌脱。直至今日，此山仍被视为林芝境内的著名苯教遗迹。

由于苯教传说中把聂赤赞普视作天神之子，因而，早在1000多年前写成的古代敦煌藏文历史文献和吐蕃碑刻把吐蕃国王称作天神后裔。敦煌古藏文历史文书 P.T.1286 记载：聂赤赞普

---

① 拉日羌脱山位于西藏林芝市巴宜区林芝镇境内，为著名苯山山脉的一部分。

② 工旭色莫楚西一地，学术界一般认作是今西藏林芝市巴宜区林芝镇卡斯木（ མཁར་སྲི་ཀོ་ ）村一带。

③ 工布直纳，即今西藏林芝市巴宜区林芝镇扎那村。

从天界"降临在拉日羌脱山上"。吐蕃石刻《工布雍仲增石刻》①亦曰:"初恰·雅拉达楚之子聂赤赞普降临拉日羌脱山上,为人主"。这种天神之子下凡人间为人主之说,体现了早期苯教的观念。苯教教义中唯天神为尊,而通常仪轨中最重要的亦是祭祀天神。松赞干布建立吐蕃王朝后,历代吐蕃国王皆以是天神后裔为傲,拥有"天神之子""神变赞普"等尊称。

如果抛开苯教神话传说的外衣,聂赤赞普是悉补野部落早期最有影响力的一个祖先。所谓天神之子下凡为人主,则是苯教徒创造的适合于苯教在吐蕃政治、社会中占据统治地位的一个文化话语形态。

"民间极密之说"指的是流行于民间的"极密之说",传说聂赤赞普出生于波窝。波窝有一妇女名为莫莫尊(མོ་མོ་བཙུན་),生下了九子。他们被称作"帖冉奔古"(ཐེ་རང་སྐྱུན་དགུ),即"独脚鬼九兄弟"。②其中,幼子玛涅乌皮热(མ་སྙེ་གུ་ནེ་ར)长相奇特,比如舌出口外,覆面大部,指间有蹼,连指一起;又生性粗暴,具有法力。于是,乡人以"帖冉"为名把玛涅乌皮热从故乡驱逐,他遂经工布、塔布流落到蕃地(指雅砻一带)。当时,蕃人正在寻觅一个适合做君王的人,遇到了玛涅乌皮热,就问他:"从何处来?"答曰:"来自波窝。"又问:"你指间有蹼,舌头奇特,有何法力?"答:"我仅仅因为法力与神术过于神奇,才被驱逐。"于是,蕃人在肩上搭座,抬走玛涅乌皮热,迎其为王,名为聂赤赞普。

虽然"极密之说"亦有一些神奇传说成分,但有一点可以肯定,聂赤赞普来自于波窝一说,有一些古代的史料可为依据。传说的编造者对这一传说冠以"极密之说",似乎隐含着一种观点,

---

① 此石刻位于西藏林芝市巴宜区米瑞乡玉荣增村。
② 独脚鬼是一种飞行饿鬼。波密一带,对调皮捣蛋的小孩也叫作"帖冉"。

即与"佛教之说"的释迦王族后裔、"苯教秘籍之说"的天神后裔相比，"聂赤赞普为波窝平民之子说"，因其种族低下，似乎不宜昭示天下，故而，这一传说是一个不能公开流传的"密说"。

综合以上聂赤赞普身世的三种来源，可以肯定的是，聂赤赞普既非一个来自于印度释迦种姓的"非吐蕃人"，也非"天神下凡"。根据已有的史料记载和民间久已流传的历史传说，藏学界普遍认可聂赤赞普是来自于波窝的悉补野王族的始祖。

三、止贡赞普初葬于工布之说

根据藏文历史文献记载，聂赤赞布大概生于公元前127年，他的王位传至第七代国王止贡赞普[①]时，悉补野内部发生变乱，止贡赞普被大臣杀害。史书称：止贡赞普性格暴虐，执政无道，与大臣洛昂发生尖锐矛盾，直至演变成战争。最终，止贡赞普被洛昂所杀。止贡赞普的两名王子夏奇（ གཤ ）、涅奇（ ཉ ）[②]分别逃亡到工布地区避难。后来，夏奇成功返回雅砻，夺回政权，成为悉补野第八代国王。而涅奇从此在工布开辟土地，建立政权，其王统历史上称为工噶布王（ ཀོང་ཀར་པོ་ ），统治的领地工域邦国成为古代西藏著名的十二邦国之一。

敦煌古藏文历史文书记载，止贡赞普被杀后，洛昂把其尸体装入合缝的红铜棺中掷入年楚河，又沿着藏曲河，一直顺水流到工布的塞尔仓（ སེར་ཚགས ）。后来，夏奇、涅奇两个王子在工布的米域吉廷（ མི་ཡུལ་སྐྱི་མཐིང ）找到了止贡赞普的遗骸，并在羌脱拉布（ ཅང་བོ་ལྲ་འདབས ）修筑墓穴，举行了安葬仪式。埋葬止贡赞普遗骸的墓穴所在地米域吉廷和羌脱拉布遗址，今仍有迹可寻，

---

① 传统史料把止贡赞普视作悉补野第八代国王，而根据敦煌古藏文历史文书和吐蕃石刻《工布雍仲增石刻》记载，应是第七代。

② 11世纪以后的藏文历史文献中，夏奇、涅奇分别写作夏赤（ གཤ ）、涅赤（ ཉ ）。

位于拉日羌脱山西北山脚下、工布直纳附近。工布直纳此后成为工噶布王王宫所在地，今称之为扎那村，在巴宜区林芝镇境内。

自 1991 年以来，巴宜区发现了多处吐蕃封土墓葬，有嘎拉（ཀ་ལ་）墓葬群、多洛（རོ་ལོ་）墓葬群、卡斯木（མཁར་སྲི་མོ་）墓葬群、尼池（ཉི་ཁྲི་）墓葬群等。其中，嘎拉墓葬群有 52 座墓穴，多洛墓葬群有 30 座墓穴。值得注意的是，上文称为米域吉廷的地方，位于今扎那村附近，是一块草坝。草坝的灌木中间有一座规模中等的封土墓穴，当地人称之为"图垂"（ངུར་ཁྲོད་），意即尸台。[①] 法国藏学家喀尔美·桑丹教授，于 2002 年考察此地后著文认为，此墓穴极有可能是止贡赞普的墓穴。原因有两点：一是史籍所言地名米域吉廷与当地人认可的地名一致；二是墓穴筑地羌脱拉布一名源自于拉日羌脱山名，正好位于山前米域吉廷的范围内。[②] 桑丹教授的观点得到了不少藏学家的认同，即止贡赞普的最初墓穴极有可能建在工布境内。一些后期藏文史料记载，止贡赞普的遗骸从工布迎回到雅砻重新修筑墓穴再葬。但无论如何，在工布修建有止贡赞普墓穴一说，值得认真对待。

四、工布、娘布、钦域邦国割据争锋

从公元前 2 世纪，至 7 世纪初吐蕃统一王朝建立前，悉补野部落在雅砻兴起的同时，西藏腹心地区分属于不同邦国或部落，先后形成了四十二小邦和十二邦国。[③] 不同氏族统治的邦国政权，

---

① 此墓穴称为"图垂"（尸台），即今所称作的天葬台，是当地人的一种说法，并不是指真正处理尸体的天葬台。由于当地人有水葬习俗，每当举行完水葬仪式后，便把死者的一些衣服类遗物丢弃在墓穴上，故有"图垂"一说。

② 参见《喀尔美·桑丹文集》，中国藏学出版社 2007 年版，第 455 页。

③ 四十二小邦和十二邦国，在藏文中写作 རྒྱལ་ཕྲན་སིལ་མ་བཞི་ཞེ་གཉིས་དང་རྒྱལ་ཕྲན་བཅུ་གཉིས།。藏文史料对十二邦国的认定有所不同。现代汉文论著中，把邦国也称作部落。

各自为政，互不统属，为掠夺土地、牲畜、财富，割据争锋，把西藏历史拖入了一个邦国并立、互相征伐的时代。在这个历史时期，今林芝市境内先后有工布、娘布、钦域三个邦国登上了历史舞台，成为十二邦国的重要组成部分。

工布邦国，或称工域邦国。君王城堡所在地称为工域赤那或工拉直纳（ཀོང་ལ་བྲེ་སྣ）①，工布邦国的君王称为工噶布王，与吐蕃王室同源同祖。根据《工布雍仲增石刻》记载，止贡赞普的王子涅奇在工布直纳（同工拉直纳），建立王宫，以直纳为中心开辟土地，建立了称为工噶布王的世袭邦国政权。1000 多年前问世的古藏文历史文献如此记载工布邦国："在工拉直纳之地，上有国王工噶布，下有属臣喀巴（སྐྱར་བ）、帕楚（པ་ཕྲུག）两氏。神为工神梯莱（ཀོང་རྒྱ་བྲེས་ལེགས），马为工布花鬃马（ཀོང་ར་ཁྲོག་བཙུན）。"②

这是一段赞词，赞颂工布邦国由高居于直纳王宫的工噶布王来统辖，属下由两位良臣喀巴氏、帕楚氏来辅佐。邦国及工噶布王的护神有神圣的工拉梯莱，而工噶布王的坐骑是产自工布的骏马——花鬃马。根据相关史籍记载，工噶布王的辖地应该包括古工布全境，即今巴宜区和米林县的全境。其王宫所在地在直纳，通称工布直纳。

娘布邦国，全称为娘域达松（ཉང་ཡུལ་ད་གསུམ），或娘域那松（ནང་ཡུལ་རྣ་གསུམ）③，位于今工布江达县境内。对该邦国的称呼，敦煌古藏文历史文书 P.T.1286 中写作娘域达松，《弟吾教法源流》和《贤者喜宴》中写作娘域囊松。1000 多年前问世的古藏文历史文献如此记载娘布邦国："在娘之达松之地，上有国王娘尊朗

---

① 工布的"工"字在藏文中早期写作 ཀོང，后 ཀོང 字写法逐渐成为常态。敦煌古藏文历史文书 P.T.1286 是藏文史料中最早记载十二邦国的文献，将工布邦国写作工拉直纳，而《贤者喜宴》中写作工域直纳。

② 参见法国巴黎所藏敦煌古藏文历史文书 P.T.1280。

③ 古藏文史籍里，"娘域"一词中的 ཉང 和 ནང 通常互通。

杰（ষ্ট্র་བরৄৰ་ষ্ট্রুর་ক্রুঅ་），下有属臣窝茹（ঝ་র）、札（ষ্ট্রীশ্ব্য）两氏。神为娘拉颇莫（ষ্ট্র་শ্রুঁর），马为黑斑纹花马（ন্শ্রান্ত）。"[1] 这段赞词中包括对娘域达松邦国的四点重要描述：一是娘域邦国之主名为娘尊朗杰。二是属下有窝茹氏、札氏两臣来辅佐。三是邦国的保护神名为娘拉颇莫。直至如今，娘拉颇莫依然以神山的形态耸立于工布江达县娘蒲乡境内。四是马为黑斑纹花马，指的是娘尊王的坐骑为黑色斑纹的骏马，以此来夸耀娘尊王坐骑的不同凡响。娘尊王统治下的娘域邦国辖地以工布江达县娘蒲乡、江达乡一带为中心，包括加兴、金达等乡镇的辖境。

至于娘域邦国的最初形成，可追溯到止贡赞普时期。根据后期一些藏文史籍的记载，止贡赞普被杀后，他的三名王子——夏赤（শ্রী）、涅赤（৯ট্রী）、恰赤（ৠট্রী）为避杀身之祸，走上了逃亡之路。夏赤来到娘布（即娘域），涅赤逃亡到波窝，恰赤则流亡到工布。[2] 后来，恰赤留居工布，成为工布地区邦国的统治者；涅赤则从波窝成功返回故地雅砻，夺回了政权，登上了王位；而夏赤留在娘布，成为娘布王。

上述记载，与位于西藏林芝市巴宜区米瑞乡玉荣增村（ষ্ট্রুণ་ রী་শ্রুণ্ড་হ্রুণ་ন্ট্রী）的吐蕃石刻《工布雍仲增石刻》记载的止贡赞普的王子的名称、人数和长幼等有较大出入。根据《工布雍仲增石刻》的记载，止贡赞普被属下大臣洛昂所杀后，遗留有两名王子——长子涅奇（৯ট্রী，即后世所称涅赤）和次子夏奇（শ্রী，即后世所称夏赤）。两人逃亡到工布地区。后来，夏奇成功地返回雅砻，成为第八代吐蕃赞普。而涅奇在工布建立邦国政权，被称为工噶布王。吐蕃石刻和敦煌古藏文历史文书均不曾提及止贡赞普有第三子恰赤，更没有记述止贡赞普的一名王子逃亡娘布、

---

① 见法国巴黎所藏敦煌古藏文历史文书 P.T.1280。

② 参见《弟吾教法源流》（藏文版），西藏藏文古籍出版社 1987 年版，第 246 页。

成为娘布王的历史。

但有一点毋庸置疑，娘布邦国之主娘尊王，确实与吐蕃王室有着血缘关联，因为7世纪上半叶，吐蕃王朝统一政权建立后，娘尊王仍然像工噶布王一般享受着吐蕃王室后裔邦国的待遇。《贤者喜宴》收录了一件9世纪初国王赤德松赞（800—815年在位）与众王妃、各邦国君主、众僧俗大臣一起，为了禁止毁教灭法、永世弘扬佛法而立下的盟约。盟约中计有3位王妃、3名邦国之主和77名大臣签名，娘布邦国之主娘尊王之名与工噶布王、吐谷浑王一起赫然列在邦国之中。[①] 这一事件说明，娘尊王极有可能是先前吐蕃某一个赞普的后裔，因而才会在吐蕃王朝统一政权之下还拥有邦国的名号，与工噶布王一起成为吐蕃本土境内仅有的两个享有特权的邦国君王。

钦域古域（ མཆིམས་ཡུལ་དགུ་ཡུལ་ ）是十二邦国之一。早在7世纪前各邦国互相争锋的时代，它就已是声名显赫的邦国之一，是吐蕃古代著名氏族钦（ མཆིམས་ ）氏的发祥地及其建立的邦国政权所在地，位于今朗县和米林县卧龙乡一带。

古藏文不同史籍中对该邦国之名的拼写略有不同。敦煌古藏文历史文书P.T.1286中写作钦域古域（ མཆིམས་ཡུལ་དགུན་ཡུལ་ ），P.T.1280中则写作钦域古苏（ མཆིམས་ཡུལ་དགུན་སུལ་ ），后期史籍《贤者喜宴》中写作钦域楚许（ མཆིམས་ཡུལ་ཁྲུ་ཁྲུལ་ ），正确的应该是钦域古域。1000多年前问世的敦煌古藏文历史文献如此记载钦域邦国："在钦域之地，上有钦王奈乌（ མཆིམས་རྗེ་ནེ་ནུ་ ），下有属臣汤（ དང་ ）和廷廷（ དིང་དིང་ ）两氏。钦神为天措（ མཆིམས་ལྷ་བཏན་འཚོ་ ）。"[②]

这又是一段千年前对钦域邦国的赞词。它颂扬钦域邦国之主为英明的奈乌，属下有汤氏、廷廷氏两贤臣辅佐。钦氏家族和钦

---

① 参见巴窝·祖拉陈瓦：《贤者喜宴》（藏文版），民族出版社1986年版，第411—413页。
② 见法国巴黎所藏敦煌古藏文历史文书P.T.1280。

域邦国则有神圣的氏族保护神钦神天措来护佑。

过去，学术界对钦域邦国的确切地望不是十分明了。传统藏文史料和宗教典籍如《西藏王统记》(རྒྱལ་རབས་གསལ་བའི་མེ་ལོང་)、《贤者喜宴》(མཁས་པའི་དགའ་སྟོན་)、《藏族神祇名录》等对钦域邦国的记载，最常见的有"塔布之钦域"(དྭགས་པོ་མཆིམས་ཡུལ་)、"工布之钦域"的说法，偶尔也称"上工布之钦域"(ཀོང་སྟོད་མཆིམས་ཡུལ་)。"塔布之钦域"之说可视作钦域邦国在塔布境内，确切地说，位于下塔布之地。"工布之钦域"之说或"上工布之钦域"之说，则清楚地表明钦域邦国地处与下塔布接壤的上工布地区。

所谓钦域邦国地处下塔布与上工布接壤之地，意即钦域邦国的辖境包括下塔布和上工布地区。所谓下塔布，传统上指今西藏林芝市朗县全境，相对于上塔布，即今西藏山南市加查县境；上工布则指今西藏林芝市米林县卧龙乡一带。这就是说，钦域邦国的辖境相当于今朗县全境和米林县西部卧龙乡一带。20世纪80年代，在今朗县金东乡列村发现了闻名于世的大规模吐蕃墓葬群——列山古墓葬群。该墓葬群中一些壮观的墓穴，被一些学者断定为钦氏家族显赫人物的入土为安之所。根据吐蕃的丧葬习俗，氏族的墓穴一般建于氏族的发祥地，因为此地会有氏族顶礼膜拜的氏族保护山神。钦氏的保护神——钦神天措直至今日，仍以神山形态耸立于列山墓葬群西面。

第三章

吐蕃王朝时期

7世纪上半叶，囊日伦赞（གནམ་རི་སྲོང་བཙན་）、松赞干布父子两代执政时期，先后征服了塔布、工布、额博（ངས་པོ་）、钦域、象雄、孙波（སུམ་པ་）等十二邦国，统一了西藏高原，建立了统一、强盛的吐蕃王朝。尤其是松赞干布以宽广的胸怀、开放的气魄，制定法律，创制文字，设置军政一体的区域，与唐朝、尼婆罗联姻，并从周边地区吸收先进的文化、生产技术。由此，开辟了藏族历史上最辉煌的一个时期。

一、吐蕃王朝统一政权的建立

6世纪下半叶，地处雅砻的悉补野邦国凭借良好的地理环境和发达的经济，开始了向四边地区扩张的步伐。当时，恰逢地处拉萨河（史称吉曲河）中上游流域①的额博查松（ངས་པོ་ཁྲ་གསུམ་）邦国君王森波杰达甲吾（ཟིང་པོ་རྗེ་སྟག་སྐྱ་བོ་）和赤邦松（ཁྲི་པངས་སུམ་）两人，善恶不分，残暴无道。史书云："对明睿忠忱善持政事，沉着端方之士，不听不纳；对奸狡之辈的谄媚甘夸浮艳之词分外听从。""明睿、忠贞、耿介、英勇、热忱之士，每受敌视，均远离左右，且被处以不当之刑法，既惨且烈。"②于是，君臣互相猜忌、离心离德，政事日渐堕落，呈濒临崩溃之势。

这一时期，森波杰君王的属臣中有望族二氏：娘（མྱང་）氏和韦（དབའས་）氏。娘、韦二氏由于受到森波杰君主极不公正的对待，就私下结盟起誓，密谋背叛森波杰，投靠悉补野邦国君主

---

① 即今西藏拉萨河流域林周、达孜、墨竹工卡三县和拉萨市城关区蔡公堂一带。

② 《敦煌本吐蕃历史文书》，民族出版社1992年版，第160页。

达布聂西（ སྟག་བུ་སྙ་གཟིགས་ ）。娘、韦二氏又联合嫩（ མཚོན་ ）氏、蔡邦（ ཚེས་པོང་ ）氏，共四个家族结盟，并派蔡邦·纳森（ ཚེས་པོང་ ནག་ཤེང་ ）为代表前往亚隆钦瓦宫（ ཨཕན་ཕྱིང་བ་ ），面见达布聂西，陈述娘、韦、嫩、蔡邦四氏同盟起誓，决心背叛森波杰、归服于悉补野之心，并请求派兵攻打森波杰，四氏愿做内应。达布聂西答应了娘氏、韦氏等人的请求，答应出兵，攻打森波杰。然而尚未出兵，达布聂西驾崩。达布聂西之子赞普赤伦赞（ ཁྲི་སློན་ མཚན་ ，即囊日伦赞）继君主之位，与娘、韦、嫩、蔡邦四氏再次立下盟誓。尔后，赤伦赞亲率精兵万人，由娘氏等人充任向导和耳目，涉渡大江，攻破森波杰的城堡，灭森波杰于拉萨河畔。赤伦赞灭掉森波杰后，悉补野新征服的领域上自帕雍瓦纳（ འབག་ཡེ་ཕྱུང་བ་སྣ་ ）[①]以下，下至工布直纳[②]。自此，工布地区完全置于悉补野，以及后来的吐蕃统治之下。继而，赤伦赞又征服了藏蕃（ གཙང་བོང་ ）、塔布、孙波等邦国，奠定了青藏高原统一的基础。

629年，即藏历土牛年，赤伦赞被属下大臣毒死。年仅13岁的王子赤松赞（即松赞干布）登基嗣位，执掌大权。松赞干布登基后，属邦工布、塔布、象雄、孙波、娘布、涅泥（ ནག་ཉི་ ）等先后叛乱。面对着如此复杂的形势，松赞干布"先灭绝了阴谋者和投毒者，后重新收复反叛者为属民"。[③]而后，松赞干布不断开拓疆土，逐步完成了吐蕃统一大业，建立了吐蕃统一政权，使邦国迈入了王朝的历史进程，这是藏族古代划时代的历史事件。从此，青藏高原进入了长达200多年的一个波澜壮阔的历史时期。

---

① 帕雍瓦纳，此地传统上属于彭波地区，今隶属于西藏拉萨市达孜县。帕雍瓦纳遗址位于林周县境内。

② 工布直纳，即工噶布王城堡所在地。

③ 这个译作似乎与藏文原义有所差距。参见《敦煌本吐蕃历史文书》，民族出版社1992年版，第51页。

二、军政一体的区域——约茹

松赞干布登基执政后，为了有效治理和推行政令，也为了适应日益强盛的军事力量的需求，把吐蕃全境划分为名叫"茹"（ རུ ）和"赤迪"（ ཁྲི་སྡེ ）的军政一体的区域。设立了卫茹（ དབུ་རུ ）、约茹（ གཡོ་རུ ）、叶茹（ གཡས་རུ ）、茹拉（ རུ་ལག ）和孙波茹（ སུམ་པ་རུ ）五茹和象雄（ ཞང་ཞུང ）赤迪，合计六大军政区域。其中，卫茹、约茹、叶茹、茹拉统称为卫藏四茹。每个茹以下又统辖十个"东迪"（ སྟོང་སྡེ ），即千户府；并把每一个茹分为上茹和下茹。

"茹"字，本义有游牧群、部落、兽角等多义，可与不同字或词构成丰富的词汇，例如十几户游牧户（ རུ་ཚོར ）、部落或游牧群（ རུ་བ ）、集团（ རུ་ཚོགས ）、军旗和部落旗（ རུ་དར ）、军队（ རུ་བ ）、成队形的军队（ རུ་དམག ）、兵器（ རུ་མཚོན ）等等。吐蕃时期，战时军队中有一大部分由基层牧民组成。以"茹"命名军政区域，表明吐蕃社会结构的基本构成与游牧关系密切。

根据史书记载，卫藏四茹的各自辖境如下。

卫茹以逻娑若木其（ ར་ས་ར་མོ་ཆེ ）为中心，东至沃喀之地秀巴蚌顿（ འོལ་ཁའི་ཤུལ་བ་ཤུན་བ་དུན ），西达尼木之地秀（ གཉུ་སྟོམ ），南界为玛拉（ རྨ་ལ ）山口，北界为扎地朗玛古普（ བྲགས་ཀྱི་སྟང་མ་ཀུན་ཕུབ ），辖境基本上等同于今拉萨市辖区（尼木县除外）。

茹拉以折地堆巴那（ བྲད་ཀྱི་ཏུན་པ་སྣ ）为中心，东界为江那扎（ འཇང་ན་བྲག ），西至拉甘亚米（ ལ་ཀེན་ག་ཡལ་ག་མིག ），南界为帕布朗那（ བལ་བོ་སྟང་སྣ ），北界为其玛拉额（ ཁྱི་མ་ལ་སྟོང ），辖境囊括今日喀则市辖区内雅鲁藏布江以南的定日、拉孜、萨迦、定结、岗巴、江孜、白朗、仁布和桑珠孜区。

叶茹以香地雄巴采（ ཤངས་ཀྱི་གཞོང་བ་ཚལ ）为中心，东至扎地朗玛古普（ཕྱགས་ཀྱི་སྲུང་མ་ཁུར་ཕུབ），西界为齐玛拉古（ཕྱི་མ་ལ་དགུ），南界为聂朗亚布那（གནན་ལག་ལ་ཡལ་བོ་ན），北至密底曲那（སྨྲི་ཏི་ཆུ་ནག），辖境包括今日喀则市境内雅鲁藏布江以北的昂仁、谢通门、南木林三县和拉萨市所辖尼木县。

约茹以昌珠（ཁྲ་འབྲུག）为中心，东至工布直纳，西界为喀热岗孜（ཁ་རག་གངས་ཙེ），南界为夏吾达果（ཤ་བུག་སྒག་གོ），北界为玛拉山口。[1]

在吐蕃的军政一体建置中，今林芝市辖区隶属于约茹中的下约茹（གཡོ་རུ་སྨད），辖境囊括今林芝市朗县、米林县的大部分地区和巴宜区辖区的一部分，由钦氏统辖，任下约茹的最高长官。钦氏本是钦域邦国的君主，今朗县和米林县卧龙乡一带是钦氏发家之地。吐蕃王朝建立后，由于累世与吐蕃王室联姻，钦氏家族成为吐蕃极有权势的豪族，一直对下约茹拥有绝对的统治权。

三、工噶布王与赤德松赞国王之间的盟誓

工噶布王统治下的工布地区是西藏古代十二邦国之一，由悉补野第七代国王止贡赞普之子涅奇所建。由此传承下来的涅奇后代王统，成为工布地区的统治者，称作工噶布王。工噶布王的王统延续至9世纪后半叶吐蕃王朝崩溃为止，有将近800年的历史。

松赞干布建立吐蕃王朝后，工噶布王统治下的工布地区位于约茹境内。由于工噶布王是吐蕃王室祖先的后裔，与吐蕃王室源自同一血脉，因此，这个世袭政权仍在约茹境内享有邦国之名，拥有自己的土地和臣民，在政治、经济上享有高度的自治权。吐蕃历代国王赐给工布邦国独立管辖境内属民、向王朝或王室缴纳轻微差税即可的特权。但是，这种特殊权利一直受到约茹境内地

---

[1] 参见巴窝·祖拉陈瓦:《贤者喜宴》（藏文版），民族出版社1986年版，第186页。

方官员的挑战和侵犯。例如，邦国的一些特权受到侵犯，邦国承担的轻微赋税被地方官员任意加重，而且又新增了名目繁多的差役。

对地方官员的肆意盘剥，工噶布王表达了强烈不满，并一直抗争，累累上书吐蕃国王，控告地方官员侵犯邦国特权的行径，要求国王以盟约的形式颁布诏书，告示天下，维护邦国利益。8世纪后半叶，赤松德赞国王应工噶布王的请求，颁布盟约誓言，对工噶布王历来享受的特权作了给予保护的郑重许诺，并把盟约刻石立碑于下工布地区。此碑铭今天依然赫然耸立在林芝市米林县丹娘乡朗嘎村对面的山坡上。可惜的是，经千年风吹日晒，碑文风化严重，大部分文字已无法释读。但从残存的文字和相关历史资料中可知，赤松德赞国王以盟约形式颁布的诏书重申，工噶布王在其辖区内享有的政治、经济特权应得到承认和尊重，并责令地方官员不得肆意侵害。然而，地方官员对工噶布王政治、经济特权的肆意侵犯行为，仍然没有得到有效制止。

9世纪初，赤德松赞继国王大位后不久，工噶布王芒布杰（ཨང་པོ་རྗེ）上书赤德松赞，追溯工噶布王的祖先作为吐蕃国王后裔，为吐蕃政教大业作出的特殊贡献，申明吐蕃王室给予历代工噶布王的种种特权、利益，控告地方官员肆意增加税额、侵犯邦国特权和经济利益的种种行为，恳请赤德松赞再次以盟约形式，颁布诏书，遏制地方官员的行为，维护邦国享有的特权。

芒布杰的奏请得到了赤德松赞的准许。遵循父王赤松德赞的先例，赤德松赞再次颁布盟约形式的诏书，并把盟约镌刻在石壁上，以昭示天下。镌刻赤德松赞诏书的石刻，仍然遗存在林芝市巴宜区米瑞乡玉荣增村①北的农田中，迄今已有1200余年，学术界称之为《工布雍仲增石刻》。

---

① 雍仲增村在现今地方政府文件中，多写作玉荣增村。

《工布雍仲增石刻》既是国王赤德松赞的诏书，也是吐蕃国王与工噶布王之间的盟约。该盟约中首先以工噶布王芒布杰上书的形式，追述了吐蕃王统与工噶布王源自同一个祖先的历史："止贡赞普之子有兄涅奇、弟夏奇。弟夏奇为天神赞普，兄涅奇为工噶布王。"其次，工噶布王芒布杰控告了地方"长官以种种差税，欺凌之至"的种种行为；而后奏请国王赤德松赞"颁授一份永世安宁之盟誓敕书"①，以保障工布邦国的特权。而在盟约中，赤德松赞重申了三件大事：一是工噶布王的君王大位只由工噶布王芒布杰的子嗣后裔或其近旁子嗣继承，不得由其他姓氏的人篡位或继位。二是不能有任何使工布邦国的奴户、田地、牧场等减少、受损的行为发生。三是不向工噶布王的辖境增派劳役，亦不增收官府的差税；驿站的劳役，依照原有规定支差，不再增加役程。

赤德松赞国王与工噶布王芒布杰以结盟起誓形式结成政治同盟，是吐蕃时期常见的一种政治行为。国王以这种形式时常与邦国之君、王室成员、众大臣立下盟约，以加强思想上的笼络，巩固政治上的统治。正如《旧唐书·吐蕃传》所说："（赞普）与其臣下一年一小盟……三年一大盟。"

四、舅臣钦氏家族权倾朝野

6世纪下半叶，钦域邦国与雅砻地区的悉补野王室开始联姻。松赞干布的第三代祖辈卓念德如（ འབྲོ་གཉན་ལྡེ་རུ་ ），从钦域邦国钦氏家族娶了美貌绝伦的王妃钦萨·鲁杰恩莫措（ མཆིམས་ཟ་ཀླུ་རྒྱལ་ངན་མོ་མཚོ་ ）。从此，在近250年间，钦氏家族与吐蕃王室建立了牢固的联姻关系。尤其是松赞干布统一青藏高原、建立强盛的

---

① 巴桑旺堆：《吐蕃碑文汇编及校注》（藏文版），西藏人民出版社2011年版，第85页。

政权后，后代赞普中多娶钦氏家族的女性为王妃，钦氏家族自然成为吐蕃权势最为显赫的家族之一。钦氏家族的男性被赞普呼为"尚"（ཞང་，意为母舅），以赞普的舅家身份出任大臣，在吐蕃政治舞台上威临天下、权倾朝野。

根据史书记载，自卓念德如娶钦氏之女，与钦氏家族联姻以来，先后有 8 位钦氏女性成为赞普的王妃。其中，著名的有松赞干布的第四代王孙都松芒布杰（677—704 年在位）王妃钦萨·赞姆脱（མཆིམས་ཟ་བཙན་མ་ཐོག），为赤德祖赞（704—755 年在位）国王的生母。8 世纪下半叶，赤松德赞（742—797 年）娶钦萨·莱莫赞（མཆིམས་ཟ་ལེགས་མོ་བཙན）为王妃。9 世纪上半叶，赤祖德赞又娶钦萨·穹嘎玛（མཆིམས་ཟ་ཁྱུང་དཀར་མ）为王妃。

如前所述，由于钦氏家族的女性为王妃，荣耀至极，该家族男性以贵为国舅的身份，成为拥有大权的大臣、统兵的将领，被称为尚论（ཞང་བློན，唐史译音作"尚论"），意即舅臣。① 钦氏尚论中出现了一批在吐蕃政教史上作出突出贡献的大臣。

比如钦·杰斯修丁（མཆིམས་རྒྱལ་ཞིགས་ཤུ་ཏིང），为赤松德赞时期吐蕃政权中的著名大臣、统兵将领，是钦氏大臣中最为杰出的人物。钦·杰斯修丁在赤松德赞时期先是出任下约茹的统兵将领；755 年，即藏历木羊年，开始参与吐蕃军政大事的决策；是年，与宰相大臣韦·囊热苏赞（དབའ་གཞང་བཞེར་ཟུར་བཙན）共同主持了夏季大臣议事会。763 年，即藏历水兔年、唐广德元年，赤松德赞委任钦·杰斯修丁为统兵大将领，与额兰·达扎路恭（ངན་ལམ་སྟག་ས྄ྲ་ཀླུ་ཁོང）一起率领吐蕃大军深入唐朝境内，进攻长安和周边地区。位于拉萨布达拉宫前的吐蕃碑刻《达扎路恭记功碑》如此记载："钦·杰斯修丁与额兰·达扎路恭两人被委任为攻打京师之统兵元帅，直奔京师。于周至河畔与唐兵激战，蕃军全胜，唐

---

① 尚论有两层意思，本意指舅臣，引申意泛指所有大臣。

众兵被击退，唐主广平王弃京师，遁至陕州，京师陷落。"① 同年，因战功卓著，赤松德赞授予钦·杰斯修丁最高等级的告身——松耳石（གཡུའི་ཡིག་ཆང་），并赐给 9 万民户。② 779 年，即藏历土羊年，钦·杰斯修丁在修建桑耶寺前后登上了权力的顶峰，出任过几年大相，即宰相一职。后来，出自钦氏家族的钦·赞协莱斯（མཆིམས་བཙན་བཞེར་ལེགས་གཟིགས་）又是吐蕃一代名臣，出任过赤松德赞、木牟赞普、赤德松赞三朝大臣，是一个代表苯教势力的、极有权势的人物，曾代表苯教势力，参与了由王室组织的一场著名的佛教与苯教的辩论。根据史学名著《韦协》记载，钦·赞协莱斯在辩论中以犀利的词语，与佛教一派的代表人物毗若杂那（ནེ་རོ་ཙ་ན）舌战，为后世历史留下了一段珍贵的史料。③

纵观从松赞干布至吐蕃王朝崩溃为止，在 210 余年间，钦氏家族出现过诸多彪炳史册的大臣、将领以及宗教人物，为吐蕃王朝的昌盛作出了巨大的贡献。其中，除了上言钦·杰斯修丁、钦·赞协莱斯外，还有钦·杰拉协乃夏（མཆིམས་རྒྱལ་ལྷ་བཞེར་ཉི་ཤགས་）、钦·杰朵斯（མཆིམས་རྒྱལ་མདོ་གཟིགས་）、钦·杰达协杰列（མཆིམས་རྒྱལ་སྟག་བཞེར་）、钦木·莽协（མཆིམས་མང་བཞེར་）、钦木·美拉（མཆིམས་མེས་སྲིབས་）、钦·赞扎拔瓦（མཆིམས་བཙན་དྲ་ཧྲ་བ）、钦木·多吉芝穷（མཆིམས་རྡོ་རྗེ་སྤྲུལ་ཆུང་）等著名人物。钦·赞扎拔瓦和钦木·多吉芝穷还是吐蕃时期十分著名的佛教人物，曾从莲花生大师尊前继承了一些重要的法脉。

1983 年，西藏文物工作者在朗县金东乡境内发现了规模巨大、壮观无比的吐蕃墓葬群，学术界称之为列山古墓葬群。藏学界经 30 多年研究，认为列山墓葬地处古钦域邦国核心地区，墓

---

① 巴桑旺堆：《吐蕃碑文汇编及校注》（藏文版），西藏人民出版社 2011 年版，第 13 页。

② 参见黄布凡、马德：《敦煌藏文吐蕃史文献译注》，甘肃教育出版社 2000 年版，第 57 页；参见《弟吾教法源流》（藏文版），西藏藏文古籍出版社 1987 年版，第 265 页。

③ 参见《韦协》（དབའ་བཞེད），西藏藏文古籍出版社 2010 年版，第 49—54 页。

葬群中的大多数墓穴应是钦氏墓穴。墓葬群中几座面积在 2500 平方米以上的高大陵墓，极有可能是钦氏家族的钦·杰斯修丁、钦·赞协莱斯、钦·杰拉协乃夏等人的墓穴。这是因为，钦氏家族头面人物所拥有的尊贵地位、赫赫战功，以及因与王室联姻，以赞普国舅拥有的荣耀、特权、财力，才能修建如此壮观的墓葬群。①

五、钦域和工布的平民暴动

815 年，吐蕃彝泰（ཤུད་ཏགས་）元年，赤祖德赞登基为王。当时，吐蕃疆土辽阔，境内百姓安居乐业。821 年，吐蕃彝泰七年、唐长庆元年，吐蕃派大臣论纳罗率领使团与唐朝宰相崔植、王播等人会盟于长安西郊。次年五月，唐朝和盟专使刘元鼎率领使团入蕃，与吐蕃僧人宰相钵阐布·云丹（བན་དེ་ཆེན་པོ་ཡོན་ཏན）等人会盟于逻娑（ར་ས）东面的扎堆彩（སྲ་སྟོད་ཆས）。823 年，吐蕃彝泰九年，唐、蕃各自于长安和逻娑以东竖立石碑，刻上盟文，以垂永世。从此，唐、蕃互不侵扰，战事平息，和睦相处，开创了中国古代史上唐、蕃"商议社稷如一，结立大和盟约，永无渝替"的一段佳话。

然而，赤祖德赞国王在与唐朝结盟的同时，对内进一步加大推崇佛教的政策力度。他广建佛寺，尊崇出家人，命令每七户属民供养一名僧人；并委任两名僧人为辅政大臣，位在群臣之上。这种唯佛教为国教的至高无上的政策，引起了反佛大臣的激烈抵抗，政治、宗教上各种势力之间的斗争趋于尖锐，社会矛盾进一步激化。此时，掌握军政大权的，是极力反对和抵制佛教的大相韦·嘉朵日达那（དབའས་རྒྱལ་ཏོ་རེ་སྟགས་ཙ）。韦·嘉朵日达那联合一

---

① 参见《千年列山墓葬探秘》，《中国藏学》2006 年第 3 期。

些有权势的大臣，先是诋毁首席僧官钵阐布·云丹与王妃昂促玛（ངང་ཚུལ་མ）通奸，迫使王妃自杀；继而，钵阐布·云丹也以"重罪"之名被诛。841年，即藏历铁鸡年，赤祖德赞被韦·嘉多日弑杀。王兄达磨（དར་མ）①继承国王大位，任命韦·嘉朵日达那为大相。达磨执政不久，在反佛大臣的怂恿、支持下，下令关闭寺院，强迫僧人还俗，佛教经籍或被火烧，或被掷入水中，发动了吐蕃全境内的灭佛运动。达磨国王的灭佛运动，自然引起了佛教徒的拼死抗争。在抗争中，达磨国王被佛教徒拉龙·白吉多吉（ལྷ་ལུང་དཔལ་གྱི་རྡོ）所杀，遗留有两个王子——沃松（འོད་སྲུངས，也译作威宋）和永丹（ཡུམ་བརྟན，也译作云丹）。因两个王子年幼，谁将成为新国王，大臣们一时未能取得共识。重要的原因是，两个母后蔡邦氏（ཚེས་སྤོང་བཟའ）和南囊氏（ནུ་ནམ་བཟའ），为了替各自所生的王子争夺王位，组成了两个后党，并以王子之名，相互进行征战攻伐。沃松一党占据约茹，永丹一派占据卫茹，吐蕃各地卷入了战争。战争使吐蕃政权遭受了致命打击，各辖境内出现了分崩离析、相继叛离的状况。

869年，即藏历土牛年，吐蕃全境爆发平民起义。起义首发于东部康区，随即蔓延吐蕃全境，史称犹如"一鸟凌空，众鸟飞从"。当吐蕃全境爆发平民起义之初，钦域和工布地区有六人响应起义，史称"钦工六人"（མཆིམས་ཀོང་མི་དྲུག）。根据《弟吾教法源流》等史籍记载，钦域和工布平民起义的首倡者是一位杰出的女性——柏萨·阿莫吉②（འབེབས་བཟང་ཨ་མོ་སྐྱིད）。柏萨·阿莫吉等来自工布和钦域的六人，在夜间核桃树开花之际策划了起义。而后，柏萨·阿莫吉等"钦工六人"高举起义之旗，提出了"不砍干山头，要砍湿人头"的口号，在钦域先是推翻了钦域地方首

---

① 藏文称乌冬丹（ཁྲི་དུ་བཟན 或 དར་མ），后世称朗达玛（གླང་དར་མ）。唐史写作达磨。

② 柏萨·阿莫吉在一些史书中也写作柏萨·阿莫雄（འབེབས་ཟ་ཨ་མོ་སྐྱིད）。

领，继而向东进军，攻打工噶布王政权所在中心直纳的城堡。由于直纳城堡坚固，起义军久攻不下。于是，柏萨·阿莫吉心生一计。她让起义的民军白天隐蔽在城堡附近的树林中，然后，她一人走到城堡门口，以悠扬的歌声吸引和麻痹守军。时机成熟时，一举攻陷了工噶布王的直纳城堡，推翻了工噶布王的统治。[①] 从此，结束了工噶布王统治工布地区的历史。

877年，即藏历火鸡年，起义军合谋瓜分赞普陵墓，历代赞普陵墓被掘，王室后裔四处逃散。吐蕃末代国王达磨之子沃松的后裔，陆续逃往藏、上阿里、下阿里。[②] 另一王子永丹的后裔，则分散于卫藏各地。至此，吐蕃王朝彻底崩溃。

①　参见《弟吾教法源流》（藏文版），西藏藏文古籍出版社1987年版，第372—373页。

②　传统上，上阿里（ མངའ་རིས་སྟོད་ ）包括今中国西藏的阿里地区、印度的拉达克和尼泊尔的久木拉（ འཇུམ་ལང་ ）、兑布（ ཏོལ་པོ་ ）、洛（ 罗 ）等地，下阿里（ མངའ་རིས་སྨད་ ）指今西藏日喀则市吉隆县辖境。

第四章

封建割据及佛教后弘期

869 年，即藏历土牛年爆发的大规模平民暴动中，吐蕃王国政权轰然倒塌，使青藏高原一度波澜壮阔的历史骤然而止，吐蕃（以下称"西藏"）陷入了长达 400 余年的封建割据状态。其间，在西藏西部地区，由吐蕃王室后裔建立了象雄、普兰（ སྤུ་ཧྲེང་ ）、玛域（ མར་ཡུལ ）、芒域（ མང་ཡུལ ）等小王国，卫藏地区则形成了 10 多个地方封建小政权。无论是吐蕃王室支脉建立的政权，还是新兴地方封建主建立的政权，皆各自为政，互不统属，独立管辖各自的属地和属民。

11 世纪初，藏传佛教再度兴起，开始形成了由地方封建势力集团做后盾、以寺院为代表的僧侣集团。地方封建主把一部分土地、草场、奴户作为"供养"赠送给寺院。逐渐的，寺院与地方封建主以福田和施主之名互为利用，掌握地方政权，初步形成以政教合一为雏形的体制，管理属境事务。

这一时期，工布、娘布等地也形成了一些地方小势力，由工布噶布王和娘尊王的后裔，以及新兴的地方势力集团统治。波密（波窝）大部分地区开始由嘎朗第巴的祖先管辖，下塔布、察隅（杂隅）等地则由当地新兴封建主统领。这种不同地方由当地封建主为首领的地方小政权管辖的现象，在今林芝市辖境内沿袭了很长时期。[①]

一、佛教后弘期与各教派的形成

9 世纪 40 年代初，达磨赞普发动大规模灭佛运动，使佛教

---

① 由于史料奇缺，这一时期林芝市辖境内政治结构、各地之间的政治关系不甚明朗。

受到了灭顶之灾，佛法戒律的传承在吐蕃中断。于是，有几位吐蕃佛教高僧驮负佛经，逃往宗喀（今青海安多地区）地区，继续从事佛教活动。10—11世纪之交，由于西藏本土没有传授佛法戒律资格的高僧，便有不少佛教徒陆续前往宗喀一带拜师受戒，续上已中断的戒律传承。其中，著名的有来自卫藏的十人，史称"卫藏十人"。此时，西藏开始出现佛教复兴态势。桑耶寺的最大施主和地方首领、吐蕃王室后裔益希坚赞派人到安多，邀请"卫藏十人"返回西藏本土。"卫藏十人"回到故乡后，修补旧寺，再建新寺，传授戒律之规，恢复受戒法脉，弘扬佛法。一时间，佛法在西藏腹心地区重新兴起，后来，佛教史家称之为"下路弘传"。与此同时，古格王拉喇嘛益希沃（ཡེ་ཤེས་འོད），派遣并资助大译师仁钦桑布（རིན་ཆེན་བཟང་པོ）等多人前往迦湿弥罗学经，并迎请印度高僧阿底峡前来藏地传教。仁钦桑布等人学成后回到阿里，以托林寺为中心，翻译佛经，建寺收徒，广兴佛法，被称为"上路弘传"。

如此，在西藏各地，由许多著名高僧建寺度僧，佛教重新获得了大力发展，藏族历史进入了佛教后弘期[①]，开始形成了宁玛、噶当、萨迦、噶举等藏传佛教各教派。

宁玛派，全称宁玛瓦派。宁玛，意即旧派、古派。大约10世纪下半叶以来，一部分僧人和居家阿巴（སྔགས་པ），尊奉、修习莲花生大师传承下来的法脉。由于这一法脉源自吐蕃时期，时间久远，因此称之为宁玛瓦，意即旧派。宁玛派传承的教义为吐蕃佛教前弘时期所译密法，其中以九乘三部"大圆满法"（རྫོགས་ཆེན་ཆེན་པོ་རིམ་དགུ）为基本教义和特殊法门。所谓三部指心部（སེམས་སྡེ）、出世法界部（ཀློང་སྡེ）和诀窍部（མན་ངག་གི་སྡེ）。宁玛派教授、传承的，最常见的有三种：远者经典传承、近者伏藏传

---

① 所谓后弘期，是区别于吐蕃时期佛教传播与发展的历史时期——前弘期而言的。

承和甚深净境传承。这种传承的特点既有上师弟子耳闻口传，也有授记有缘者从"伏藏"中传承。11 世纪，通过索波且·释迦迥乃（ཐུར་པོ་ཆེ་ཤཱཀྱ་འབྱུང་གནས།）及其上首弟子索琼·喜饶扎巴（ཐུར་ཆུང་ཤེས་རབ་གྲགས་པ།）的进一步归纳、完善，宁玛派的教义和实修方法形成了一个全面、完整的体系。在西藏各地，宁玛派获得了大规模的发展，成为千年来在西藏分布广、影响大、长盛不衰的一个藏传佛教教派。

噶当派，为西藏早期著名的教派，祖师为阿底峡。1042 年，即藏历第一绕迥水马年，印度超岩寺（མ་ག་དྷའི་གཙུག་ལག་ཁང་།）高僧阿底峡应古格王拉喇嘛益希沃邀请，前来托林寺讲经说法；3 年后，转赴桑耶、聂塘（སྙེ་ཐང་，今拉萨曲水境内）等卫藏各地，传法收徒 9 年，于 1054 年在聂塘圆寂。其嫡传弟子仲敦巴（འབྲོམ་སྟོན་པ།）为了继承阿底峡的法脉，在彭域（今拉萨市林周县）、当雄等地贵族、头人的资助下，于 1056 年建立了热振寺，并以热振寺为中心，传播教义，培养弟子，创建了噶当教派。噶当派的教义主张对一切大乘佛法应当全面、综合地传承，以教典、教授、教诫 3 种形式[①]阐释教义。由仲敦巴弟子博朵瓦（པོ་ཏོ་བ།）传出的称为教典派，主张修习一切经论、教典为修习的根本。由仲敦巴另一个弟子坚俄瓦·楚臣拔（སྤྱན་སྔ་བ་ཚུལ་ཁྲིམས་འབར།）传承下来的法门称为教授派，着重于对四谛和二谛的教授。教诫派是由阿底峡传给库敦（ཁུ་སྟོན།）、仲敦巴、俄·列白喜饶（རྔོག་ལེགས་པའི་ཤེས་རབ།）三人，尔后，由仲敦巴、俄·列白喜饶再传给各自弟子，逐渐传播到藏区各地。15 世纪初，宗喀派在噶当派教义基础上，革新教义，创立格鲁教派，被称为新噶当派。

萨迦派，是历史悠远、传承持久的一个教派，创始人为昆·贡确杰布（འཁོན་དཀོན་མཆོག་རྒྱལ་པོ།）。1073 年，即藏历第一绕

---

① 教典、教授、教诫 3 种形式，在藏文中写作 གཞུང་དང་། གདམས་ངག་མན་ངག་གསུམ།。

迥水牛年，昆·贡确杰布在萨迦建寺传法，创建了萨迦派。昆氏家族的祖先为吐蕃望族，出现过著名的高僧昆·鲁益旺波（འཁོན་ཀླུའི་དབང་པོ་）。昆·贡确杰布早年师从父兄学习旧密法，后从卓弥·释迦益希（འབྲོག་མི་ཤཱཀྱ་ཡེ་ཤེས་）译师尊前，学习不二法门道果法（ལམ་འབྲས་）为主的新译密法。昆·贡确杰布有一子名为昆·贡嘎宁布（འཁོན་ཀུན་དགའ་སྙིང་པོ་），曾拜印度高僧比瓦巴和藏地许多著名佛学大师为上师，学习一切显密教法。昆·贡确杰布去世后，由昆·贡嘎宁布住持萨迦寺。昆·贡嘎宁布由于学识渊博，新旧密法造诣精深，系统地深化了萨迦派的独特教义道果法的体系，因而被尊为萨迦派大师（ས་ཆེན་），并被后世称为"萨迦五祖"（ས་སྐྱ་གོང་མ་ལྔ་）中的第一祖师。其后，萨迦派的教义道果法由二祖师索南孜莫（བསོད་ནམས་རྩེ་མོ་）、三祖师扎巴坚赞（གྲགས་པ་རྒྱལ་མཚན་）、四祖师贡嘎坚赞（ཀུན་དགའ་རྒྱལ་མཚན་，即萨迦班智达）、五祖师帕巴洛卓坚赞（འཕགས་པ་བློ་གྲོས་རྒྱལ་མཚན་，即八思巴）等人弘扬发展，萨迦教派成为至今兴盛不衰的藏传佛教的一个著名教派。因"萨迦五祖"中的贡嘎宁布、索南孜莫、扎巴坚赞皆为居士身份，时常着白色袍子，故称为"白衣三祖"；贡嘎坚赞和帕巴洛卓坚赞为比丘身份，身着红色僧装，故称"红衣二祖"。后来，萨迦寺的最高宗教领袖称为"赤钦（ཁྲི་ཆེན་）"，即法台，一直由昆氏家族父子相传，血脉至今未断。

噶举派，是一个著名的教派，由大译师玛尔巴·曲吉洛追（མར་པ་ཆོས་ཀྱི་བློ་གྲོས་）创建。11世纪，玛尔巴在洛札（ལྷོ་བྲག་）境内建寺译经，名扬天下。他年轻时，从卓弥·释迦益希译师尊前学习梵文，又几度赴泥婆罗、印度，拜纳若巴（ནཱ་རོ་པ་）等大师为上师，修学大手印、喜金刚、密集等密法。学成后，玛尔巴以洛扎卓沃龙（གྲོ་བོ་ལུང་）寺为根本道场，聚集众多弟子，传授佛法。传承法门的上首弟子是著名的修行大师米拉热巴（མི་ལ་རས་པ་）。米拉热巴把法门再传给塔布拉杰（དྭགས་པོ་ལྷ་རྗེ་）。1121年，即藏历第二绕迥铁牛年，塔布拉杰在岗布（ནྲམ་བོ་，今西藏山南市加查县境内）修建了著名的岗布寺。在其后的岁月里，他以岗布寺为基地，广收门徒，传授教法，以融合米拉热巴的密法和噶当派的教诫的传授方法，形成了自己的教授和传承体系，被称为塔布噶举巴派（དགས་བོ་བཀའ་བརྒྱུད），后简称为噶举派。玛尔巴·曲吉洛追被视作噶举派的祖师，米拉热巴是第二代祖师，塔布拉杰则成为第三代祖师。所谓噶举巴，顾名思义，即为佛语传承者。"噶"可译为佛语，"举"为传承之意，传承金刚持佛亲自传授的密乘教义的佛教徒，可称作噶举派。噶举派是一个注重传承的教派，在学习密乘典籍的同时，上师亲自口传，再由门徒继承下来，如此延续不断。传至今日，噶举派的门徒已遍布世界各地。

同一个时期，由琼波南觉（ཁྱུང་པོ་རྣལ་འབྱོར）开创了另一个噶举教派，称作香巴噶举（ཤངས་པ་བཀའ་བརྒྱུད），与塔布噶举在印度的传承同源，均由印度佛学大师底洛巴（ཏེ་ལོ་བ）、纳若巴传出。琼波南觉生于尼木（今西藏拉萨市尼木县），琼波是其族姓，南觉意即瑜伽士。他 10 岁时即学会了梵、藏文拼写；成年后，随身带着黄金赴泥婆罗，在苏玛底（སུ་མ་ཏི）大师尊前学习译经，并获得灌顶和密乘修法约 50 种。琼波南觉前后 7 次赴印度学法，在名刹那烂陀寺求结法缘，拜多名天竺高僧为师，广泛研习各种佛法经典。从印度返回西藏的途中路经阿里时，琼波南觉在托林寺聆听了阿底峡尊者的"密集"等教法的传授。大译师仁钦桑布等人应琼波南觉的请求，把他所携带的梵文经典译成了藏文。从 1121 年，即藏历第二绕迥铁牛年起，琼波南觉在香（今西藏日喀则市南木林县境内）、彭域等地建寺传法，并以香地作为传法中心，逐渐形成了又一个噶举教派，世人称之为香巴噶举教派。15 世纪后，香巴噶举逐渐衰落，今若称噶举派，主要指的是塔布噶举。

二、噶玛噶举（黑帽）派的创建

由玛尔巴大译师为祖师的塔布噶举由塔布拉杰创建。塔布拉杰本名塔玛扎（ དར་མ་གྲགས་ ），系聂（ གཉལ་，今西藏隆子县境内）地方人，生于 1079 年，即藏历第一绕迴土羊年。塔玛扎幼时学习医药方，年稍长后娶妻生子，并以精湛的医术和良好的医道闻名于乡间，为当地人行医治病，受到了广泛的赞誉，故称作"拉杰"（ ལྷ་རྗེ ），似乎寓意为神医。但不久，塔玛扎的家庭遭遇突变，妻儿接连病逝。他深感人世瞬变、轮回无常，遂萌发出家之念，26 岁时便受比丘戒，取法名索朗仁钦（ བསོད་ ནམས་རིན་ཆེན་ ），塔布拉杰一名乃是后人对他的尊称。其后，他前往拉萨北部热振等地，寻访名师，学习噶当派的教典。1110 年，即藏历第二绕迴铁虎年，塔布拉杰年届 32 虚岁时，闻知米拉热巴的大名，便前往上部地区（指今西藏吉隆、聂拉木两县境内），谒见这位伟大的瑜伽修行者，并拜师求法。米拉热巴传授的教诫，使塔布拉杰亲身体验到其教法的精深及奥秘。在13 个月的求法日子里，塔布拉杰聆听并专心修习了米拉热巴所传授的所有教诫，感受到了非凡的领悟。这时，导师米拉热巴及时嘱咐他返回前藏传法收徒，并亲自送至桥头。塔布拉杰回到前藏后，闭门修行 3 年，悟到了法脉的真义，对恩师米拉热巴产生了与佛无二的敬意。继后，他在多处著名的寂静修习处，精心修行。在名山沃第贡杰（ འོ་དེ་གུང་རྒྱལ་ ）修习时，塔布拉杰突然想起导师米拉热巴曾叫他 12 年后再来见面的嘱咐，即起身上路。他走至雅砻（今西藏山南市乃东区境内）时，听到了米拉热巴圆寂的消息，并收到了作为礼物的米拉热巴的一件遗物。当年，塔布拉杰在塔布地区的岗布修建岗布寺，说法摄众，在弘扬、阐释玛尔巴传承下来的道法基础上，结合噶当派的道次第法门，讲授《道次第解脱庄严论》（ལམ་རིམ་ཐར་རྒྱན་），75 岁时圆寂。

塔布拉杰在岗布讲经说法时，曾聚集了上千弟子。其中，尚·卓瓦贡布（ཞང་འགྲོ་བའི་མགོན་པོ་）、帕木竹巴·多吉杰布（ཕག་མོ་གྲུ་པ་རྡོ་རྗེ་རྒྱལ་པོ་）、拔绒·达玛旺秋（འབའ་རོམ་དར་མ་དབང་ཕྱུག་）、噶玛·都松钦巴（ཀརྨ་དུས་གསུམ་མཁྱེན་པ་）4 名弟子得法真传，最为知名，被后世称作塔布噶举"四柱"（ཀ་བཞི）。由此，派生出来四大噶举教派。尚·卓瓦贡布修建蔡寺，收徒传法，创立了蔡巴噶举（ཚལ་པ་བཀའ་བརྒྱུད）。帕木竹巴·多吉杰布在帕木竹巴修建丹萨替寺，说法摄众，创建了帕木竹巴噶举，简称帕竹噶举（ཕག་གྲུ་བཀའ་བརྒྱུད་）。拔绒·达玛旺秋在藏北修建拔绒寺，收徒传法，创立了拔绒噶举（འབའ་རོམ་བཀའ་བརྒྱུད）。噶玛·都松钦巴先后修建了噶玛、楚布等寺，广收弟子，说法传道，创立了噶玛噶举（ཀརྨ་བཀའ་བརྒྱུད）。

噶玛噶举的创始，可以追溯到1147 年，即藏历第三绕迥火兔年。是年，噶玛·都松钦巴在康区的噶玛修建了噶玛寺，由此逐渐形成了被称为噶玛噶举的著名噶举支派。1189 年，即藏历第三绕迥土鸡年，噶玛·都松钦巴在堆龙修建楚布寺，从此，楚布寺成为历代噶玛巴的驻锡地。噶玛·都松钦巴在 84 岁高龄去世，后来形成活佛转世制度后，被追认为一世噶玛巴活佛。

噶玛·都松钦巴的法脉继承人是噶玛·拔希曲吉喇嘛（ཀརྨ་བཀྲ་ཤིས་ཆོས་ཀྱི་བླ་མ་），简称噶玛·拔希。噶玛·拔希早年师从噶玛·都松钦巴的再传弟子蚌扎巴（སྤོམ་བྲག་པ་），20 岁受比丘戒。蚌扎巴宣称噶玛·拔希是噶玛·都松钦巴的化身转世，得到了信仰噶玛噶举的众信徒的认可，由此开创了西藏活佛转世制度的先例。1247 年，即藏历第四绕迥火羊年，噶玛·拔希从康区回到楚布寺，并以该寺为驻锡地，主持噶举派教法。此后，应忽必烈邀请，噶玛·拔希于 1253 年启程东行，辗转中原 11 年。其间，他卷入忽必烈和阿里不哥①之间的皇位之争，因支持阿里不哥，后被登上皇位的忽必烈拘禁，直至 1264 年，即藏历第四绕迥木鼠年，才获释返回藏地，途中长期逗留在安多、康区等地。7 年后，噶玛·拔希回到楚布寺，主持大经堂和众多塑像的建造工程。1283 年，即藏历第五绕迥水羊年，他在楚布寺圆寂，被称作二世噶玛巴活佛。至此，噶玛噶举教派完全形成，也确立了噶玛噶举派系统的活佛转世制度。由于自一世噶玛巴·都松钦巴转世传承的历代噶玛巴活佛均戴黑帽，从此，以黑帽派噶玛噶举著称。

三、封建割据及佛教后弘期的林芝

11 世纪，在今米林、巴宜一带一个名叫阿杰（ཨ་རྒྱས་རྒྱལ་ལམ་ལ་རྒྱལ་）的地方首领崛起，成为工布地区最有影响力的统治者。阿杰被认为是吐蕃时期工布王——工噶布王的后裔，因而被工布人尊称为"阿杰王"。这里所指工布地区，通常指上自上工布工曲热喀（ཀོང་ཆུ་རབ་ཁ་）、下自下工布杰拉孜栋（རྒྱ་ལ་ཇེ་རྫས་）以上、北至觉木娘噶达岗仁（རྣང་དཀར་ཏ་ཁང་རིན་）的地域，囊括今巴宜区和米林县大部分辖境②，不包括工布江达县辖境。

传说，阿杰王勇武睿智、深得民心，又是一个虔诚的佛教信徒。根据《热·多吉扎传》记载，11 世纪末，名扬藏区的佛学大译师热·多吉扎（ར་རྫོ་རྗེ་གྲགས་）前来工布传教时，收纳了阿杰王的一个女儿作为其明妃。这一事件曾一度激起工布人的极大愤慨，当地民众纷纷传言，说热·多吉扎是一名冠名得道修行师的

---

① 阿里不哥是蒙古宗王、成吉思汗之孙、拖雷的幼子、忽必烈的同母之弟，皇位争夺斗争中失败后归降忽必烈。

② 参见林芝市政协文史资料编写小组编：《西藏林芝市历史点滴》（藏文版）打印本第 1 本，第 4 页。

假"大师"。

热·多吉扎教诲别人行善事，自己却多行不善尤其是纳阿杰王之女为明妃，实属恶劣行径。于是，工布一些民众出于愤怒，意欲谋害热·多吉扎。无奈，热·多吉扎德行高深，最终化险为夷，平安无事。[①]关于阿杰王统治工布地区的具体生平事迹，不见史料记载。工布民间一直流传一些阿杰王的故事，但多属与史实相距甚远的传奇故事。

娘布地区在这一时期，由已经成为地方封建主的吐蕃娘布邦国君王娘尊王的后裔统治。根据 14 世纪历史学家萨迦·索南坚赞所著《西藏王统记》（རྒྱལ་རབ་གསལ་བའི་མེ་ལོང་）中"涅奇夏奇二人在工布和娘布当了国王，他们的后裔至今犹存"[②]一句可知，直到 14 世纪，娘布地区仍由娘尊王的后裔统治。而娘布邻近的龙布地区在不同时期，则由不同地方的小规模政教势力集团统治。下塔布（今朗县）地区形成的各豁卡（庄园），分别归上、下塔布的贵族及寺院拥有。由于史料缺载，具体情况不甚明朗。

与阿杰王同一个时期，波密地区出现了一个具有浓厚佛教色彩的家族。家族首领世世代代为修习佛法得道者。大约 11 世纪，家族首领名叫拉杰白绛（ལྷ་རྗེ་དཔལ་བྱངས་）。拉杰白绛之孙普布蚌（ཕུར་བུ་འབངས་）和普布蚌之子阿涅（ཨ་ནེ་）时期，除了修习佛法外，还管理地方事务。尤其是阿涅时期，开始在波窝许多地区拥有统治权。至 12 世纪末，拉杰白绛的第五代孙子、阿涅之子名叫巴载洛追桑布（དབང་རྒྱལ་བློ་གྲོས་བཟང་པོ་），又名衮聂波波（དགོན་གཉེར་བོ་བོ་）时期，在嘎朗修建宫殿，以嘎朗杰布（即嘎朗王），或以嘎朗第巴的名义，号令波窝、工布的鲁朗（ཀླུ་ནང་）、

---

① 参见《热·多吉扎传》（藏文版），青海民族出版社 1989 年版，第 293—294 页。

② 萨迦·索南坚赞:《西藏王统记》（藏文版），民族出版社 1981 年版，第 57 页。

洛隆（ཀྱོ་རོང་）等地，后被认为是第一代嘎朗第巴。①13 世纪中叶，西藏地区归属萨迦政权前，波密仍由第二代嘎朗第巴本钦敦巴（དབོན་ཆེན་སྟོན་པ་）、第三代嘎朗第巴索南坚赞（བསོད་ནམས་རྒྱལ་མཚན་）统治。

---

① 在现代一些著作中，嘎朗第巴世系另有说法：第一代名叫尼玛杰布，为 19 世纪 30 年代人；第七代为旺钦杜堆，是 20 世纪上半叶人。但是，对这一说法在学术界没有共识。

第五章

萨迦、帕木竹巴地方政权时期

13 世纪中叶，藏传佛教萨迦派在萨迦建立了萨迦地方政权，结束了西藏地区长达 400 余年的分裂割据状况。尔后，西藏地区正式成为元朝管辖下的一个行政区域。14 世纪 50 年代，西藏地方政权发生更替。藏传佛教噶举帕木竹巴支派首领绛秋坚赞用武力推翻了萨迦政权，建立了帕木竹巴政权，政教合一的封建农奴制度进一步形成。这一时期，今林芝市辖区先后置于萨迦和帕木竹巴地方政权的管辖之下。

一、萨迦、帕木竹巴地方政权的建立及更替

12—13 世纪之交，中国北方兴起了强大的蒙古汗王政权。13 世纪上半叶，蒙古军队进军今新疆。成吉思汗的骑兵进入了喀什噶尔、叶尔羌、和田，其势力开始波及西藏西部的阿里（史称纳里速）。不久，成吉思汗灭西夏，青海东部、河西走廊的藏族地区遂归入蒙古汗王统治之下。1240 年，即藏历第四绕迥铁鼠年，驻牧于凉州的蒙古王子阔端①，派将领多达那波率领一支蒙古军队进伐乌思藏②，进军至拉萨北面的林周县（史称彭域）一带，烧毁了杰拉康寺（ རྒྱལ་ལྷ་ཁང་ ），杀死 500 余名僧人。蒙古军队的暴行遭到了当地僧俗民众的强烈抵抗。于是，多达那波停止了军事行动，转而全面了解处于分裂割据状态的西藏各地的政教势力分布情况，尔后迅即返回凉州，向阔端汇报了所了解到的西藏各地情况。阔端根据多达那波报告的信息，决定邀请在整个

---

① 阔端为成吉思汗之子窝阔台的次子。

② 乌思藏系 དབུས་གཙང་ 的音译，清代译作"卫藏"，指西藏除东部康区以外的大部分地区。

藏区学富五车、声誉最隆的藏传佛教萨迦派首领萨迦·贡噶坚赞（即萨迦班智达）前来凉州，洽谈西藏各地归附蒙古事宜。

1244年，即藏历第四绕迥木龙年，萨迦班智达偕同两个侄子——八思巴、恰那多吉（ཕྱག་ན་རྡོ་རྗེ）前去凉州。1246年，即藏历第四绕迥火马年，萨迦班智达同阔端在凉州举行会谈，商妥了西藏地区各部归顺蒙古汗王的各项事宜，同意蒙古派官员到西藏清查户数、登记土地、确定税额，并在萨迦设立地方政权机构，管理西藏地方事务。

凉州会谈是缔造统一多民族国家过程中的一个重大历史事件，从此，西藏地区正式成为蒙古汗王及后来的元朝治理下的一个行政区域。元朝为了管理西藏地区及其他藏区的政教事务，采取了一系列治藏措施。首先，在朝廷设立宣政院机构，并建立帝师制度，任命萨迦派宗教首领出任帝师，同时兼任宣政院首领；在西藏地区设立"乌思藏纳里速古鲁孙等三路宣慰使司都元帅府"，由萨迦"本钦"（དཔོན་ཆེན）代行最高地方管理职权，"都元帅府"即萨迦政权管理的地区与今西藏自治区辖境（除了东部康区以外）大致相同。其次，在萨迦政权之下设立13个万户府，又在从萨迦出发前往元朝京师的藏区境内的路途上设立了27所驿站等等。

14世纪上半叶，以藏传佛教帕木竹巴噶举派为信奉的帕木竹巴势力在山南地区崛起。此时，萨迦政权已经走过了100余年的历史岁月。帕木竹巴势力的首领绛秋坚赞是藏族历史上杰出的政治家，20多岁出任帕木竹巴万户府万户长。他以乃东（སྣེའུ་གདོང）为基地，在与邻近的雅桑（གཡའ་བཟང）、蔡巴（ཚལ་པ）、直贡（འབྲི་གུང）等万户府的斗争中不断壮大势力，以致引起了与萨迦政权之间的尖锐矛盾，最终导致了萨迦地方政权首领纠集众多万户府的力量攻打帕木竹巴万户府的局面。这时候实际上，萨迦政权内部已分裂成不同的权力派别，威望、势力远不如先前，最终在与帕木竹巴的战争中遭到失败。1354 年，即藏历第六绕迥木马年，绛秋坚赞率兵攻占了萨迦，推翻了萨迦政权，使西藏大部分地区统一在帕木竹巴政权之下。

绛秋坚赞替代萨迦地方政权建立帕木竹巴政权后，采取一系列有效措施强化管理西藏地方事务。其中，最重要的一项举措是完善宗谿（ཛོང་གཉེས་）制度，在西藏各地新设置了 13 个宗一级地方行政司法管理机构。各宗的宗本任期有限，皆以流官形式管理地方事务。

15 世纪 30 年代，帕木竹巴政权第五代首领扎巴坚赞去世后，帕木竹巴政权内部开始出现内讧，发生了父子争夺政权首领继承权的事件。从此，帕木竹巴政权大厦动摇，江河日下，属臣豪门仁蚌（རིན་སྤུངས་）家族的势力日益跋扈。1435 年，即藏历第七绕迥木兔年，仁蚌·诺布桑波以武力兼并后藏的一些地方势力，形成一个半独立的格局。帕木竹巴政权虚有其名，大权旁落了仁蚌家族手中。

由仁蚌家族事实上掌握的帕木竹巴政权绵延 130 多年后，又开始被属臣篡夺。1565 年，即藏历第九绕迥木牛年，仁蚌的属臣辛夏巴（ཞིང་ཤག་）·次丹多吉效法仁蚌曾对待帕木竹巴之举，利用仁蚌属民的不满，乘机出兵，夺取了仁蚌家族所辖后藏大部分地区的统治权。1610 年，即藏历第十绕迥铁狗年，辛夏巴·彭措南杰以"后藏上部之王"（གཙང་སྟོད་རྒྱལ་པོ་）之名建立藏巴第斯政权，汉文史料中称之为"藏巴汗"。1618 年，辛夏巴·彭措南杰之子噶玛·丹迥旺波继任藏巴第斯，前、后藏完全置于藏巴第斯政权之下。

二、萨迦、帕木竹巴地方政权时期的林芝

萨迦地方政权建立后，西藏地区的最高行政长官称作萨迦"本钦"。萨迦"本钦"管理之下有 13 个万户府，囊括了今拉萨、

山南、日喀则、阿里等市和地区的辖区。同时，元朝在西藏设立有"乌思藏纳里速古鲁孙等三路宣慰使司都元帅府"。今林芝市辖境当属于萨迦政权管理之下，也隶属于乌思藏纳里速古鲁孙等三路宣慰使司都元帅府。但是，萨迦地方政权对今林芝市辖境内工布、娘布、下塔布等地的管理，采取了一种较为松散的方式：一是在上述地区，萨迦地方政权不曾委任或派遣官员管理地方事务；二是当地地方封建主或庄园主直接听命于萨迦政权，对地方事务代为管理；三是把林芝境内的一些豁卡（庄园）分封给诸如拉萨地区的万户府，作为这些万户府的世袭豁卡来管理。今察隅察瓦龙等藏族地区，则隶属于元朝设立的管理康区的吐蕃等路宣慰使司都元帅府。而下察隅僜人区处于一种相对封闭的状态，各个部落由头人自行管理。对墨脱等地的行政隶属关系，史书缺载，但大致可以推断，墨脱的藏族、门巴族居住地区已进入封建农奴社会形态。墨脱珞巴族的社会发展相对落后，处于一种原始的刀耕火种的社会发展状态。

波密地区则是例外。在萨迦地方政权时期，嘎朗第巴政权日趋巩固。第三代嘎朗第巴索南坚赞和第四代嘎朗第巴本钦阿绰（དབོན་ཆེན་ཨ་ཁྲོ）两代自主管理辖境属民，具体事务不受萨迦地方政权的管辖，处于一种相当程度的自治状态。

14 世纪 50 年代，萨迦地方政权被推翻，帕木竹巴成为新的西藏地方政权后，对今林芝市辖境内工布、娘布、下塔布等地区的管理基本上沿袭了萨迦地方政权时期的措施：一是在上述地区没有设置直接隶属于帕木竹巴政权的宗一级地方行政机构；二是亦没有委任或派遣官员管理地方事务；三是通过对当地封建主或庄园主发号施令，使其所辖地区听命于帕木竹巴地方政权。

根据史料记载，这一时期，工布地区出现了一些很有势力的地方封建主。他们不仅有各自的属地和臣民，而且在工布地区拥有极大的权势。例如15世纪，雍仲增①一带的封建主卓拉忽日（འབྲོ་ལ་ཧུ་རི）家族，曾借助帕木竹巴政权实际掌权者仁蚌·团悦多吉的势力名震遐迩，一时号令工布地区。七世噶玛巴·曲扎嘉措前来此地讲经说法时，卓拉忽日家族一次给噶玛巴行辕献上了100匹好马。②

大约在16世纪末17世纪初，今朗县境内出现了一个赫赫有名的封建家族——古如南杰（གུ་རབ་རྣམ་རྒྱལ）。该家族从今仲达境内开始发迹，成为上、下塔布地区的实际统治者，其辖境包括今朗县和山南市加查县大部分地区，曾一度与仁蚌家族、藏巴第斯家族齐名于西藏政治舞台。

帕木竹巴政权建立之初，波密嘎朗第巴政权已到了第五代噶尔琼蚌（མགར་ཆུང་འབུམ）执掌权力时期。噶尔琼蚌不仅是掌管一方的统治者，同时也是一个虔诚的佛教徒。

14世纪下半叶，藏传佛教宁玛派伏藏师桑杰林巴（1340—1396年），曾给噶尔琼蚌赠送一枚称为"十自在相之印"的印章。噶尔琼蚌对此印章如获至宝、珍藏有加，后成为历代嘎朗第巴御用之印，被称为"嘎朗王之印"。15世纪，第七代嘎朗第巴本钦喀日（དབོན་ཆེན་ཁ་རིས）掌权时期，与密宗修行大师唐东杰波（1385—1509年）结成了施主关系。当时，唐东杰波前来波窝讲经传法，本钦喀日以施主身份竭力供奉。大约16世纪下半叶，第八代嘎朗第巴本钦衮杰（མགོན་སྐྱབས）时期，倾多（རྒྱ་མདོ）一带进入多事之秋，地方纷争不断。一时，倾多寺把寺庙的管理权转送给衮杰。于是，衮杰专心于寺院事务，把第巴之权传给其子芒布贡噶坚赞，使他成为第九代嘎朗第巴。后来，芒布贡噶坚赞亦在倾多寺出家为僧，成为寺院之主。③

① 雍仲增，即今西藏林芝市巴宜区米瑞乡玉荣增村。
② 参见巴窝·祖拉陈瓦:《贤者喜宴》(藏文版)，民族出版社1986年版，第1082—1804页。
③ 以上嘎朗世系以普布多吉等著《波窝历史》为依据，并结合了其他史料。

帕木竹巴政权时期，工布、波窝一带有一个特殊的历史现象。藏传佛教噶玛噶举派四世至十世噶玛巴长期驻锡工布，传教于工布、波窝地区，拥有大量的信徒和巨大的影响力，逐渐成为工布地区最具势力的政教统治者。这种历史现象最初源自三世噶玛巴·然琼多吉。1303年，即藏历第五绕迥水兔年，三世噶玛巴·然琼多吉应工布地区广大信徒的恳请，多次前往讲经说法、摸顶赐福，赢得了当地无数信徒的虔诚敬仰，促进了噶玛噶举派在工布的广泛传播。1362年，即藏历第六绕迥水虎年，四世噶玛巴·瑞白多吉从元朝京师返回西藏途中，应工布广大信徒的一再虔诚之请来到工布传法。其间，他巡视了工布和塔布交界之地的圣迹杂日山，创造了转游此山的先例。1384年，即藏历第六绕迥木鼠年，出生于娘当（ཉང་འདན་）①的五世噶玛巴·得银协巴，以及其后的六世噶玛巴·通瓦团丹、七世噶玛巴·曲扎嘉措三代长期在工布驻锡传教，并圆寂在工布。七世噶玛巴·曲扎嘉措还曾调解过工布与波窝之间的纷争，并应波窝信徒之请，在倾多、易贡、玛库塘等地讲经说法。16世纪，八世噶玛巴·弥觉多吉曾经在则拉岗和工布其他地方驻锡10多年，一方面专心著述，另一方面向弟子巴卧（དཔའ་བོ་）等噶举派高僧讲授噶举经典。九世噶玛巴·旺秋多吉亦在工布、波窝驻锡长达9年时间，一面传教，一面出资建寺，弘扬噶玛噶举派佛法。十世噶玛巴·曲英多吉在藏巴第斯政权被推翻后，作为藏巴第斯政权的支持者，曾以工布为基地反抗过新成立的甘丹颇章政权，最终反抗失败，被迫经工布逃亡丽江。

---

① 娘当，即今西藏林芝市工布江达县娘当村。

第六章

甘丹颇章政教合一政权时期

创建于 15 世纪初的藏传佛教格鲁派，经 230 年的发展，形成了达赖喇嘛和班禅喇嘛两大活佛系统，在藏区和蒙古地区拥有大量信徒，也拥有一些极有势力的施主。格鲁派与这些势力的关系，是以宗教为纽带结成的政治盟友关系。

17 世纪上半叶，掌握西藏地方政权的藏巴第斯政权尊奉噶玛噶举派，推崇十世噶玛巴·曲英多吉为藏巴第斯政权的最高宗教导师，同时排斥、打击新兴的格鲁派，与格鲁派发生了尖锐的斗争。这一斗争中，格鲁派的一些头面人物，决意借助信仰格鲁派的青海蒙古和硕特部落势力的支持，以抗衡藏巴第斯政权。

1641 年，即藏历第十一绕迥铁蛇年，应格鲁派的两位领袖人物——五世达赖喇嘛阿旺罗桑嘉措和四世班禅罗桑确吉坚赞之请，青海蒙古和硕特部落首领固始汗以声援格鲁派之名率兵进军西藏，攻打藏巴第斯军队。1642 年，即藏历第十一绕迥水马年，固始汗的军队攻破谿卡桑珠孜（今日喀则市宗山堡），推翻了藏巴第斯政权，首领噶玛·丹迥旺波就擒被杀。同年四月，固始汗迎请五世达赖喇嘛阿旺罗桑嘉措前往谿卡桑珠孜，举行了建立甘丹颇章地方政权的隆重典礼。从此，西藏地区进入了长达 317 年的甘丹颇章地方政权（以下称西藏地方政权）时期，直至 1959 年才彻底退出历史舞台。

一、历史风云

格鲁派建立政权后，对噶玛噶举派也采取了压制政策，强行下令许多噶玛噶举派寺院改宗为格鲁派。十世噶玛巴·曲英多吉为了保全噶玛噶举派的传承，以工布、洛扎等地的噶举派势力为基础，发动了对西藏地方政权的抗暴战争。然而，抗暴战争迅即失败，噶玛噶举派受到了更大的打击。1644年，即藏历第十一绕迥木猴年，曲英多吉慑于遭受迫害，被迫从洛扎出发，途经工布，逃亡丽江（古代藏文典籍称丽江为绛域），直到30年后才回到西藏。

这一前后，西藏地方政府在工布、娘布、下塔布、察隅（杂隅）等地强行推行宗谿制度，建立健全了地方行政建制。从此，今林芝市辖区大部分地区除了清末短期外，基本置于西藏地方政府管理之下。

1682年，即藏历第十一绕迥水狗年，五世达赖喇嘛阿旺洛桑嘉措在布达拉宫圆寂。此后，西藏地区的局势发生了一些大的变化。当时，总理西藏地方政务的第斯·桑结嘉措与固始汗在西藏的后裔矛盾尖锐。1705年，即藏历第十二绕迥木鸡年，桑结嘉措在与蒙古固始汗的后代拉藏汗之间的冲突激化后被杀。

1716年，即藏历第十二绕迥火猴年，游牧于新疆伊犁河流域的蒙古准噶尔部首领策妄阿喇布坦（ཚེ་དབང་རབ་བརྟན་）乘西藏动乱之机，派大将策零敦多布（ཚེ་རིང་དོན་གྲུབ་）率兵6000，取道叶尔羌，经阿里、藏北直奔拉萨。第二年，攻陷拉萨，杀死了实际掌握西藏地方政权的拉藏汗，新立拉萨附近地方实力人物达孜巴（སྟག་རྩེ་བ་）为掌管西藏政务的第巴，西藏地区陷入了长达3年的蒙古准噶尔部的蹂躏之中。

准噶尔侵扰西藏，不仅使西藏地区陷入混乱、人民惨遭涂炭，而且直接威胁青海、四川、云南等地的安定。鉴于边疆形势的严峻，清朝康熙皇帝决定派大军进藏平乱。1718年，即清康熙五十七年，将军客伦特率满汉官兵从西宁分路进藏，结果在藏北那曲一带（史称哈喇乌苏）全军覆没。1719年，即清康熙五十八年，康熙皇帝命令皇子允禵为抚远大将军，兵分三路，第二次进藏。当从四川入藏的清军兵至嘉黎（在清史中称拉里），进攻盘踞在直贡、墨竹工卡一带的准噶尔军队时，江达贵族阿尔布巴·多吉杰布（ང་ཕོད་རྡོ་རྗེ་རྒྱལ་པོ་）[1]率 2000 余名工布江达民军协助清军作战，准噶尔军队兵败逃窜。最终，清军驱逐了侵藏的准噶尔军队，收复了拉萨。阿尔布巴·多吉杰布因其率民军助清军作战所立战功，被清朝授予贝子之衔，不久又升任西藏地方政府噶伦[2]。这是历史上第一个工布籍贯的贵族，官至西藏地方政府噶伦一职。

1720 年，即清康熙五十九年，清朝为了更有效地治理西藏，也为了给各级官员和兵士进藏提供方便及有效服务，根据清军进藏途中考察的路线和了解到的讯息，正式开辟了从四川到拉萨的交通通道。其中，从昌都至拉萨的川藏大道上正式设立了三个粮台塘汛[3]：硕般多、拉里（即今天的嘉黎）、江达。拉里、江达两汛由前藏游击统领，硕般多一汛由察木多游击辖制。

1727 年，即藏历第十二绕迥火羊年，阿尔布巴（ང་ཕོད་）、隆巴鼐（ལུམ་པ་ནས་）、扎尔鼐（ཇཕར་ར་ནས་）三名前藏噶伦，为了争夺权力，合谋杀害了西藏地方政府首席噶伦、后藏贵族康济鼐（ཁང་ཆེན་ནས་）。于是，爆发了前、后藏战争。康济鼐的政治盟友、后藏噶伦颇罗鼐（ཕོ་ལྷ་ནས་）为了替康济鼐报仇，从后藏起兵攻打前藏，攻陷拉萨，阿尔布巴、隆巴鼐、扎尔鼐三人被擒。后来，经入藏清朝钦差判决，阿尔布巴及三个儿子同隆巴鼐、扎尔鼐等人一起，以谋反罪被诛。

---

① 江达即今西藏林芝市工布江达县江达乡，阿尔布巴即今天阿沛这个名字的清代音译。阿尔布巴家族自清代以后，是工布江达境内最大的贵族家族，也是林芝境内最大的贵族家庭。

② 噶伦系 བཀའ་བློན་ 的音译。西藏地方政府最高政权机构称为噶厦，由四名噶伦组成，一僧三俗。

③ 汛，为清代兵制。凡千总、把总、外委统率的绿营兵均称"汛"，其驻防地区称"汛地"。

1757 年，即藏历第十三绕迥火牛年，七世达赖喇嘛格桑嘉措圆寂。为了避免新的达赖喇嘛长大成人前无人掌理西藏地方政教事务，也为了防止噶伦等人"擅权滋事"，清乾隆皇帝命六世德木（清史称第穆）活佛阿旺绛白德列嘉措出任西藏摄政（ཉིད་སྤྲུལ། རྒྱལ་ཚབ），"一体掌办喇嘛事务"，代理掌管西藏地方政教事务，并赐给"管理黄教巴勒布诺门汗"的名号。从此，新的达赖喇嘛成年亲政前设立摄政一职成为定制。出生于工布布久附近（今林芝市巴宜区布久乡境内）的六世德木活佛阿旺绛白德列嘉措，曾长期在七世达赖喇嘛格桑嘉措尊前学经听法，成为他最为看重的弟子。六世德木活佛阿旺绛白德列嘉措35 岁奉旨出任摄政，为 18 世纪以来西藏历史上第一位僧人摄政。他在摄政岗位上掌理政教事务，任职达 20 年之久，56 岁去世。

1811 年，即藏历第十四绕迥铁羊年，又有一位德木活佛，即七世德木活佛阿旺罗桑土丹计美嘉措出任西藏地方政府摄政。当时，九世达赖喇嘛隆多嘉措刚坐床 3 年，年方 7 岁。七世德木活佛奉旨出任摄政，清廷赐其"额尔德尼诺门汗"名号，在九世达赖喇嘛隆多嘉措成年亲政前掌管西藏地方政教事务。七世德木活佛任摄政 8 年后，于 1819 年，即藏历第十四绕迥土兔年去世。

19 世纪初至 70 年代，作为西藏地方政教合一政权最高首领的达赖喇嘛有四代寿命短促。九世达赖喇嘛隆多嘉措 11 岁去世，十世达赖喇嘛楚臣嘉措和十一世达赖喇嘛凯珠嘉措分别在 22 岁和 18 岁时圆寂。1875 年，即藏历第十五绕迥木猪年，十二世达赖喇嘛赤列嘉措突然圆寂，享年也只有 20 岁。十二世达赖喇嘛赤列嘉措圆寂后，西藏地方政府按照惯例，随即展开了新的达赖喇嘛转世灵童的寻访工作。结果于 1876 年，即藏历第十五绕迥火鼠年，出生于今朗县境内的一名幼童被认定为十二世达赖喇嘛赤列嘉措的转世灵童，成为十三世达赖喇嘛土登嘉措。新的达赖喇嘛的家族以朗敦①之名成为西藏贵族集团中的一员，今朗县部分辖境被赐为朗敦家族的世袭领地。

1885年，即藏历第十五绕迥木鸡年，由于十三世达赖喇嘛土登嘉措未成年，八世德木活佛阿旺赤列绕杰奉光绪帝圣旨出任摄政，掌办西藏地方政教事务；两年后，又出任十三世达赖喇嘛土登嘉措的正经师。十三世达赖喇嘛土登嘉措年满20岁亲政后八世德木活佛辞去了摄政职务。不料未久，西藏政坛风云突变，发生了与八世德木活佛关系密切的僧人用符咒谋害十三世达赖喇嘛土登嘉措的事件。受其牵连，八世德木活佛被革除呼图克图名号，软禁在其拉萨的府邸，并于1900年，即藏历第十五绕迥铁鼠年，死于监禁中。八世德木活佛去世后，西藏地方政府随即宣布禁止德木活佛系统转世，没收德木活佛在拉萨的驻锡寺丹吉林寺和德木拉章的全部财产。八世德木活佛的亲信白日（དབལ་རི）活佛、聂珠（ཉག་ཐུལ）活佛、侄子罗布次仁等人也相继遭受迫害，被判终身监禁。

1899年，即藏历第十五绕迥土猪年，在西藏拉萨三大寺一些僧众的要求下，清廷下旨查明"符咒事件"的原委，结论为这是一个"实属诬陷"的事件，下令"复其职权，归还其一切财产"。同时，宣布允许寻访八世德木活佛的转世灵童。不久，八世德木活佛属下僧人，秘密迎请出生于江达宗境内（今林芝市工布江达镇阿沛村）的贵族阿沛家族同一支脉的一个男童，取名丹增嘉措，认定为八世德木活佛的转世灵童。1912年，即藏历第十五绕迥水鼠年，拉萨发生了留守拉萨的前清川军与藏军之间的战争。战争中，德木活佛在拉萨的祖寺丹吉林寺的僧人，出资出

---

① 十三世达赖喇嘛土登嘉措出生于下塔布的朗敦村，故其家族名后来以朗敦闻名。今天，朗敦被称作曲江冲康村。

力帮助川军作战。最终，川军战败，被遣送回内地。而德木活佛和丹吉林寺再次遭受迫害，西藏地方政府没收了丹吉林寺的财产，取消了大活佛呼图克图的等级。

二、工布境内的宗谿建置

五世达赖喇嘛阿旺洛桑嘉措建立西藏地方政权伊始，为了完善政教合一制度，有效治理西藏地区，在全藏范围完善了宗谿行政建置，在各地原有的宗谿基础上新设了众多宗谿。所谓宗谿，是甘丹颇章政权的地方政权建置。宗分大、中、小三级，其宗本一般分别由五品、六品、七品官员出任。谿在此处，专指相当于小宗一级、具有行政功能的谿卡，与一般意义上的谿卡，即庄园有所区别。谿卡的掌管者被称作谿堆（ གཞིས་སྡོད་），一般由七品官员或相当于七品的贵族和寺院的代理人就任。

西藏地方政权建立初期，工布地区的局势一度起伏动荡。西藏地方政府还不曾找到合适时机，建立完整的宗谿机构，形成有效的统治和管理体制。1662 年，即藏历第十一绕迥水虎年，工布地区又发生动乱，盘德（ འཕན་བདེ་）寺活佛发动叛乱。西藏地方政府摄政赤列嘉措乘机派兵镇压，恢复了工布地区的统治秩序。

1663 年，即藏历第十一绕迥水兔年，西藏地方政府正式决定在工布设立则拉岗（ རྩེ་ལ་སྒང་）宗，委派一僧一俗两名宗本进行管理，任期 3 年。此后，还陆续设立了觉木（ རྫོ་མོ་）宗、雪卡（ ཤོལ་ཁ་）宗①，又把江达（ རྒྱ་མདའ་）宗纳入则拉岗宗的统一管理体制中。江达地区传统上称为娘布地区，不属于工布地区。西藏地方政权建立之初，就在江达设宗，称为江达宗。因为娘布地区在历

①　清代汉文史料中，把觉木写作足木、雪卡称作硕卡。则拉岗宗在今林芝市巴宜区布久乡境内，觉木宗设在今巴宜区觉木村，雪卡宗设在今林芝市工布江达县巴河镇雪卡村。

史、地理、民俗等方面与工布地区的关系十分密切，大约从 18 世纪初开始，逐渐把其地理范围纳入工布，民间开始有工布江达的称呼，但西藏地方政府的官方文档仍然写作江达宗。在汉文史料中，以工布江达称呼江达宗辖境是在清代中期。乾隆时期编写的《卫藏通志》卷十五"部落"一节中有"工布江达"一名，并把江达宗辖属民众协助清军抵抗蒙古准噶尔部军队入侵的行为，称为"工布人民坚壁防守，敌人不能入其境"。[①] 18 世纪末，八世达赖喇嘛绛白嘉措时期，西藏地方政府的官方文书开始把则拉岗（简称"则岗"，也写作则拉）宗、觉木宗、雪卡宗、江达宗合称为"工布四宗"，直接隶属于西藏地方政府管辖。

自设立工布四宗以后至民国时期，四宗的辖区和宗谿等级无大的变化。则拉岗为大宗，宗本的职衔为五品，觉木、雪卡、江达三宗宗本的职衔为六品。[②] 1830 年，即藏历第十四绕迥铁虎年，西藏地方政府于卫藏地区进行土地清查，在此基础上制定了《铁虎年清册》。根据《铁虎年清册》所录，当时工布的则拉岗、觉木、江达、雪卡四宗谿内，直接或间接隶属于西藏地方政府的有沃塘（ ），嘎玛（ ）、结果（ ）、鲁霞（ ）、多雄（ ）等 12 处庄园，耕地面积有 243 顿[③]，约有 13580 克[④] 播种面积。[⑤]

1913 年，即藏历第十五绕迥水牛年，十三世达赖喇嘛土登嘉措推行新政，实行一系列改革。其中一项重要内容是调整西藏地方行政建置，设立了一批名为"基巧"（ ）的行署级地方

---

① 《卫藏通志》，西藏人民出版社 1982 年版，第 516 页。

② 1954 年，西藏地方政府提升则岗宗的等级，设立塔工布基巧（塔工总署），管理塔布和工布地区的 11 个宗谿。

③ 顿即藏文 的音译、1 顿平均约有 100 克面积。1 克约等于今天的 1 亩。

④ 克即藏文 的音译，是面积、容量、重量单位。此处，1 克面积土地是指约 28 斤重种子撒播的土地面积。

⑤ 参见《藏族社会历史调查》（四），民族出版社 2009 年版，第 55 页。

机构，如朵麦基巧（ མདོ་སྨད་སྤྱི་ཁྱབ་ ，俗称昌都总管）、洛基巧（ ལྷོ་སྤྱི་ཁྱབ་ ）、藏基巧（ གཙང་སྤྱི་ཁྱབ་ ）等。但今天林芝市辖境的则拉岗、觉木、雪卡、江达①四宗谿机构，仍基本上沿袭了 19 世纪的设置，只是四宗所辖领地有所调整。至 20 世纪 40 年代，西藏地方政府对四宗的土地面积和税额几经核定后确定下来了。例如，大宗则拉岗宗辖区包括 16 个称为"色空"（ གསལ་ཁུངས་ ）的分区：甲拉（ རྒྱ་ལ་ ）、达嘎吉喔（ རྟ་མགར་ཇི་ལོག་ ）、多雄（ རྫོ་གཞོང་ ）、结果（ རྒྱལ་སྒོ་ ）、羌那（ ཆབ་ནག་ ）、苦加（ ཁུ་རྒྱགས་ ）、嘎恰（ དགའ་ཆགས་ ）、卧龙（ ཨོ་རོང་ ）、江中（ ལྗང་སྒྲོང་ ）、堆巴（ བདུས་པ་ ）、森朴（ ཟིང་པུ་ ）、康萨（ ཁང་གསར་ ）、扎绕（ བཀྲ་རབ་ ）、嘎玛（ ཀརྨ་ ）、俄当（ ལོ་བང་ ）、德木（ རི་མོ་ ）。②以上地区基本上包括了今米林县全境、巴宜区的雅鲁藏布江两岸地区，觉木宗包括今巴宜镇的部分地区，雪卡宗辖区与今巴河镇所辖相近，江达宗辖境与今工布江达县辖境基本相同。

三、今朗县、察隅、墨脱、波密境内的宗谿建置

五世达赖喇嘛阿旺洛桑嘉措大力推行宗谿行政建置后，在下塔布地区设立了朗（ སྣང་ ）、金东（ སྐྱིམས་སྟོང་ ）、古朗（ སྐུ་རྣས་ ）三个宗谿。朗宗治所设在今朗县县城所在地，金东宗治所设在今金东乡境内，古朗宗治所设在今仲达乡境内。三个宗谿辖境包括今朗县全境。

对于地处偏远的察隅，自五世达赖喇嘛阿旺洛桑嘉措成为

---

① 1954 年，西藏地方政府在则拉岗设立工布基巧，统管工布四宗；继而设立塔工基巧，管理塔布、工布地区属下 11 个宗谿。

② 这 16 个色空亦分别由地方政府、寺院、贵族管辖。除地方政府管辖的地区外，则拉岗宗所辖的德木色空为寺院领地。参见中国社会科学院民族研究所民族学室"西藏封建农奴制"课题组：《关于民改前工布则拉岗地区的社会历史调查》1991 年打印本，第 14 页。

西藏地区政教合一政权的最高首领以后，西藏地方政府也加强了管理。1648 年，即藏历第十一绕迥土鼠年，五世达赖喇嘛阿旺洛桑嘉措的高徒德木活佛拉旺丹白坚赞，在今察隅境内修建了桑昂曲科林（གསང་སྔགས་ཆོས་འཁོར་གླིང་）寺；接着，西藏地方政府设立了桑昂曲宗（གསང་སྔགས་ཆོས་རྫོང་），以寺院和宗同时设立的形式，表明政教合一的地方政权在今察隅境内正式确立。桑昂曲宗的管辖范围包括古玉、古拉、竹瓦根、察瓦龙、绒堆（རོང་སྟོད་，上察隅）、绒麦（རོང་སྨད་，下察隅）等地。

墨脱，即白玛岗（也写作白玛岗、白玛圭）。西藏地方政府时期，这里的行政建制主要由两部分组成：一是西藏地方政府设置的地方机构，二是波窝的嘎朗第巴统治的宗一级建置。

根据现有的史料，西藏地方政府对墨脱的管理源于 18 世纪末八世达赖喇嘛绛白嘉措时期。1780 年，即第十三绕迥铁鼠年，八世达赖喇嘛绛白嘉措委派塔布地区的藏族高僧岗布巴·邬坚卓堆林巴（སྐྱབ་ལོ་བ་ཨོ་རྒྱན་འགྲོ་འདུལ་གླིང་བ）到白玛岗传教，准备修建藏传佛教的寺院。当时，由于宗教和文化上的冲突，藏族、门巴族与珞巴族之间存在深深的隔阂，珞巴族又向来对藏人、门巴人戒心很重，修建寺院一事遭到珞巴族的阻挠。后来，通过几次与珞巴族的谈判，最终征得他们的同意，修建了仁青崩（རིན་ཆེན་སྦུངས་）寺。西藏地方政府通过仁青崩寺的修建，在一定程度上加强了对白玛岗一带的管理。20 世纪 20 年代，西藏地方政府驻昌都的朵麦基巧在波密的倾多设立波密、白玛岗商务总管机构（སྤྲོ་བདག་མ་གཉེར་ཆེན་རྒྱ་）[1]，负责波密和白玛岗即墨脱两地的税收事宜。

波窝的嘎朗第巴在墨脱拥有大片领地。1880 年，即藏历第十五绕迥铁龙年，门巴族与珞巴族发生了大规模械斗。嘎朗第巴

---

① 1926 年，由朵麦基巧派商务总管进驻倾多，统一管理波密、白玛岗两地商务。

扎布·索朗央坚应门巴族首领诺诺拉求助，即刻派兵援助，经过激烈斗争，珞巴族战败。最后，经双方在仁青崩寺谈判，珞巴族首领同意处死挑起事端的珞巴人，并承认仰桑河以上由嘎朗第巴管辖。从此，嘎朗第巴成了墨脱大部分地区的实际统治者。

1881年，即藏历第十五绕迥铁蛇年，嘎朗第巴扎布·索朗央坚在墨脱地东村建立了墨脱宗①，由嘎朗第巴委任门巴族头人诺诺拉担任第一任宗本（1881—1883年），任职3年。至1931年，即藏历第十六绕迥铁羊年，墨脱宗已有13任宗本，任期不等，短至两三年，长至十余年。墨脱宗的管辖范围，基本上囊括了嘎朗第巴在墨脱的属地：五措两地②。五措分别指的是当布措（ཏན་ཐུ་ཚོ）、荷扎措（ཧོར་ཚོ）、背崩措（འབས་སྐྱུང་ཚོ）、萨格尔措（ས་དཀར་ཚོ）、达昂措（སྡ་ལྔ་ཚོ）。两地是指洛查噶那（ལྡོ་ག་དཀར་ནག）和金珠玉措（རྒྱན་འབྲུག་ཡུལ་ཚོ）。在金珠玉措，嘎朗第巴还一度设有宗级机构，管理地方具体事务。③

1905年，即藏历第十五绕迥木蛇年，嘎朗第巴在甲琼建立了嘎朗央宗（位于非法的"麦克马洪线"以南），察隅的藏族人居美出任嘎朗央宗第一任宗本（1905—1908年）。宗下设有措，各村设有名为学本的一名村长。

波密地区自1932年，即藏历第十六绕迥木猴年，西藏地方政府收回管辖权后，随即设立波堆（སྤོ་སྟོད）、波麦（སྤོ་སྨད）、曲宗（ཆོས་རྫོང）三宗进行管辖。波堆宗治所设在倾多（རྒྱ་མདོ），因地处上波密地区，故有其名，原是嘎朗第巴管辖的波密中心地区，辖区包括今波密县倾多乡、许木（ཧྲུལ་མོ）乡一带。波麦宗又称易贡（ཡིད་གོང）宗，治所在今波密县易贡乡境内，因地处

---

① 地东宗又称墨脱宗，宗址位于今西藏林芝市墨脱县背崩乡地东村。

② 措为村级建置，相当于现在的行政村。

③ 参见《波窝地区行政建制与差税》，林芝市波密县政协文史资料委员会1995年油印资料，第4页。

下波密，故称波麦宗，意谓下波密宗，辖区包括今波密县易贡乡、八盖（ བག་སྣས ）乡一带。曲宗在历史上一直隶属于西藏地方政府，非嘎朗第巴管辖区域，其辖区包括今波密县松宗（ སུམ་འཛོམས ）乡一带。

自五世达赖喇嘛阿旺洛桑嘉措以后，西藏地方政府不断强化对今林芝市辖区的行政管辖。至20世纪50年代初，先后设立的宗谿一级地方机构，有则拉岗宗、觉木宗、雪卡宗、江达宗、朗宗、金东宗、古朗宗、波堆宗、波麦宗、曲宗、桑昂曲宗等10余个宗谿。

四、林芝境内寺院、贵族的谿卡

旧西藏由政教合一的西藏地方政府统治，土地以谿卡（庄园）的形式分属于三大领主，即地方政府（即官府）、寺院和贵族。西藏地方政府通过下设的直属宗谿来管理土地和属民，而寺院和贵族则委派代理人到各自拥有的宗谿管理土地。根据1959年前西藏社会调查的相关资料，全西藏有330万克耕地，地方政府、寺院、贵族占有的土地分别为38.9%、36.8%、24%，属于自耕农的土地约占0.3%。

林芝境内寺院众多，历史上有地位、有名望的寺院拥有众多谿卡，称为"曲谿"（ ཆོས་གཞིས ），即寺属庄园土地。根据1830年西藏地方政府颁布的《铁虎年清册》所载，19世纪30年代，林芝境内拥有谿卡的主要寺院，有德木寺（ དེ་མོ ）、布久寺（ བུ་ཆུ ）、拉龙寺（ ལྷ་ལུང ）、甘丹曲林寺（ དགའ་ལྡན་ཆོས་གླིང ）、羌纳寺（ ཆང་ན ）、扎西绕登寺（ བཀྲ་ཤིས་རབ་བརྟན ）、拉如寺（ ལྷ་རུ ）、日卡寺（ རི་ཁ ）、朱拉寺（ འབྲུ་ལ ）、扎西曲林寺（ བཀྲ་ཤིས་ཆོས་གླིང ）、朋仁曲德寺（ དཔང་རི་ཆོས་སྡེ ）、桑昂曲林寺（ གསང་སྔགས་ཆོས་གླིང ）、倾多寺、普龙（ བུ་ལུང ）寺、加达（ ལྕགས་མདའ ）寺、松宗（ སུམ་འཛོམས ）寺等。

上述寺院中，由于德木寺的寺主德木活佛有三代出任西藏地方政府摄政，寺产急剧膨胀，寺属谿卡不断增加。至 1899 年，寺属谿卡从 1830 年的 98 顿土地耕种面积扩张至 602 顿[①]，德木寺成为西藏拥有最多谿卡的寺院之一。

除此以外，拉萨地区的寺院在林芝境内也拥有曲谿，比如策门林寺在工布地区就拥有庄园。

近代西藏贵族集团是在 17 世纪中叶开始形成的。1642 年，即藏历第十一绕迥水马年，格鲁派首领五世达赖喇嘛阿旺洛桑嘉措建立西藏地方政权后，一批有功于格鲁派的地方实力人物以及家缘深厚、新近归附的旧贵族被委任为各级官员，成为新政权统治核心阶层中的权贵。地方政府准许他们继承原有的土地和属民，或封赏给新的谿卡和奴户。逐渐的，这批贵族形成了拥有 200 多户人家的近代西藏贵族阶层。

近 300 年间，今林芝市境内的贵族集团几经兴盛、衰落的历史变革，折射出西藏封建农奴制度走向没落的轨迹。根据相关历史资料，17 世纪中叶至 19 世纪初，西藏地方政府档案中在册的工布地区[②]贵族曾有 5 家左右，其中最为知名的有卧龙（ ཨོ་རོང་ ）、噶恰（ དགའ་ཆགས་ ）、结果（ རྒྱལ་བཀོད་ ）[③]3 个家族。江达境内有阿沛家族。大约在 19 世纪四五十年代，卧龙、噶恰两个家族相继男性绝嗣，家族成员中无人出任西藏地方政府的官职。西藏地方政府根据相关法规，收回了卧龙、噶恰两个家族拥有的谿卡和奴户，把卧龙家族属下的谿卡和奴户转赐给大贵族夏扎，把噶恰家族属下的谿卡和奴户转赐给八世、十二世达赖喇嘛家族贵族拉鲁。从此，卧龙、噶恰两个工布地区最为显赫的家族，家道完全败落，丧失了谿卡、奴户，丧失了往日作为贵族家族的财富、地

---

① 参见《西藏封建农奴制社会形态》，中国藏学出版社 1995 年版，第 68 页。
② 此处工布指今西藏林芝市巴宜、米林两地辖境，不包括工布江达县。
③ 结果，有时也写作杰果。

位和身份象征，退出了贵族集团，沦为平民阶层。至于结果家族何时衰败，史书无记载，但可以确定的是，19 世纪末，该家族已经失去了贵族资格。

　　20 世纪 40 年代，西藏地方政府在册的贵族名录中，今林芝市境内的贵族家庭只有江仲（རྒྱང་ཕྲོང་）、阿沛、朗敦（གླང་མདུན་）3 个家族。其中，阿沛、朗敦两个家族最为知名。阿沛家族是 18 世纪以来西藏名声显赫的贵族之一。该家族历代有数人官至西藏地方政府噶伦，最为知名的是阿尔布巴·多吉杰布和阿沛·阿旺晋美。朗敦家族是十三世达赖喇嘛土登嘉措的家族。1876 年，即藏历第十五绕迥火鼠年，在下塔布（今林芝市朗县境内）地区，出生了一个灵童。1879 年，即藏历第十五绕迥土兔年，他在布达拉宫举行坐床典礼，成为十三世达赖喇嘛后，其父亲贡噶仁钦被西藏地方政府赐给朗宗辖境内的庄园和奴户。从此，这个家族进入了西藏贵族阶层，被称作朗敦家族。20 世纪 30 年代，十三世达赖喇嘛土登嘉措的侄子朗敦·贡噶旺秋，曾短暂出任过西藏地方政府摄政之一（另外一名摄政是热振活佛）。

　　另外，除了上文所言非林芝籍的贵族夏扎、拉鲁外，宇妥等家族也在今林芝境内拥有谿卡。

第七章

清末民初行政区划改革

清末，赵尔丰出任川滇边务大臣，成为清朝治理川边藏区的封疆大吏。赵尔丰上任之后，以军事镇压当地土司反抗的基础上，在四川藏区强势推行改土归流。短短的6年多时间里，金沙江以东的藏区基本结束了延续几百年的土司制度，新设置了巴塘（ འབའ་ཐང་ ）、理塘（ ལི་ཐང་ ）、德格（ སྡེ་དགེ ）、岭葱（ གླིང་ཚང་ ）、孔萨（ ཁང་གསར་ ）、白利（ བེ་རི ）、东科（ སྟོང་འཁོར་ ）、朱倭（ ཇི་བོར་ ）、明正（ དར་མདོ་ ）、绰斯甲（ ཁྲོ་སྐྱབས་ ）等道、府、州、厅、县等机构。至1911年，即清宣统三年，当川边藏区改土归流基本完成后，赵尔丰筹划在金沙江以西的藏区实行改土归流，设治置县，并向清廷上书，奏请于川边地区设立西康省。由于当年爆发辛亥革命，西康建省计划未能成为现实。

一、清末民初行政区划改革的筹划及设治

1909年，即清宣统元年，赵尔丰以驻藏大臣兼任川滇边务大臣之名，进驻昌都（时称察木多），统兵进攻恩达、察雅、类乌齐等地；同时，饬令边军后营管带程凤翔率部从盐井出发，西取桑昂曲宗、察隅两地。

1910年，即清宣统二年，驻藏大臣联豫以波密嘎朗第巴（汉文中俗称波密土王）白玛才旺（清史称白马策翁）怂恿属下，在川藏官道上抢劫掠夺为由，下令清军管带陈渠珍、谢国梁分别从江达（今林芝市工布江达县江达乡）和硕般多（今昌都市洛隆县硕督镇）两路向波密进兵。不料，陈渠珍所率清兵在冬九（ སྟོང་འཇུག ，今称东久）一带，受到了两三千波密民军的顽强阻击。激战过后，清军战败，伤亡惨重。陈渠珍只好带着残兵退

驻德木（时称德摩）。联豫见此等情况，便向清廷上奏，请求赵尔丰派边军前来增援。于是，赵尔丰麾下的边军从硕般多、洛隆、桑昂曲宗（科麦）向波密进军，由清军统领凤山督办波密军事。1911 年，即清宣统三年六月，清军先后收复了倾多、许木宗（宿木）、曲宗、松宗、冬九、通麦（ ，汤墨）、易贡（彝贡）等波密全境。

清军进驻桑昂曲宗、察隅、波密后，清朝在上述地区着手或计划设治置县，委派官员管理。

（一）在桑昂曲宗设科麦县，在杂隅设察隅县。程凤翔率兵进驻桑昂曲宗后，根据赵尔丰的指令，首先详细调查了桑昂曲宗境内的物产、疆域、地界、人户；其次，还亲率兵士前往杂隅（又称察瑜），了解村落分布、民户数量、寺院数目等，为计划中的设治准备基本数据。1910 年，即清宣统二年四月，赵尔丰又派盐井县盐局委员段鹏瑞前往桑昂曲宗、杂隅，再次实地踏勘调查。段鹏瑞的调查范围纵横数千里，"凡村镇户口楼细分离，旱田水地勘入图记，以及一牛一羊，均列入表册"。在此基础上，绘制了《杂隅全境舆图》和《桑昂曲宗大江西面舆图》等舆图，为在桑昂曲宗、杂隅设治提供了更扎实的依据。同时，科麦委员夏瑚也提交了在桑昂曲宗、杂隅实地勘察的报告。1911 年，即清宣统三年，赵尔丰根据以上调查向清廷上书，奏请改流。先是在桑昂曲宗、杂隅设委员，负责征收粮食。尔后，经清廷批准，将察木多改设昌都府，桑昂曲宗、左贡合一，改设科麦县，杂隅改设察隅县；在下杂隅拟计划设立州、县，将妥坝改为归化州，木牛甲卜改为木牛县丞（二等县），以上皆隶属昌都府管辖。是年，因辛亥革命爆发之故，下杂隅设立州、县的计划流产。

（二）波密、冬九设县，白马冈（亦称白玛岗）设治局。波密的战事结束后，波密全境肃静。赵尔丰所派边军撤回硕般多、察木多，波密由驻藏清军接手驻防。由于波密战事中边军出力为多、战功显赫，驻藏大臣联豫一改往日计划在西藏建省、与赵尔丰屡屡在川边争地的态度，拟将波密划归川边管理。然而，联豫的属下——左参赞罗长裿持反对态度，建议在波密境内改建两府一道，移民屯垦，为将来西藏建省做粗基。联豫觉得罗长裿的建议可行，就派罗长裿驻防波密，经营设治。1911年，即清宣统三年农历六月，清军完全收复波密后，罗长裿即刻着手在波密、冬九设县，在白玛岗设治局。不料，是年10月内地爆发的辛亥革命风波迅即波及驻藏清军，驻拉萨、波密、工布等地的清军哗变，联豫被赶走，罗长裿在德木被杀，波密、冬九设县，白玛岗设治局即告夭折，未有结果。

（三）在江达设立理事官。1909年，即清宣统元年，钟颖率领的川军入藏。西藏地方政府派代本江堆夺吉率藏军驻守江达宗，抗拒川军，与川军标统陈庆率领的官兵发生战斗。藏军战败，退守墨竹工卡。川军管带张鸿升乘胜追击，直抵拉萨。此后，驻藏大臣联豫上奏获准，在江达委派有理事官。

（四）民国时期，川边经略使尹昌衡计划在江达、波密设县。1912年，中华民国政府成立。是年，西藏政局发生重大变化，驻藏清朝残军退回内地，西藏地方政府趁机派兵东进康区。是年7月，四川都督府都督尹昌衡率西征军西渡金沙江，入藏作战，仅3个月，就将以昌都为中心的金沙江以西部分康区置于控制之下。尹昌衡以此为契机，计划乘胜继续西进。不料，民国总统袁世凯屈从英国的外交压力，下令尹昌衡停止军事行动。尹昌衡西征期间曾筹划在江达、波密设县，并以其号把江达称为"太昭"。

1913年，即民国二年，民国政府设川边特别行政区，划泸定以西32县为川边特别行政区，设置委员，统一县治。川边特别行政区拟包括金沙江以西盐井、宁静（今芒康）、昌都等13个计划设置的县，其中包括林芝境内的波密、科麦（桑昂曲宗）、察隅（杂隅）、太昭4个县。由于民国初期，中原地区时局动荡，军阀之间内战频繁，计划设置的金沙江以西 13 个县中的多数地方，包括波密、太昭等地的设县规划未能施行。波密大部分仍归嘎朗第巴统治，部分地区如曲宗辖境仍置于西藏地方政府管理之下。太昭即江达，由西藏地方政府设立的江达宗管理。

1912 年，即民国元年，西藏地方政府在洛隆宗成立朵麦基巧①，总署东部藏区军政事务。这时，东部藏区的局势异常错综复杂。1917 年，即民国六年，藏军与驻昌都的彭日升统领的川军②在类乌齐开战。次年，彭日升战败投降，藏军乘胜加紧东进势头，川军余部退回四川。金沙江以西地区，包括桑昂曲宗、察隅等地落入西藏地方政府手中。金沙江以东的德格、邓科、石渠等地亦由藏军控制。

1932 年，即藏历第十六绕迥水猴年，西藏地方政府和西康省代表在岗托（ སྐྱ་ཐོག ）举行谈判，签订了关于以金沙江为西藏地区和西康省分界线等 6 条协议。该协议明确规定，金沙江以西原划定属于西康省的 13 个县，包括波密、桑昂曲宗、察隅、江达等县由西藏地方政府管辖。

二、刘赞廷与其编纂的波密、冬九、科麦县志

刘赞廷，河北河间府人，1908 年，即清光绪三十四年，在川滇边务大臣赵尔丰统辖的边军管带顾占文所率西军中营里任帮带，驻扎盐井；1911 年，即清宣统三年，随管带顾占文参加了波密战事；民国政府成立后，历任边军管带、边军协统、巴安代理知县、边军代理统领；1921 年，即民国十年，解甲归田，两年后入清史馆；1929 年，即民国十八年，进入国民政府蒙藏委员会工作。

---

① 1919 年，朵麦基巧迁址昌都。从此，一些汉文资料中俗称其为"昌都总管"。
② 彭日升原是清末赵尔丰属下边军管带，所率川军基本上由原清军构成。

1930 年，四川甘孜的大金寺和白利寺为争夺寺产发生尖锐矛盾。藏军趁机东进，占领甘孜（དཀར་མཛེས་）、炉霍（བྲག་མགོ་）、新龙（ཉག་རོང་）等地，爆发了"康藏纠纷"事件。任职于蒙藏委员会的刘赞廷随国民政府代表唐柯三亲赴甘孜，与藏军谈判，阻止了藏军进一步东进的计划。

刘赞廷一方面长期在康区任职，亲历、考察所得甚丰；另一方面，在清史馆、蒙藏委员会工作期间，有条件翻阅大量清代（主要是赵尔丰）档案及文史资料。

有如此经历，刘赞廷编撰类辑了各种资料集成的《藏稿》，涉及大量方志，县志就有 36 种。波密、冬九、科麦 3 县县志亦收录在《藏稿》中，分别名为《波密县志略》《冬九县志略》《科麦县志略》。由于考察和原始资料中存在的一些错误，《波密县志略》中的历史、方位等内容有不少错误。但是瑕不掩瑜，刘赞廷编纂此类县志，主要反映清末民国初期设立县治所在地方的基本情况。《波密县志略》《冬九县志略》《科麦县志略》追述了清末设县时的基本情况，本意是以清代材料为基础，准备为民国进一步完善设县举措提供资料。[1]

《波密县志略》约有 3000 字，是一部极其简略的县志，反映的是 1911 年，即清宣统三年，波密战事结束后，驻藏清军左参赞罗长裿短暂设县时的基本情况。该县志分为沿革、方位、治所、山川、道路、气候、花木、鸟兽、药材、寺院、风俗、遗迹12 类内容，对涉及波密的历史、社会、自然、物产、经济、宗教、文化等方面作了概括性表述。然而，县志中的错谬记载也随处可见。例如："波密藏史名曰娘波，一名博窝，据察木多之西南，工布之东南，地方广袤，分上、中、下三波密。"此处的娘波，当指今林芝市工布江达县的娘浦、江达一带，与波密中隔工

---

① 参见《西藏地方志资料集成》，中国藏学出版社 1997 年版，第 59、115、163 页。

布雪卡、觉木等地，并无娘波一名称呼波密一说。再者，传统上，波密只分上、下两部分，即上波窝和下波窝，无上、中、下之说。又如："久为部落，故名野番。"清末的汉文文献中，"野番"多指今墨脱、察隅境内的土著百姓，与波窝人无关。《波密县志略》关于波密建政历史、宗教沿革的记述，不知可据。其中，记载的明代川人徐某入波境教种稻、棉，"遂配夷女，生二子，嗣成霸业，为波密建衙之始。一子出家，为济咙呼图克图之第二世，由此畅行宗教"。如此表述，荒诞离奇，与波密历史、宗教固有的记载完全风马牛不相及也，二世济咙活佛亦出生于今昌都市洛隆县境内，且他并没有获得呼图克图封号。尽管如此，了解清末民初波密的各方面情况，《波密县志略》仍不失为可参考的资料。

《冬九县志略》有 2000 多字，也是一部极其简略的县志。1911 年，即清宣统三年六月，左参赞罗长裿率绿营和夏正兴为管带的边军西军左营等清军两面进攻波密时，收复了冬九、通麦、易贡等地。波密战事一经结束，罗长裿宣布设冬九、波密两县。不想 4 个月之后，辛亥革命爆发，驻波密的清军哗变，罗长裿被杀。随即，清朝灭亡，民国兴起，冬九县制亦夭折。

《冬九县志略》反映了清末极其短暂的设县时的基本情况。县志体例与《波密县志略》完全相同，也以沿革、方位、治所、山川、道路等 12 类内容构成。其中，方位、纬度有错。《冬九县志略》曰："本县在北纬二十度，东经二十九度"，"以色拉玛冈里岭与硕督为界，西北与嘉黎为界"。此处所说"西北与嘉黎为界"，似乎意即今易贡、八盖等地划属于新设的冬九县。实际上，"西北"应是"正西"，今天东久的经、纬度是东经 94 度 48 分、北纬 29 度 57 分。

《科麦县志略》约有 2700 字。1909 年，即宣统元年，赵尔丰饬令边军后营管带程凤翔，由盐井率部西取桑昂曲宗和察隅。程凤翔收复桑昂曲宗和察隅后，详细调查了解当地地形地貌、物产疆域、民户人口，为设县准备了基本资料。

　　1911 年，即清宣统三年，赵尔丰根据程凤翔等人的实地踏勘资料，将桑昂曲宗、左贡合为一县，改设科麦县，隶属于昌都府管辖。《科麦县志略》记述了 1911 年设县时的基本情况。当时，县治设在桑昂曲宗境内，辖境包括左贡。

　　刘赞廷还编写有 640 多字的《白马冈设治局》一文，简要介绍了白马冈（即白玛岗）设治局的经过。白马冈设治局与波密、冬九两地设县属于同一时期。1911 年，即清宣统三年六月，波密战事结束后，罗长裿在白马冈设治局，迅即因爆发辛亥革命，白马冈设治局不了了之。

　　《科麦县志略》和《白马冈设治局》两文篇幅短小，对历史沿革部分的记述有些不当之处，引用者需要慎重选择。

第八章

波密嘎朗第巴政权

自古以来，波密地区被称作波窝（清代汉文文献中也写作博窝），分为波堆、波麦两个地区，意思是上波窝地区和下波窝地区。

2011年10月，西藏自治区文物保护研究所考古人员对波堆藏布流域新发现的拉颇（ལ་རན་）遗址进行考古试掘时，发掘出土了属于夹砂陶和泥质陶两大类型的一批陶器。其中，夹砂陶类型有灰陶、红褐陶，纹饰以细绳纹为主要特征，器物种类以体型较大的陶罐为主。泥质陶数量少，大多为灰陶，器表经打磨光滑，器物种类多为平底器。

考古科研人员确认，拉颇遗址为新石器时代的遗址，是首次在波密境内发现的距今4000—4500年的新石器时代文化遗址。拉颇遗址的发掘意义重大，不仅为西藏新石器文化研究提供了重要资料，而且表明早在4500年多前，古波密地区就是西藏高原上藏民族先民生息繁衍的地方之一。①

对波窝一名，在藏文史料和民间传说中一直众说纷纭。史料记载了两种观点：一是《弟吾教法源流》载，吐蕃第一代国王聂赤赞普来自波窝②，表明早在2000多年前就有波窝一名。至今在民间，对指认为聂赤赞普出生地的村庄还流传着相关历史传说。二是《波窝宗教源流》一书认为，吐蕃第七代国王止贡赞普被杀后，其二王子恰赤（恰赤在《工布雍仲增石刻》中称作夏奇）流落到今波密境内。他看到秀美的山水，有感而发："此地乃是快乐之地。""快乐"一词在藏语中的发音为"卓窝"（སྐྱིད་），口语

---

① 波密地区的考古发现资料，源自西藏自治区文物局陈祖军研究员的内部报告。

② 此处波窝在藏语中写作སྤོ་一词。参见《弟吾教法源流》（藏文版），西藏藏文古籍出版社1987年版，第226—227页。

中则发声为"波窝"（ ），故有波窝这一地名①，但这一观点有牵强附会之嫌。民间也有两种说法：一种说法是波窝一名是一个无义可释的原始地名；又一种说法是今波密境内有一座著名的神山，名为"赞贵波日布赞乃"（ ），由此山名中的"波"（ ）字演变成地名波窝。综合以上几种说法，并结合古代早期藏区众多地名的起源，波窝一名应该是古代固有的原始地名。

一、早期传说与历史

波密是藏族先民早期开发的地区之一，有着丰富的历史文化底蕴。根据《弟吾教法源流》记载，雅砻（今西藏山南市乃东、琼结两县境内）部落悉补野的先祖聂赤赞普就出生波窝，后经工布流落到雅砻河谷，成为悉补野邦国的君主。②以此为据，许多当下的藏学研究者认为吐蕃第一始祖来自波密。有趣的是，今波密县倾多镇境内有一个称作"甲姆卡"（ ）的村庄，被当地百姓视作聂赤赞普的出生地。甲姆卡村后有一座神山，名为"赞贵波日布赞乃"，传说是聂赤赞普父系祖先的化身。

大约公元前2世纪③，聂赤赞普出生于波密。聂赤赞普的王位传至第七代时，国王止贡赞普被属臣洛昂④所杀。根据吐蕃石刻《工布雍仲增石刻》所载，止贡赞普被杀后，两个王子涅奇（同涅赤）、夏奇（同夏赤）逃难到工布。后来，夏奇返回雅砻后继承王位，重新掌握国政。王兄涅奇则留居工布，安邦立国，成为

---

① 转引自普布多吉等：《波窝历史》，西藏人民出版社1988年版，第2页。
② 参见《弟吾教法源流》（藏文版），西藏藏文古籍出版社1987年版，第226—227页。
③ 现今一些学术著作采纳聂赤赞普出生于藏历木鼠年之说，推算为公元前127年。
④ 藏文史料中对洛昂身份的定位有互为矛盾的记载，既称作属臣，又认为是一个邦国的君主。

工域邦国的君王——工噶布王。对这一记载，13 世纪史籍《弟吾教法源流》的记载略有不同。该书言，止贡赞普被杀后，其三名王子——老大夏奇、二子涅奇、三子恰奇分别逃亡到娘布、波窝、工布避难。后来，老二涅奇从波窝返回雅砻，率兵征伐叛军，洛昂被杀。涅奇继位为第八代悉补野国王，史称"布德贡杰"（སྤུ་དེ་གུང་རྒྱལ）。[1]《西藏王统记》（དབའ་ཀྱི་རྒྱལ་མོའི་གླུ་དབྱངས）中，则把逃亡到波密的王子载名为恰奇。[2] 从史籍记录来看，虽然王子的名称不同，但似乎有一名早期吐蕃王子曾经流落到波窝，民间传说中也有一些与之有关的故事。比如，传说恰奇（或夏奇）逃难到今波密的倾多，因隐秘之需，把地名改称为"桑囊"（གསང་ནང），意即隐秘。后来，有人发现其身份，王子于是又迁徙到曲宗境内，被当地人恭敬地侍奉，地名亦称为"奎囊"（གུས་ནང），意即恭敬之地等等。[3]

根据波密地区普龙寺（ནུ་ཀྱུང་དགོན）寺志记载，早先，此地区有三大氏族：札（དྲ）、侏（འཇུ）、董（ སྟོང་ནག་གདོང）。其中，札氏又分为白、黑、花三种。后来，从白色札氏分流出拉杰白绛（ལྷ་རྗེ་དཔལ་སྒྲས）、松赞域颂（སྲོང་བཙན་ཡུལ་བསྒུང）、赞拉扎（ བཙན་ལ་གྲ）、倪让帕久（ སྙི་རང་དཔག་འཕུག）四个家族。其中，拉杰白绛家族世代代修习佛法。大约从 11 世纪起，拉杰白绛家族传世下来的一代代皆是修行得道者；然而到 12 世纪下半叶时，拉杰白绛的后嗣中出现了地方政教首领，成为嘎朗第巴的先祖。

二、嘎朗第巴政权的形成与早期世系

波窝嘎朗第巴中，嘎朗意为白色天空，第巴意即地方首领或

---

[1] 参见《弟吾教法源流》（藏文版），西藏藏文古籍出版社 1987 年版，第 246—247 页。

[2] 参见《西藏王统记》，民族出版社 1981 年版，第 57 页。

[3] 转引自普布多吉等：《波窝历史》，西藏人民出版社 1988 年版，第 10 页。

王。由于历史上嘎朗第巴是波窝大部分地区的最高统治者，百姓又俗称其为"波窝杰布"，即"波君王"。民国以来，一些汉文史料中俗称作"波密土王"。

关于波窝嘎朗第巴的起源，一些史料依据民间传说，把其祖先说成是吐蕃王室的后裔，即与悉补野王族同源。这一传说的基本轮廓是，吐蕃第七代国王止贡赞普的王子夏奇（或恰奇）在父王被杀后，流落到波窝，成为当地的统治者。嘎朗第巴的祖先即为夏奇（或恰奇）的后裔。[①] 然而，这一说法疑点众多。首先，早期历史典籍无此类记载；其次，从相关历史发展的脉络中无法得到验证。

那么，嘎朗第巴世系起源于何时？传世有多少代？根据波密地区普龙寺、倾多寺等寺志记载，12世纪下半叶，拉杰白绛的后裔索南蚌（བསོད་ནམས་འབུམ），作为既是家族法门的传承人，又是地方豪门家族势力的继承人，少年时已经成为格堆扎朵（ཀེས་སྟོད་བག་རོ，今洛隆县境）至波窝龙玛（ སྤོ་བོ་ཀླུང་དམར）地区的政教首领。他在15岁时赴直贡，拜直贡噶举派开创者觉巴·吉丹贡布（1143—1215年， སྐྱོབས་པ་འཇིག་རྟེན་མགོན་པོ）为师，接受灌顶，修习众多法门，被赐名为噶尔当巴（ མགར་དམ་པ），成为一名精于修行大威德法门的成就者。

噶尔当巴有个弟弟叫作普布蚌（ ཕུར་བུ་འབུམ），一生未入佛门，作为地方首领管理辖境事务。普布蚌有一子名为阿涅（ ཨ་ཉག），从这一代开始，普布蚌家族的后裔统治波窝大部分地区，在辖境内征收差税，处理地方纠纷，管理地方事务。后来，阿涅的儿子被视作嘎朗第巴的始祖。

第一代嘎朗第巴巴载洛追桑布（ དབལ་རྩལ་བློ་སྲོས་བཟང་པོ），又名衮聂波波（ དགོན་གཉེར་སྤོ་སྤོ），为阿涅之子。他在嘎朗修建宫殿，

---

① 参见《波窝历史简介》，《西藏自治区文史资料选辑》第三辑，第86页。

以第巴的名义号令波窝地区，其势力还波及工布的鲁朗和洛隆等地。衮聂波波一生中，一面管理属境俗务，一面从事佛法活动，是一名虔诚的佛教徒，曾拜闻名于波窝上下的佛法大师吴坚为师，修习佛法。这一时期，流传有"佛门由上师吴坚传授，法度由衮聂波波执掌"的民谣。

第二代嘎朗第巴本钦敦巴（དགོན་ཆེན་སྟོན་པ），系衮聂波波之子，其子索南坚赞（བསོད་ནམས་རྒྱལ་མཚན）为第三代嘎朗第巴，索南坚赞之子本钦阿绰（ཨ་ཁྲོ）、本钦阿绰之子噶尔琼蚌（མགར་ཆུང་འབུམ），依次为第四至第五代嘎朗第巴。对以上第二、三、四代嘎朗第巴的生平，由于史籍缺载，后人无法得到更多的信息。

第五代嘎朗第巴噶尔琼蚌生活在 14 世纪下半叶，与伏藏师桑杰林巴（སངས་རྒྱས་གླིང་པ，1340—1396 年）关系密切。被称作"嘎朗王之印"的印章，是桑杰林巴赠送给噶尔琼蚌的。噶尔琼蚌生有九子，由哪一个儿子继承第巴之位，他曾犹豫不决。后来，根据属臣会议的建议，第九子迪图（གདི་ཐུག）成为第六代嘎朗第巴，并改名为旺丹索南扎巴（དབང་ལྡན་བསོད་ནམས་གྲགས་པ）。

第七代嘎朗第巴为本钦喀日（དགོན་ཆེན་ཀ་རིས），其子名叫本钦衮焦（མགོན་སྐྱབས）。衮焦之子为芒布贡噶坚赞（མང་པོ་ཀུན་དགའ་རྒྱལ་མཚན），其子为帕确（འབགས་མཚོ），至帕确之子索南扎巴（བསོད་ནམས་གྲགས་པ），嘎朗第巴世系传承到第十一代。第七代嘎朗第巴本钦喀日时期，闻名藏区的修行成道者唐东杰波（1385—1509 年）巡游波窝，讲经传法。唐东杰波在波窝期间，本钦喀日以施主身份竭力供奉。第八代嘎朗第巴衮焦时期，倾多一带发生地方争斗，倾多寺管理层一致把寺庙管理权转送给衮焦。衮焦为了一心修佛，把第巴之权传给其子芒布贡噶坚赞，是为第九代嘎朗第巴。后来，芒布贡噶坚赞也在倾多寺出家为僧，成为寺院之主。①

从第十二代至第二十代嘎朗第巴的生平，史籍、寺志等文献未有记载，其世系传承以及地方历史基本上无从知晓。根据民间传说，有一个历史事件，我们可以追述。17世纪40年代，格鲁派在青海和硕特蒙古部落②首领固始汗的武力支持下，推翻信奉噶玛噶举派的藏巴第斯政权的统治，建立了甘丹颇章地方政权。由于波窝地区是噶玛噶举派信仰盛行之地，固始汗的蒙古军队攻打波窝。当时，嘎朗第巴名为本耿（དབོན་ནན་），是一名噶玛噶举派虔诚的信徒。当蒙古军队攻打波窝时，本耿率领民军与蒙古军队发生了惨烈的战斗。最终，波窝民军战败，嘎朗第巴王宫在战斗中被烧毁。蒙古军队下令，从此严禁波窝地区传授噶玛噶举派的经书典籍。

三、嘎朗第巴政权的晚期世系

历史进程迈入19世纪后，嘎朗第巴世系直至20世纪30年代初末代政权结束为止，在各种史料中有较为清晰的记录。

第二十一代嘎朗第巴尼玛杰布（ཉི་མ་རྒྱལ་པོ་），生活在18世纪末—19世纪上半叶。由于他治理地方有方，嘎朗第巴政权一度势力扩张、财力雄厚。尼玛杰布作为一名虔诚的格鲁派信徒，在宗教方面多有建树。为了波窝籍僧人在三大寺学经方便，他曾资助色拉寺、甘丹寺、哲蚌寺，分别修建了波窝康村、擦瓦（ཚ་བ་）康村和康日（གངས་རི་）康村；又在波窝雪瓦（བཤོལ་བ་）出资完成了石刻大藏经《甘珠尔》的壮举。当时，上、下波窝大部分地区置于嘎朗第巴统治之下。由于尼玛杰布名闻遐迩，加

_____

① 以上嘎朗世系以普布多吉等著《波窝历史》为依据，并结合了其他史料。
② 当地民间传说中，把和硕特蒙古部落攻打波窝误传为蒙古准噶尔军队攻打波窝。

之标榜其家族为古代吐蕃王室的宗脉，西藏地方政府对他刮目相看。每当尼玛杰布前去拉萨朝圣时，西藏地方政府分别在墨竹工卡、德庆（བདེ་ཆེན་）、先喀（གཤན་ཁ་）等地举行 3 道隆重的迎接仪式。据说，曾经有一些门巴门户从不丹慕名前来投靠尼玛杰布，并在波窝落户繁衍。

1821 年，即藏历第十四绕迥铁蛇年，尼玛杰布去世。当时，有两个旧臣——唐堆扎布（བང་སྟོད་བྲ་བོ་）和旺秋饶丹（དབང་ཕྱུག་རབ་བརྟན་）①为了争夺权力，相互开战。西藏地方政府几经派人调解，基本上无功而返。唐堆扎布为人桀骜不驯，时常率领属民抢劫杀人，尤其在川藏大道②途经地区，抢劫和杀害来往信使与民众，严重扰乱地方秩序。西藏地方政府和清廷驻藏大臣联名把波窝之乱呈报给清道光皇帝。根据道光皇帝旨意，西藏地方政府决定派重兵前往清剿。1836 年，即藏历第十四绕迥火猴年，藏军平定了波窝之乱，唐堆扎布父子被杀，地方恢复了秩序。由于尼玛杰布去世后，无子继承第巴一职，入赘嘎朗家族的旺秋饶丹继任第巴一职，成为第二十二代嘎朗第巴。波窝之乱平息后，西藏地方政府没有收回对波窝地区的管辖权，仍一如既往，由嘎朗第巴继续管理波窝地方事务。

第二十三代嘎朗第巴名叫白玛旺扎（པད་མ་དབགས་བ་），系旺秋饶丹长子。白玛旺扎的独子斋布桑额（སྲས་བོ་གསང་སྔགས་）为第二十四代嘎朗第巴。旺秋饶丹子孙三代掌握嘎朗第巴权力期间，无大的业绩，但波密境内亦未曾发生大的变乱。

第二十五代嘎朗第巴斋布索南央金（སྲས་བོ་བསོད་ནམས་དབྱངས་ཅན་），为斋布桑额之子。他充任第巴期间，社会动荡不安，地方与地方、地方与寺院之间纷争不断，仇杀之事时有发生。最大

---

① 也有些文献把旺秋饶丹说成是尼玛杰布之子。

② 此处的川藏大道，指的是今西藏昌都市洛隆、边坝两县境内的川藏通道。

的一个仇杀事件发生在嘎朗家族与许木寺之间，仇杀前后断断续续长达3年。最后，双方同意和解。不料，双方和解会晤之时，斋布索南央金突然被许木寺僧人所杀。于是，嘎朗家族向许木寺提出了赔偿命价的条件。许木寺按照波窝地区杀人命价的标准，即杀第巴等同于杀100个普通人的命价标准，向嘎朗家族赔偿了钱财。

第二十六代嘎朗第巴名为斋布白玛才旺（ སྐྱབས་བོ་པད་མ་ཚེ་དབང་ ）。斋布索南央金突然被杀，因无子继任第巴一职，当地豪族宗塔第巴（ འབྲོམས་མཐའ་སྡེ་པ་ ）之子白玛才旺入赘到嘎朗家，娶其家族女儿囊赛（ ནང་གསལ་ ）和迪迪（ ཉིག་ཉིག་ ）为妻，并继任第巴一职。

白玛才旺继任第巴期间，波密（此处按照汉文史料，称波窝为波密）民军与前往波密的清军发生了冲突。清朝驻藏大臣联豫派左参赞罗长裿率军清剿波密，同时，川滇边务大臣赵尔丰派边军助剿。白玛才旺兵败后逃亡白玛岗，被墨脱宗宗本诱杀。

第二十七代嘎朗第巴名为旺钦杜堆（ དབང་ཆེན་བདུད་འདུས་ ）。白玛才旺兵败逃亡墨脱被杀后，第巴家族的一些事务暂由白玛才旺的遗孀囊赛打理。后来，当地豪族尼罗第巴（ ནི་ལོག་སྡེ་པ་ ）家族的长子旺钦杜堆入赘噶朗家，与噶朗的女儿敏珠（ སྨིན་གྲུག་ ）成婚，继任第巴一职。

1926年，即藏历第十五绕迥火虎年，西藏地方政府委任茹擦·贡布索南（ རུ་ཚ་མགོན་པོ་བསོད་ནམས་ ）为波密、白玛岗地区的商务总管，目的在于逐渐收复对波密地区的管辖权。但是，索朗贡布这个商务总管贪婪残暴，对当地人民进行盘剥压榨，激起了百姓极大的不满。嘎朗第巴旺钦杜堆利用人民的愤怒，趁机反抗西藏地方政府，与藏军发生冲突。藏军首领达那代本和20多名藏军被杀，其余的逃亡洛隆境内。

1928年，即藏历第十六绕迥土龙年，西藏地方政府采取大规模的军事行动，派兵清剿波密。在藏军大兵压境的情况下，旺钦杜堆逃亡到白玛岗地区，继而逃亡英属印度地区，1931年病死在那里。从此，波密地区的行政管辖权被西藏地方政府收回，延续了近千年的波密嘎朗第巴政权寿终正寝。[①]

四、行政建置沿革

波窝是早期藏族先民生存繁衍的地区之一，《弟吾教法源流》等古代文献记载了此地早在2000多年前的地方历史。7世纪前，今西藏腹心地区邦国林立，工布地区有吐蕃王室后裔工噶布王统治的工布邦国。工布邦国自古以来就与波密地区毗邻而处，关系紧密，来往频繁。这一时期，波窝没有统一的地方政权，工布邦国的势力有可能波及至此，而波窝大部分地区应该由各个地方的头人管辖。松赞干布建立吐蕃统一王朝后，波窝作为吐蕃统治下的一个区域，当听命于吐蕃地方官员管辖。

9世纪下半叶吐蕃王朝崩溃后，至13世纪中叶，西藏陷入了长达400年的封建割据时期。各地地方势力割据一方，各自为政，互不统属，没有出现过一个统一的政权。这种特殊的历史背景造就了一些地方豪族，他们在发家之地拥有大片土地，管辖大量百姓。某些家族随着势力的增强、财富的积累，成为一方土地的主宰者和统治者。

12世纪下半叶，拉杰白绛家族的后裔噶尔当巴和其侄子阿涅时期，该家族在波窝境内已经拥有极大的权势，统治管辖着波窝境内大片土地和众多百姓。阿涅的儿子、第一代嘎朗第巴巴载洛追桑布时期，以嘎朗第巴之名征收差税，处理地方纠纷，管理地方事务，号令当地。

---

① 一些资料认为，尼玛杰布为第一代嘎朗第巴，传至旺钦杜堆仅为七代。此说与众多历史史料不符。

13 世纪中叶，在蒙古汗王的支持下，藏传佛教萨迦派建立了萨迦地方政权，结束了西藏的分裂割据状态。元朝建立后，西藏成为元朝直接管理下的一个行政区域，在西藏设立了名为"乌思藏纳里速古鲁孙等三路宣慰使司都元帅府"的地方行政机构，这一机构的具体职能由萨迦地方政权行使。1354 年，即藏历第六绕迥木马年，萨迦地方政权被帕木竹巴噶举派首领绛秋坚赞推翻，西藏地区进入了帕竹地方政权时期。1618 年，即藏历第十绕迥土马年，帕竹地方政权被兴起于后藏的藏巴第斯所替代。

萨迦、帕竹和藏巴第斯 3 个地方政权统治时期，波窝地区在全局上当在萨迦、帕竹和藏巴第斯地方政权管辖之下，但由于波窝地区所处地理位置偏僻、历史发展进程特殊，地方具体的行政、差税、民事等事务皆由嘎朗第巴自主管理，拥有相对独立的司法权。萨迦等 3 个地方政权对此地的直接管理相对薄弱、松散，使嘎朗第巴治理下的波窝地区享有较高程度的自治。

1642 年，即藏历第十一绕迥水马年，五世达赖喇嘛阿旺洛桑嘉措建立西藏地方政权后，波窝境内的政权建置有两种体制并存，即西藏地方政府管辖下的一些宗谿和嘎朗第巴政权系统。西藏地方政府建立之初，为了强化统治，在西藏各地强力推行宗谿制度。这一过程中，最初在波窝境内设立有倾多（ཆུ་མདོ་）宗、普龙（རུ་ལུང་）宗、许木（རུལ་མོ་）宗、玉仁（གཡུ་རིན་）宗、唐堆（ཐང་སྟོད་）宗 5 个小型宗一级地方机构，委派一名"仲廓"（དྲུང་འཁོར་，即俗官）长驻倾多，负责收受赋税和维护地方治安。而嘎朗第巴统治之下的土地，基本上不受西藏地方政府管辖，仍然拥有相当的自主权，建立有一套自成体系的行政管理系统。

1716 年，即藏历第十二绕迥火猴年，蒙古准噶尔部侵扰西藏时，出身于江达的贵族阿尔布巴·多吉杰布助清军抵御准噶尔有功，被清廷封为贝子，一度短暂管理过波窝一带的事务。

19 世纪 30 年代，嘎朗第巴属臣唐堆扎布起兵反抗西藏地方政府，并越境到达宗（ སྤྲ་རྫོང་，今西藏昌都市边坝县）境内，抢劫来往于川藏官道上的官方信使和民间商旅，严重扰乱地方安宁。西藏地方政府派兵清剿，经过 3 个多月的战事，唐堆扎布被杀，恢复了地方安宁。战争结束后，清道光皇帝下令仍由嘎朗第巴统领波窝事务，原属于西藏地方政府直接管辖的普龙宗、许木宗、玉仁宗、唐堆宗等，不再委派官员负责收纳税收和维护地方治安，转由嘎朗第巴自行管理，只需每年向西藏地方政府缴纳少量酥油税。西藏地方政府在波窝境内只保留了曲宗一处宗级机构。

20 世纪 30 年代，嘎朗第巴政权在灭亡前，作为波密地区的最高统治者，所辖地区有六水之地（ ཆུ་ཆུང་དྲུག ）、门五措（ མོན་ཚོ་ལྔ ）、洛查噶那（ ལོ་ཁྲ་དཀར་ནག ）、坚珠玉措（ རྒྱན་འབྲུག་ཡུལ་ཚོ ）等地区，分布在今上下波密和墨脱境内。所谓"波密六水之地"，指波密境内六条河流流经的地方：波堆（ སྤྲོ་སྟོད ）河流域的波堆地区、亚龙（ ཡར་ཀླུང ）河流域的亚龙地区、易贡（ ཨེ་གོང ）河流域的易贡地区、曲宗（ ཆོས་རྫོང ）河流域的曲宗地区、玉普（ གཡུ་ཕུག ）河流域的玉普地区、源自囊普亚拉山口（ གནམ་ཕུ་ག་ཡལ་ལ ）的一条河流流域的绒龙（ རོང་ཀླུང ）地区。五措（措为村级建置，相当于现在的行政村），分别是当普（ དམ་ཕུ ）、荷扎（ ཧོར，今德兴乡境内）、背崩（ འབས་སྟོངས，今背崩村）、萨格尔（ ས་དཀར ）、达昂（ སྤ་ངང，今加热萨乡境内）。坚珠玉措的坚珠今译为"金珠"，地望为今格当乡金珠河（ རྒྱན་འབྲུག་གཙང་པོ ）流域。五措和洛查噶那、坚珠玉措，基本上囊括了今墨脱县所辖的主要地区。①

嘎朗第巴管辖的地区有两种管理体制，委任第巴②和宗本分别管理各自辖区。著名的第巴家族有：尼罗（ ཉི་ལོག ）、宗达（ འཛོམས་མཐའ ）、卡达（ མཁར་སྟག ）、通麦（ ཐང་སྨད ）、卡托（ མཁར་

---

① 参见《西藏文史资料选辑》（藏文版）第三辑，西藏人民出版社 1993 年版，第 51 页。
② 此第巴是对波密地区内不同地方首领及其家族的称呼，这类家族服从于嘎朗第巴的管辖。

ཐོག)、衮杂（དགོན་རྩ）等；设宗本的地区有尼沃（今属西藏那曲市嘉黎县）、东久、坚珠玉措、墨脱等地。设在曲宗的宗政府则归属于西藏地方政府。

1911 年，即清宣统三年六月，清军攻占波密，嘎朗第巴白玛才旺逃亡墨脱，清廷设波密县。同年年底，由于内地爆发辛亥革命，清朝在波密驻军仅有 5 个多月。

1928 年，即藏历第十六绕迥土龙年，末代嘎朗第巴旺钦杜堆起兵反抗西藏地方政府，与藏军发生冲突。1928 年，即藏历第十六绕迥土龙年，西藏地方政府采取大规模的军事行动，派兵清剿波密。旺钦杜堆兵败，经白玛岗逃亡英属印度地区，不久，病死在那里。从此，波密地区的行政管辖权被西藏地方政府收回。

1932 年，即藏历第十六绕迥水猴年，西藏地方政府委派两名僧俗官员然巴·土丹贡沛（རབ་བ་ཐུབ་བསྟན་ཀུན་འཕེལ）和措果瓦代本（མཚོ་སྒོ་བ་མདའ་དཔོན）到波密，清查土地、民户，核定赋税数量。在此基础上，于波密境内设立了波堆宗（治所在倾多）、波麦宗（治所在易贡）、曲宗（治所在曲宗）3 个县一级行政机构。这种建置一直延续至 20 世纪 50 年代。

五、唐堆扎布之乱和清末波窝战事

19 世纪 30 年代，波窝境内有一个名叫唐堆扎布的地方头人，原是嘎朗第巴尼玛杰布所器重的臣僚。尼玛杰布去世后，唐堆扎布与另一地方头人旺秋饶丹为争夺地方权力发生纠纷，逐渐演变成战争，使波窝地区陷入了混乱多事局面。西藏地方政府为了维护地方安宁，曾派官员前往调解却无结果。唐堆扎布为人桀骜不驯，全然不顾西藏地方政府的权威，杀死西藏地方政府派往波窝查办地方事务的官员，还竟然越境到达宗、硕般多（ཤོ་བ་མདོ，今西藏昌都市洛隆县硕督镇）境内，抢劫来往于川藏官道上的官方信使和民间商旅，严重扰乱了地方安宁。1835年，即藏历第十四绕迥木羊年，清朝驻藏大臣和西藏地方政府认为，唐堆扎布所作所为不仅严重扰乱地方安宁，而且危及塘汛和官方信使，决定派500名藏军、100名驻藏清军前往弹压。唐堆扎布借助地形险要、属民彪悍的有利条件，在觉木、硕卡（ཤོལ་ཁ།，即雪卡）一带，与前来镇压的藏军进行殊死抵抗。为了彻底剿灭唐堆扎布率领的民军，藏军制定了周密的作战计划。一方面，从西对敌情猖獗的觉木进行清剿；另一方面，利用唐堆扎布的仇家、已归顺西藏地方政府的旺秋饶丹的力量，在一些边界封堵拦截逃窜的唐堆扎布的属下。而后，藏军从东、西两路进攻，西路从江达宗进发，东路由洛隆宗进军。

在历时3个多月的战争中，藏军先是从德木翻山进军，剿灭了盘踞在鲁朗的唐堆扎布手下悍民300余人，继而向唐堆扎布藏身的唐堆（ཐང་སྟོད།，清史写作汤堆）进攻，并切断了唐堆扎布兵败后有可能逃亡白玛岗属地珞瑜的道路。藏军对唐堆寨子三面围攻，持续攻打。寨子被攻陷后，多日作战中疲惫不堪的唐堆扎布被藏军所杀，头颅被割。唐堆扎布之子班足饶垫（དཔལ་འབྱོར་རབ་བརྟན།）在易贡沟内恃强困斗，最终不敌400余名藏军的合力围剿，被藏军围困后砍死，头颅也被割。

西藏地方政府平定了唐堆扎布之乱后，唐堆扎布的仇家旺秋饶丹入赘嘎朗家族，出任新的第巴一职，统领波窝事务。经清道光皇帝下令西藏地方政府决定不再委派官员负责收纳税收和维持地方治安，仍由嘎朗第巴统一管理，波窝地区只须向西藏地方政府缴纳少量酥油税即可。

清末，波窝局势仍然动荡不安。最终于1911年，即清宣统三年六月，爆发了嘎朗第巴白玛才旺（清史称白马策翁）率领的民军与攻打波窝的清军之间的战事。

战事爆发前，清朝驻藏大臣联豫一直设法对波窝用兵，策划武力收复波窝。川滇边务大臣赵尔丰也为收服波窝筹划军事行动[1]。联豫不愿赵尔丰插手波窝事务，假借波窝处于危情之中，抢先派驻扎工布的清军第三营管带陈渠珍率部从江达向波窝进军、管带谢国梁率军由硕般多进兵，惨烈的波窝战事拉开了序幕。

陈渠珍率部从德木翻山，经冬九，孤军深入八郎登（ར་ལང་ཞིང་）时，被当地两三千民军所围困。清军战败，伤亡惨重，撤兵至冬九、鲁朗一带，与前来增援的驻藏清军统领钟颖所率军队会合后，决定暂时移驻德木。

联豫在拉萨得知清军溃败，一方面派左参赞罗长裿代理被撤职的钟颖的军权，另一方面向清廷上书，请求赵尔丰从康区派边军就近增援。经清廷批准，当时由川滇边务大臣转任四川总督的赵尔丰，命统领凤山督办波窝军事。凤山亲自率领一路，并命管带彭日升、顾占文、夏正兴、程凤翔率四路，共五路边军，由洛隆、硕般多、科麦（即今西藏林芝市察隅县境内的原桑昂曲宗）等地向波窝分头进军。

清朝边军前锋进抵波窝，经过短暂接战，白玛才旺仓促逃亡白玛岗。白玛才旺逃亡后，其属下继续抗拒清军。六月十日，彭日升所率第一路边军抵达倾多寺；两天后，向宿木宗（ཤུལ་མོ་རྫོང་，即今许木）进兵。途中在尼罗卡（ཉི་ལོག་ཁ），清军与当地千余名民军激战一夜。民军战败后，退至宿木，清军乘胜占领宿木宗。与此同时，其他各路边军先后攻占松宗、曲宗、嘎朗、达兴（མདའ་ཞིང་）等地。战斗中，清军借助先进的武器和军事素质，不断攻城拔寨，但也遇到了波窝民众的顽强抵抗，死伤不轻，以致清军管带刘赞廷感叹，波窝百姓："强悍猛鸷，又非寻常可比"。

与此同时，驻藏清军左参赞罗长裿所率绿营从德木进兵，收复了冬九、通麦、易贡等地。至六月底，波窝战事结束。逃亡白

----

① 这一时期的清末汉文史料中，开始出现波密一名。

100

玛岗的嘎朗第巴白玛才旺被当地人所诱杀。

波窝战事结束后，由彭日升等人率领的清朝边军奉命撤回硕般多、察木多（昌都），波窝由驻藏清军接手驻防。1911年10月，内地爆发辛亥革命，波及西藏驻军，驻波窝和德木的清军发生内乱，罗长裿等人被杀。次年，清宣统皇帝退位，民国成立。驻藏清军返回内地，波窝又回到了新的嘎朗第巴旺钦杜堆（དབང་ཆེན་བདུད་འདུས་）统治之下。

波窝战事爆发的原因是多方面的，主要有两点：一是嘎朗第巴白玛才旺以地方割据势力为傲，加之波窝地理位置险峻、属下民风彪悍，因此，时常有扰乱、破坏地方安宁的行为；二是清朝驻藏大臣联豫、川滇边务大臣赵尔丰、驻扎工布的清军管带陈渠珍等人好大喜功，违背波窝百姓意愿，强行向波窝用兵，导致了清末波窝的惨烈战事。

六、西藏地方政府收回对波密地区的行政管辖权

1911年，即藏历第十五绕迥铁猪年，嘎朗第巴白玛才旺在白玛岗被杀后，四川总督赵尔丰计划派流官置县，意欲彻底废除嘎朗第巴政权。不料，辛亥革命爆发，赵尔丰被杀，驻波密的清军溃散。白玛才旺的女婿旺钦杜堆继任第巴，成为波密地区新的统治者。

旺钦杜堆执掌波密政权后，在14年多的时间里，表面上与西藏地方政府相安无事，实际上对西藏地方政府采取傲慢、蔑视的态度。即便是依照旧制向西藏地方政府缴纳少量酥油差税也不时拖欠，这引起了西藏地方政府的极大不满。

这一时期，西藏正处于十三世达赖喇嘛土登嘉措的新政时期，西藏地方政府在各地新设置了一批名为"基巧"（སྤྱི་ཁྱབ་）的总署一级机构；同时，策划从嘎朗第巴手中收回对波密地区的管

辖权。为此，西藏地方政府最有权势的噶伦兼藏军司令擦绒·达桑占堆（ཚ་རོང་ཟླ་བཟང་ དགྲ་འདུལ་）亲自出马。首先，乘旺钦杜堆妻子病故之际，达桑占堆把妹妹次仁卓玛①以政治联姻为目的，下嫁给旺钦杜堆为妻；尔后，多次给旺钦杜堆写信，建议旺钦杜堆偕同家庭成员定居拉萨，接受西藏地方政府给予的合适的官职和作为俸禄的庄园。旺钦杜堆对达桑占堆的建议考虑一番后，出于对西藏地方政府许诺的信任，同意夫妻两人及亲信随从前往拉萨，并于1924年，即藏历第十五绕迥木鼠年，让妻子次仁卓玛先期启程。随后，旺钦杜堆及随行人员亦踏上了前往拉萨的路程。不料，途经通麦时，旺钦杜堆遇到了易贡民众代表的强行劝阻。他们认为，嘎朗第巴赴拉萨之行必坠入西藏地方政府所设陷阱，凶险万分，万万不得前往。这时，旺钦杜堆突然醒悟，便折回了王府。而其妻次仁卓玛已去拉萨，从此一去不复还。由此，进一步激化了西藏地方政府与嘎朗第巴旺钦杜堆之间的矛盾。②

最终导致西藏地方政府向嘎朗第巴开战的直接原因是：1926年，即藏历第十五绕迥火虎年，朵麦基巧把一个叫茹擦·贡布索南（རུ་ཚ་མགོན་པོ་བསོད་ནམས་）的四品僧官派驻波密，就任西藏地方政府"波密聪基"（སྤོ་བོ་ཚོང་སྤྱི་），即波密和墨脱等地的商务总管。茹擦·贡布索南在波密期间，一方面对当地的地形、人口、物产等进行普查，并登记造册；另一方面，对百姓肆意盘剥压榨，造成了极大的民愤。旺钦杜堆利用民愤，策划杀害茹擦·贡布索南及属下官员。茹擦·贡布索南事先收到了密信，乔装打扮成当地人逃回昌都。留守的两个管家被杀，另外两人逃脱。西藏地方政府及昌都的朵麦基巧接到茹擦·贡布索南的相关报告后，决定派兵前去镇压。1928年，即藏历第十六绕迥土龙年，经西藏地方

---

① 参见《藏族社会历史调查》（四）一书，误把次仁卓玛说成是擦绒达桑占堆的女儿。
② 参见《西藏文史资料选辑》（藏文版）第三辑，西藏人民出版社1993年版，第54页。

政府批准，达那（ཐག་ཙ）代本率领藏军第七代本（ད་དང་དག་སྣར）的 500 名兵士进驻达兴寺。

达那代本进驻波密不久，试图诱杀旺钦杜堆。一次，达那以召开会议之名派了 1 名藏军排长和 4 名士兵，持代本的信函前去嘎朗王府，邀请旺钦杜堆前往代本的住处议事。旺钦杜堆料知其中有诈，便杀掉了藏军排长和 4 名士兵。结果，藏军与旺钦杜堆率领的波密民军在达兴一带爆发战争。达那代本亲临前线，多次打退波密民军的进攻。旺钦杜堆见属下民军死伤惨重，畏惧藏军兵力强大，于是带领 4 名贴身随从逃亡到白玛岗，余下的战斗则由属臣尼罗第巴（ཉི་ལོག་སྦྱ་བ）、卡达第巴（ཀབར་སྤུག་སྦྱ་བ）等人指挥。战斗中，达那代本中冷枪阵亡。藏军战败，便逃往洛隆。①

西藏地方政府见达那代本阵亡、藏军战败，就重新调集重兵征伐波密。由朵麦基巧门堆巴·多吉同珠坐镇洛隆，4 个代本、约 2000 名藏军，从硕般多、达宗（今边坝）、洛隆、鲁朗方向进兵，以四面包围的态势，进军波密。除了一路藏军遇到当地民军顽强阻击外，其他进军路线上未遇到任何有效阻击，藏军迅速进驻波密全境。旺钦杜堆先是逃到白玛岗，后又逃亡到英属印度地区，1931 年病死在那里。

1932 年，即藏历第十六绕迥水猴年，波密战事平息后，西藏地方政府即刻派人到波密，清查土地、户数，核定税额。在此基础上，新设了 3 个宗：波堆宗（治所在倾多）、波麦宗（又称易贡宗，治所在易贡）和曲宗（治所在曲宗）。波堆宗下辖倾多、许木、玉仁（གཡུ་རི）等地；易贡宗下辖易贡、八盖（བག་སྐས）等地；曲宗此前一直隶属于西藏地方政府，辖松宗、达兴等地。从此，结束了嘎朗第巴统治波密的历史，西藏地方政府收回了对波密的管辖权。

---

① 参见《西藏文史资料选辑》（藏文版）第三辑，西藏人民出版社 1993 年版，第 56 页。

第九章

察隅历史沿革

察隅县位于林芝市东南部，地处喜马拉雅山脉和横断山脉交会地区。境内多崇山峻岭，河流、峡谷密布，大部分地区气候湿润温和。

"察隅"一名曾在汉文史料中有多种译音。清代、民国时期的译音为"杂瑜""杂隅""杂貐"等，民国初期正式称作"察隅"，但时常与"杂瑜""杂隅"混用。其中，"杂隅"一名在清史资料中最常见。考证"杂隅"一名，"杂"在藏文中有岩石、石山之意，"隅"的含义为故土、地方，故从字面上可理解为遍布岩石的地方。民间曾流传一种说法："杂隅"一地因有"杂人"（ཛ་མི）居住，称为"杂隅"，即"杂人故土"。这一传说偶尔见于清人的察隅史料中，但今日察隅境内族群中没有自称"杂人"后裔的族群。[1]

历史上，今察隅县辖境由桑曲（གསང་ཆུ）、怒江两河流域地区和杂隅地区构成。杂隅，传统上指今上、下察隅地区（རོང་སྟོད་དང་རོང་སྨད），即原属西藏地方政府直属的桑昂曲宗辖下的杂隅全境，包括今处于藏南的印度非法控制区域的部分地区。

远古时期以来，今察隅县境内的藏族主要居住在桑曲河流域和怒江流域察瓦龙一带。由于没有考古发现和文献记载，人们对察隅境内藏族的远古历史知之甚少，但从后来历史发展的脉络来看，藏族在今察隅境内世世代代辛勤耕耘，创造了相对发达的农耕文化。

今日察隅，是西藏自治区人口最少的少数民族族群——僜人的生息繁衍地。僜人主要分布在喜马拉雅山脉以东、横断山脉西

---

[1] 清末清军管带程凤翔关于杂隅的文稿中，把杂隅人称为杂民。

部的下察隅河流域，以及雅鲁藏布江的支流杜来河流域（今属印度非法控制区）。

一、古代察隅

8 世纪初，吐蕃军队由吐蕃国王赤都松芒布杰（677—704 年在位）亲自率领，从德格、甘孜、芒康南下攻打南诏。此后，南诏臣服于吐蕃长达几十年。当时，察隅察瓦龙一带似乎是吐蕃军队往来之地。

11 世纪以后，传统藏文文献把藏区分成卫藏、朵麦、康区三大区域。到了 13 世纪，萨迦地方政权建立，相关藏文史料中把上述三大区域分别称作卫藏、朵麦（མདོ་སྨད་）、朵康（མདོ་ཁམས་）。其中，朵麦、朵康在元代汉文史料中分别写作朵思麻（脱思麻）、朵甘思。[①] 朵康，即今日的康区。藏族先人根据山势起伏的情形和水流走向，把康区分成六个地区，称之为下部朵康六冈（སྨད་མདོ་ཁམས་སྒང་དྲུག་）：色莫冈（ཟལ་མོ་སྒང་）、察瓦冈（ཚ་བ་སྒང་）、芒康冈（སྨར་ཁམས་སྒང་）、波博冈（སྤོ་འབོར་སྒང་）、玛杂冈（དམར་རྫ་སྒང་）和木雅热冈（མི་ཉག་རབ་སྒང་）。其中，怒江和澜沧江流域称为察瓦冈。今察隅县察瓦龙乡一带，是"六冈"之一。

萨迦地方政权时期，正是元朝在西藏及其他藏区采取一系列措施、加强藏区政教事务管理的历史时期。元朝正式在藏区设立了三个行政区域。其中，"土蕃等路宣慰使司都元帅府"，即"朵甘思宣慰司"管理东部康区的藏族。朵甘思宣慰司下面又设有若干招讨使司、安抚司、万户府等地方机构。其中，亦思马儿甘万户府设在今昌都市芒康县境内，其辖区范围包括今察瓦龙、古

---

① 朵思麻、朵甘思分别为 མདོ་སྨད་ 和 མདོ་ཁམས་ 或 མདོ་གམས་ 的音译，源自吐蕃时期的地名。元代所称朵甘思与吐蕃时期的地理范围有所不同，自元以来，朵甘思的地理范围与今日所称康区大致相同。

拉、古玉、竹瓦根等地。

1339年，即藏历第六绕迥土兔年，藏传佛教噶玛噶举黑帽派三世噶玛巴·然琼多吉圆寂。其高徒格桑同珠在今察隅县桑曲河流域，修建有衮钦（དགོན་ཆེན་）、朵热（རྩ་ར་དགོན་）、拉衮（ལ་དགོན་）、卓衮（འབྲོག་དགོན་）四座寺院。后来，四寺合并为一座寺院，称为塔巴寺（ཐིག་འབགས་དགོན་）。

14世纪中叶，朱元璋推翻了元朝，建立了明朝。几乎在同一个时期，西藏地方政权也发生了更替。帕木竹巴万户府首领绛秋坚赞推翻了萨迦地方政权，建立了帕木竹巴地方政权，今林芝市大部分地区处于帕木竹巴地方政权的宽松管理之下。明朝对藏区的管理基本上沿用了元代制度，在康区设立"朵甘卫指挥司"，察瓦龙、古拉、古玉、竹瓦根等地在其管辖范围内。

1642年，即藏历第十一绕迥水马年，五世达赖喇嘛阿旺洛桑嘉措建立西藏地方政权后，为了有效治理西藏地方事务、完善政教合一的封建农奴制统治，先后在各地设立了一些新的宗一级行政建置。

1648年，即藏历第十一绕迥土鼠年，五世达赖喇嘛阿旺洛桑嘉措的高徒德木·拉旺丹白坚赞在今察隅县古玉乡境内修建桑昂曲科林（གསང་སྔགས་ཆོས་འཁོར་གླིང་）寺。西藏地方政府几乎在同一时期设立了宗一级地方机构桑昂曲宗，其管辖范围包括两个区域，即今察隅县境内的藏族地区和察隅地区的僜人地区，包括今处于非法印控区的下察隅属境。

1717年，即藏历第十二绕迥火鸡年，游牧于新疆伊犁河流域的蒙古准噶尔部落首领策妄阿喇布坦（ཚེ་དབང་རབ་བརྟན་），派兵突袭西藏，占据西藏长达3年。1719年，即清康熙五十八年，康熙第二次派清军从北路（青海方向）和南路（四川方向）入藏驱逐蒙古准噶尔部。定西将军噶尔弼率南路清军经昌都、洛隆、嘉黎进军拉萨途中，令副将岳钟琪派人前往南部康区，招抚桑昂曲宗、杂隅、络夷（指僜人居住区）等地。岳钟琪即派成都府同知马世衍、四川提标后营游击黄善林前往勘查。在两人勘查的基础上，岳钟琪经上报清廷，把桑昂曲宗、杂隅等地划归由昌都帕巴拉呼图克图管辖的区域。

1725 年，即清雍正三年，清朝勘定川藏边界，桑昂曲宗辖境作为七世达赖喇嘛格桑嘉措的香火地，回归于西藏地方政府管辖，在下察瑜一地设协敖（ཆབ་མཚོ）一名，管理地方及僜人居住区事务。

1877 年，即藏历第十五绕迥火牛年，达扎摄政时期，针对桑昂曲宗辖境内村落分散、法制松散等情况，增派了一名僧人宗本，与原有的俗人宗本联袂管理地方事务，强化了地方管理体制。这种一僧一俗的宗本体制一直延续到 20 世纪 50 年代。

二、近代察隅风云

1905 年，即清光绪三十一年三月，新任驻藏帮办大臣凤全途经巴塘时被杀。而赵尔丰因清剿巴塘有功，于次年升任川滇边务大臣，成为清朝治理川边藏区、推行新政的封疆大吏。

1907 年，即清光绪三十三年，盐井、左贡境内发生反对清朝新政的叛乱。川滇边务大臣赵尔丰派边军后营管带程凤翔带兵清剿平定，并命程凤翔部驻扎在盐井。

1909 年，即清宣统元年，赵尔丰统兵进驻察木多（昌都），进而进攻恩达、类乌齐，赶走了西藏地方政府在东部康区的军事力量，迫使西藏地方政府在康区的一些官员逃之夭夭；而后，着手在金沙江以西进行改土归流改革。是年，赵尔丰饬令程凤翔率部"乘藏僭新败，兵贵神速，西取桑昂曲宗"。又恐程凤翔部兵力不足，由边军左营加拨两哨（相当于连）兵士归程凤翔调遣。

程凤翔以厨子身份入军籍，投入赵尔丰麾下，以骁勇善战闻名，深得赵尔丰的器重。赵尔丰派遣程凤翔朝桑昂曲宗和察隅方向进军，其目的：一是为了抵御藏军东侵；二是要了解当地地形地貌、物产疆域、民户人口，为设治做准备；三是阻止英国人向察隅方向的扩张和蚕食。①

程凤翔驻防盐井期间，与藏军交战过一次。这时候，钟颖率领的新军从昌都开拔，正踏上向拉萨进兵之途。桑昂曲宗宗本雪德坝见此情况，聚兵数千，进犯盐井，企图骚扰清军后路。此时，活动在左贡一带的江卡（རྒྱང་ཁ་）头人②达拉也带兵前来助战。于是，后营管带程凤翔、西军中营帮带刘赞廷率部迎击。由于程凤翔部久经沙场，勇猛善战，藏军不敌，遂败退而去。

1909年，即清宣统元年十一月十九日，程凤翔率部从盐井出发，向桑昂曲宗、察隅进伐。途中，在从左贡带来的10多名僧人向导的指引下，渡怒江，翻雪山，于次年，即清宣统二年元月一日，抵达桑昂曲宗。这时，宗政府已成空宅，地方官员早已逃走，只见附近塔巴寺③的僧人78名和百姓前来投诚。程凤翔未抵桑昂曲宗前，宗本、藏军驻军代本（相当团长）等人曾经在当地征集民兵，下令在战事爆发时，凡属桑昂曲宗属民15岁以上、60岁以下的男性皆要投入战斗，并命令各家各户“自造铅弹三百，火药三批备用”。不想，清军进兵神速，突然进抵，宗本措手不及，逃奔察隅。

程凤翔在桑昂曲宗期间，进行了大量的实地调查研究，接连给赵尔丰上书，详细汇报调查所得。内容涉及桑昂曲宗和察隅的方位名称、地形地貌、物产疆域、村落分布、民户人口、民风乡情、边境界址、寺院数目，以及倮猡人（指察隅境内的僜人）的查探情形等。在踏勘调查所获资料基础上，程凤翔提出了分区设

① 参见《西藏地方志资料集成》，中国藏学出版社1997年版，第6页。

② 江卡是芒康的地名，位于今西藏昌都市芒康县县城所在地嘎托镇境内。

③ 塔巴寺与桑昂曲宗设在一地，相隔100多米。宗府遗址今仍存。

治、开办银矿、移民开垦等筹划建议，为分区设治提供了基本资料。①但此时，赵尔丰感觉，如果要在桑昂曲宗、察隅境内设官分治，还需要更详尽的调查，需要显示地形疆域、村落分布的舆图。于是，盐井县盐局委员段鹏瑞奉命前往桑昂曲宗、察隅实地踏勘调查，绘制了《杂瑜全境舆图》和《桑昂曲宗大江西面舆图》等舆图。1911年，即清宣统三年，后任科麦委员的夏瑚也向赵尔丰上奏了关于桑昂曲宗、察隅实地勘察的报告。

同年，赵尔丰根据程凤翔、段鹏瑞、夏瑚等人的实地调查资料，向清廷上书，奏请改流。将察木多改设昌都府；桑昂曲宗、左贡合一，改设科麦县，县治设在今察隅县古玉乡境内；杂隅改设为察隅县，县治在杂隅。科麦、察隅两县，隶属于新设的昌都府管辖。又根据在杂隅的踏勘调查情况，规划设立州、县：在察隅以西的妥坝设归化县，或称作归化州，其下设木牛甲卜县丞（二等县）；在察隅以南8日路程的原梯龚拉设原梯县。以上州、县设置成功后，将隶属于昌都府。由于是年内地爆发辛亥革命，赵尔丰横尸成都街头，驻藏清军陆续返回内地，除新设察隅县外，设立其他州、县的计划没有实现。②

1912年，即民国元年，藏军数千人向察隅进兵，察隅县知事苟国华和新军前营帮办蒋洪喜誓死抵抗。藏军久攻不下，便提出愿出重金，请清军官员携老幼由云南假道回川，但这一提议被蒋洪喜拒绝。清军被围困3个月，粮尽弹绝，战败而死。③

1913年，即民国二年，民国政府设川边特别行政区，规划泸定以西32县为川边特别行政区，设置委员，统一县治。同时，规划在金沙江以西新设昌都、盐井、宁静（今芒康）等13个县，其中包括科麦（桑昂曲宗）、察隅（杂隅）两县，隶属川边特别

---

① 参见《西藏地方志资料集成》，中国藏学出版社1997年版，第11—13页。
② 参见《西藏地方志资料集成》，中国藏学出版社1997年版，第31页。
③ 参见《康区藏族社会历史调查资料辑要》，四川民族出版社2004年版，第564—565页。

行政区。由于民国初期，中原地区时局动荡、内战频繁，加之西藏地方政府采取了一系列分裂活动，计划中设置的金沙江以西13个县中的多数地方，包括桑昂曲宗、察隅等地的设县规划未能施行。

民国初年，东部藏区的局势错综复杂。西藏地方政府在洛隆宗成立朵麦基巧，总署康区军政事务。1917年，即民国六年，藏军与驻昌都的彭日升统领的川军在类乌齐开战。次年，彭日升战败投降，藏军乘胜加紧东进势头，川军余部退回四川。金沙江以西地区，包括桑昂曲宗、察隅等地尽数落入西藏地方政府手中。从此，桑昂曲宗隶属于西藏地方政府的朵麦基巧，察隅地区包括僜人居住区皆由桑昂曲宗政府统一管理。

1925年，即藏历第十五绕迥木牛年，西藏地方政府派人对桑昂曲宗辖境，包括察隅的土地、人口、牲畜、物产进行了一次普查，并制定了《木牛年清册》。根据《木牛年清册》，重新规定了百姓缴纳的差税额度。与往年相比，木牛年的普查结果极大加重了当地差民百姓的负担。

1932年，即民国二十一年，西藏地方政府和西康省代表在岗托（སྐྱ་འོག）举行谈判，签订了关于以金沙江为西藏地区和西康省分界线等6条协议。该协议明确规定，金沙江以西原规划属于西康省的13个县，包括桑昂曲宗、察隅县，仍由西藏地方政府管辖。

1947年，即藏历第十六绕迥火猪年，桑昂曲宗宗政府卸任宗本与属下百姓之间发生了一次官司诉讼。事情的起因是，卸任宗本萨喀瓦（གསར་ཁ་བ）和钦饶欧珠借口百姓欠缴两人任期内的"垫褥费"500两藏银，强行要百姓补缴欠银。百姓代表佐根（གཙོ་རྒན）、丹增等3人据理力争，申明500两藏银早已缴清，无拖欠之事。然而，两卸任宗本强词夺理，声言若不补缴欠银，要鞭杖丹增等3人。此事激起了当地百姓的民愤。古玉、林噶、察瓦龙三地百姓推举洛桑丹增等两人前往昌都朵麦基巧官邸,控告卸任宗本萨喀瓦和钦饶欧珠无理盘剥百姓、加重民众负担的行为。朵麦基巧接到诉状后,一方面为了息事宁人,另一方面又怕激起民变,撤销了在任宗本僧官土丹列谢的宗本一职,两名卸任宗本"无端扰民"各罚藏银50两,百姓代表洛桑丹增也以"民反官"之名,被杖责100棍。此事发生后,西藏地方政府专门下发公文,重申桑昂曲宗辖境百姓缴纳的差税仍按《水猴年清册》(1933年)的规定行事,地方官员不得任意加重。①

三、历史上的僜人,英国人在察隅的非法活动

僜人,又称僜巴,是西藏地区人口最少的少数民族族群,尚未列入中国56个民族之中,分布于中印交界地区,即喜马拉雅山脉以东、横断山脉以西,平均海拔1000米左右的雅鲁藏布江支流杜来河流域和察隅河下游流域。② 这一地区包括今天中国察隅县的僜人居住区,以及原属于察隅县辖境、目前属于藏南印度非法控制的僜人区。据相关资料统计,目前僜人人口有5万多人③,其中居住在中国察隅县境内的僜人有1400多人。④

历史上,绝大多数僜人居住在深山老林,生存条件原始、落后。他们一方面以采集野菜、野果和狩猎为生。狩猎是僜人获取肉食来源的生存办法,其捕猎形式有放绳套、挖陷阱、埋竹尖木桩以及用弓箭射猎等。另一方面实行刀耕火种,以种植玉米等农

---

① 参见《西藏地方志资料集成》(藏文版)第23册,中国藏学出版社2003年版,第202页。
② 清末和民国初期的汉文史料,将僜人居住区域称为带有歧视性质的"珞瑜"或"野人区"。英语中称僜人为"米什米人"(Mishmi People),意思是"不开化的人",是一种污蔑性的称号。
③ 也有些资料认为,2006年,印控区的僜人有2万—3万人。
④ 根据《林芝地区志》,2000年年底,僜人有1436人。

作物为主。僜人从自然界获取食物的工具极其简陋，主要以刀、箭、镖、木棍等为主。印控区的僜人早在20世纪初就开始种植鸦片。

根据民族学家的研究，僜人的社会进化和社会生产的发展十分缓慢，原始社会形态延续了很长时期。20世纪中叶，僜人社会还处于原始社会家族制末期。这种社会发展形态下的族群社会，还没有显著的等级观念和私有观念，因而不存在阶级分化的社会形态，社会道德价值观念亦未发育成熟。

僜人有自己的语言，但没有文字，以刻木、结绳、树枝记事计数。他们信仰原始宗教，无历算。

历史上的僜人婚姻一般都是父权制下的买卖婚姻，实行一夫多妻。由于深刻的民族隔阂，僜人与藏族之间是禁止通婚的。

杜来河流域和察隅河下游流域的僜人主要有两个族群：一是杜来河流域的僜人，称为达让人，说达让话；二是察隅河流域的僜人，称为格曼人，说格曼话。这两种语言有所不同，但僜人通用达让话交流。①

17世纪，西藏地方政府在今察隅境内设立宗一级机构——桑昂曲宗以后，杂隅境内的僜人区一直处于宗政府的管辖之下。清末设察隅县后，曾短暂管辖过僜人区域。

19世纪上半叶，英国在孟加拉、印度阿萨姆等地确立统治后，为了打通从印度经西藏前往中国内地的商业通道，一直窥觊西藏东南部的察隅、珞瑜等地，多次派人前往勘查，搜集多方面情报。早在19世纪20年代，英国人的探险队就曾溯察隅河而上，到达过离日马不远的地方。19世纪50年代初，法国神父N.H.噶拉克来到印度，试图通过察隅进入藏区传教，曾深入到察隅境内的瓦弄地区。不久，噶拉克神父在中国墨脱属境珞巴义都部落中

---

① 也有些资料认为，察隅河流域的僜人为达让人。

活动时，因言行出尔反尔，招致杀身之祸。①

19世纪下半叶以后，英印政府一方面加强了对印度东北部地区的管理，在萨地亚②设立机构，任命一名政治助理官管理边界事务。另一方面，对邻近的中国杂瑜地区多次进行非法越境活动。20世纪初，萨地亚的第二任政治助理官威廉逊曾两次逆洛希特河北上，进入过日马地区。不久，时任东孟加拉和阿萨姆省省督的兰塞洛特—哈雷，根据威廉逊的报告，上书给英印政府印度总督明托，建议将英属印度东北部的疆界北移至中国下察隅境内。

1910年，即清宣统二年，威廉逊再次溯洛希特河北上，进入到下察隅的日马，并在压必曲龚插旗标界。此时，正值程凤翔率部进兵桑昂曲宗、察隅不久，他亲赴下察隅勘查与英属印度接壤的传统分界线。同时，程凤翔派左哨哨长张绍五偕同通事和通晓僜人语言的藏族向导，到压必曲龚调查插旗标界③一事。张绍五从当地僜人口中得知情况属实，而且，英国人多次进入过该地。④程凤翔确切得知有英国人在察隅边境进行非法活动后，迅速禀报赵尔丰："至所称洋人入桑，侵占地面一节，亦势必然之事。查杂瑜至倮罗地方三站，倮罗至阿渣地方七站，阿渣以外，即洋人地面。今倮罗、阿渣地方，皆为洋人占据。杂隅土产丰饶，该地洋人既已得桑，必兴望蜀之思。"⑤这里所说的洋人入境，即指威廉逊第二次到察隅一事。

1911年，即清宣统三年，英国军官贝尔未经许可，闯入中国察隅境内，又从察隅进入波密等地，长期从事非法活动。

---

① 参见《珞巴族简史》，民族出版社2009年版，第72—75页。
② 萨地亚位于阿萨姆邦境内，今为印度阿萨姆邦的主要城镇。
③ 指英国人在中国境内任意插旗标界一事。
④ 参见《西藏地方志资料集成》，中国藏学出版社1997年版，第15页。
⑤ 参见《西藏地方志资料集成》，中国藏学出版社1997年版，第15页。

1914 年，即民国三年，英印政府外交秘书麦克马洪与西藏地方政府中的亲英分子夏扎伦钦，在印度西姆拉私自签订非法条约，以英国人精心研究规划出来的所谓"印藏交界"（即非法的"麦克马洪线"）为准，将西起达旺、东至力马（即察隅的日马），原属中国西藏南部的 9 万平方公里的土地划入英属印度辖境。① 这 9 万平方公里的土地，包括门隅、珞瑜和下察隅境内的察隅河下游流域、杜来河流域的大片僜人区。②

事实上，非法的"西姆拉协议"签订后，察隅的僜人区仍在桑昂曲宗宗政府管辖之下。20 世纪 20 年代，桑昂曲宗宗政府在察隅委派有一名"顶本"（ སྤྱི་དཔོན་ ），负责收缴察隅地区的差税并处理民事。根据《木牛年清册》的规定，察隅百姓每年向西藏地方政府上缴的差税，有爪子俱全的虎皮 1 张、蜂蜜 16 藏斗③、纸张 6 袋以及入药的鲮鲤爪（ ཆུ་སྲིན་སྡེར་མོ ）、手掌参（ དབང་ལག ）等。④

直到 20 世纪 50 年代初，原属察隅的僜人一直受西藏地方政府管理。

---

① 参见《西藏通史·民国卷》（上册），中国藏学出版社 2015 年版，第 93 页。

② 印度《前线》杂志于 2009 年 6 月报道：印控僜人区设立有 2 个区：安娇（Anjaw）区和洛希特（Lohit）区，各自辖区分别有 266 个村和 222 个村。安娇区辖区包括察隅河下游的瓦弄一带，安娇区西南的杜来河流域为洛希特区。

③ 藏斗，藏语为 ཁལ ，是容量和重量单位。1 藏斗等于 20 藏升，约 14 公斤。

④ 参见《西藏文史资料选辑》（藏文版）第二十三辑，民族出版社 2003 年版，第 199 页。

第十章

墨脱历史沧桑

墨脱位于林芝市东南部、喜马拉雅山南坡，森林茂密，群峰挺拔，气候温和湿润。雅鲁藏布江从米林县派镇以下，流向东北，再折向西南，贯穿墨脱全境，出境到印度。

墨脱，藏语意为"花朵"。历史上，今天的墨脱由两个地域组成：白玛圭和珞瑜。如今墨脱的核心地区，藏语中一直称之为"白玛圭"，意即"莲花庄严"。近代汉文史料中多写作"白马冈"或"白玛岗"（以下称"白玛岗"）。11世纪后，一些藏文佛教文献开始将它称作"博隅白玛圭"（ སྤོས་ཡུལ་པདྨ་བཀོད་ ），寓意此地乃是莲花生大师预言的、由莲花点缀的佛教修行秘境圣地。相传8世纪时，莲花生大师受吐蕃赞普赤松德赞之请，遍访藏区秘境圣地。莲花生大师来到这里，发现此地如同盛开着一朵朵莲花的圣地，便预言它是隐秘的佛教修行圣地"白玛圭"。珞瑜包括今天中国境内的珞巴人居住区，以及原属中国墨脱、如今位于藏南非法印控区的珞巴人聚居区。

一、珞巴人的祖脉与迁徙

根据珞巴人的创世神话和族源起源说，有三种神话传说具有代表性。第一种说法是：大地尚未完全形成，还是一堆堆泥土时，一个从天而降、具有法力的大神用泥土做成了两组兄弟姐妹。互相结合后，他们的后裔成为珞巴人中的巴达姆人、义都人、米顿人。[①] 第二种说法是：最初，天际光光，大地秃秃，天地间无形无影。后来，天地结合，逐渐有了太阳、月亮、树木、

---

① 参见《珞巴族社会历史调查》（二），西藏人民出版社1987年版，第211页。

花草、鸟兽以及一个女人、一个男人。女人和男人结合后，繁衍后代，成为人类最早的祖先。第三种是珞巴崩尼人神话说：太阳和大地结合生下了阿巴达尼，是崩尼人的直接始祖。以上神话，首先说明了神话的原始性和古老性；其次，兄妹结合繁衍后代一说反映了人类社会早期，即前氏族社会的社会和血缘家庭组织的形态。

关于墨脱境内的人类祖源，也有考古发现。1976 年以来，考古工作者在墨脱境内发现了多处新石器遗址，采集了许多打制石器。可以确定，早在距今 4000 年前后，墨脱就已经有人类生息繁衍。他们是墨脱地区原有土著群体的先民，这些先民中应该包括珞巴人的祖先。而对墨脱珞巴人，一种神话传说认为，东波的珞巴来自浪措湖畔的山岩。最初，人类开始在这块土地上生息。一个珞巴老年妇女从祖籍离乡上路时，舀了一木碗的水带着，但不慎在路上把木碗摔破，水泼洒在地上，变成了浪措湖。达昂珞巴的传说则认为，他们的祖先是从一座叫直达普田的山里走出来的，一路走着，无确切方向。当走到某地，他们发现树上有一把刀，地上有脚印，于是沿着脚印来到了叫古根的地方，居住下来，形成了达昂珞巴。[1] 还有一种传说认为，墨脱的珞巴人最初是从背崩（འཛས་སྐུངས་）村北面的柔里比洞内出来的。以上传说尽管传奇，且无从考证，但说明了一个重要的历史事实，即墨脱珞巴族是远古时期由某些土著群体生息繁衍起来的，是墨脱的土著和开拓者之一。学者们所主张的珞巴族，包括墨脱珞巴族"有可能是喜马拉雅东南一带古老人类群体中的一个或数支繁衍而来的"[2] 观点，也可以与一些考古发现互相印证。

墨脱珞巴人还流传着一些部落是从北方的藏区向南迁徙来的

---

[1] 参见《门巴族社会历史调查》（一），西藏人民出版社 1987 年版，第 19 页。
[2] 《珞巴族简史》，西藏人民出版社 1987 年版，第 8 页。

传说。例如米古巴人的传说中说，他们的先祖央色和嘎嘎两兄弟从大山北面的波窝（波密）来到墨脱，经过一番周折才定居下来。巴达木部落的传说也认为，他们的祖先最早生活在北部地区，后来逐渐向南迁，曾在白玛岗（即白玛圭）一带居住过。又如博嘎尔（ འབྲོག་དཀར་ ）、希蒙（ ཤིང་ཚོང་ ）等部落，也被视作从北方迁徙而来。有些部落则从南部向北迁徙，最后落脚在珞瑜。[1] 所谓珞瑜，是珞巴人故乡之意，不仅仅指墨脱境内的珞巴人，还泛指西藏东南部珞巴人祖居的所有土地。藏族把珞瑜分成"卡珞"和"丁珞"。"卡珞"是指与藏区或门巴人的居住地点邻近，且常有民族间互动来往的珞巴部落；"丁珞"是指生活在近似封闭的深山老林里，与外界的藏族等其他民族交流极少的珞巴部落。以今墨脱境内而言，上珞瑜为"卡珞"，下珞瑜为"丁珞"。

上述考古资料和珞巴神话传说，说明珞瑜地区在远古时期是人类的某些群体生息繁衍之地。根据民族学家和社会学家的实地调查，墨脱境内珞巴族的古代社会跟其他人类种群发展的轨迹一样，经过了母系氏族社会制度，又经过漫长的历史进程，逐渐进入了父系氏族社会。父系氏族社会的特点是生产力提高，人们生产活动的地域不断拓展，统一部落、统一文化意识的原始民族群体正处于萌生阶段。

历史进入近代，墨脱境内的珞巴族形成了多个称呼不同的部落组织，据初步统计，有部落 20 多个。部落组织的基本特点是，各部落有自己的名称、一定的地域、不同的方言、共同的节庆、特殊的风俗习惯和各自的部落首领。其中，较为特殊的是一个部落不全是同一个氏族组成的，也可以有不同氏族组成一个部落的情况。[2]

---

[1] 参见《珞巴族简史》，西藏人民出版社 1987 年版，第 9 页。
[2] 参见《珞巴族简史》，西藏人民出版社 1987 年版，第 24—28 页。

历史上，墨脱珞巴族与藏族之间的经济交往密切。藏族铁器、铜器、食盐的输入促进了珞巴族社会生产的发展，影响了珞巴族的生活方式。墨脱的珞巴族，不仅在墨脱境内，还远到波密许木、近到今米林派村等自然形成的交换点，与藏族进行货物交换。

二、门巴人的祖脉和迁徙

民族学界一般认为，今日墨脱境内的门巴族不是古代土著先民的后裔，他们是从不丹和门巴族主要繁衍地区——门隅迁徙过来的。所谓门隅，指以今门达旺为中心，西靠不丹，北接山南市错那、隆子两县，东连珞瑜，南与印度阿萨姆接壤的藏南广大地区。广义上，不丹人也被称作南方门巴（ རྒྱ་མོན་འབྲུག་པ ）人。今天，门隅的核心地区位于藏南非法的印度控制区，印度政府在该地设立了以达旺为行政中心的所谓"阿鲁纳恰尔邦"。

大约 18 世纪上半叶，由于自然灾害，以及繁重的乌拉差役，不丹及邻近门隅的许多门巴民户，民不聊生，流离失所。这些门巴民户欲逃往一个没有乌拉差役、衣食无忧的宝地。白玛岗是莲花生大师曾经预言过的佛教圣地，是崇信佛教的门巴人、藏族百姓向往的人间仙境。于是，上部门隅不丹（ མོན་སྟོད་འབྲུག་པ ）境内的一些门巴人，抱着前往东方寻觅"开遍莲花的圣地""佛教秘境"的宗教情感，开始了离乡背井的大迁徙。据说，最初有 6 户门巴人从今天的不丹向东迁徙，来到了墨脱境内。[①] 这是广为流传的"门巴人东迁"的故事之一。

19 世纪以后，西藏地方政府在加强对门隅地区统治的同时，

---

① 参见关东升主编：《中国民族文化大观·藏族、门巴、珞巴卷》，中国大百科全书出版社1995 年版，第 364 页。

对于门巴人的盘剥压榨、巧取豪夺有增无减。在乌拉差役繁重的情况下，许多门巴人难以生存。于是，在绝望中选择逃亡，成为继续生存的唯一办法。先后又有两批门巴民户从不丹及邻近的门隅前来墨脱，其中一批有多达百户门巴人。门巴人最初的定居点，主要集中在今墨脱镇和背崩（འབྲས་སྤུངས་）乡一带。门巴人的迁徙路途充满了万分的艰辛，攀悬崖，穿密林，涉激流；还要与原住民珞巴人反复交涉，取得谅解，以便获得土地和森林。至20世纪50年代初，最早定居墨脱的门巴人已有10代人，最晚迁入的也有五六代。①

随着前来定居的门巴人越来越多，他们建立村寨，开垦土地，狩猎捕鱼，需要的土地、狩猎范围不断扩大，这使珞巴族的利益受到了影响。珞巴族向门巴人提出，要按照珞巴人的习惯缴纳一定差税，如缴纳狩猎税等。门巴人最初接受了这一要求，一度与珞巴人和睦相处。然而，由于宗教信仰、文化背景不同，门巴人与珞巴人时常发生纠纷；在经济利益、宗教信仰上的矛盾日益激化，经常发生大规模械斗。

18世纪末，八世达赖喇嘛绛白嘉措委派塔布地区的噶举派藏族高僧岗布巴·邬坚卓堆林巴（སྒམ་པོ་བ་ཨོ་རྒྱན་འགྲོ་འདུལ་གླིང་པ་）到白玛岗传教。门巴人乘机提出修建寺院，但建寺的地方——寺址要得到珞巴人同意。几经谈判，并赠送厚礼，最终在珞巴族的认可下，门巴人修建了第一座宁玛派寺院——仁青崩（རིན་ཆེན་སྤུངས་）寺。②仁青崩寺建成后，不仅成为白玛岗境内藏传佛教的重要道场，也成为西藏地方政府加强对墨脱地区管理的一个重要途径。过去，由于高山大川的阻隔，以及白玛岗地区的相对封闭，西藏

---

① 还有一种民间传说：门隅曾有兄弟两人不合。当时，有一名出身于波密嘎朗第巴家族的高僧在门隅传法。兄弟中的一人得到高僧的许诺后，率领属下民众，迁徙到嘎朗第巴管辖下的墨脱境内。

② 参见《门巴族迁入和墨脱宗的历史沿革》（内部资料），第3页。

地方政府对墨脱地区的管理一直十分松散。后来，波密嘎朗第巴乘虚而入，通过对仁青崩寺施加影响，逐步控制了墨脱大部分地区。①

墨脱门巴族的祖先由于来自于两个地方——主隅（即不丹）和门隅，方言略为不同，分别操仓珞语和不若米巴语。门巴人迁徙到墨脱后，依靠先进的生产力和生产技术，成为白玛岗一带占多数的居民，墨脱遂成为门巴人的新故乡。

三、历史沿革

根据考古发现，早在距今四五千年前的新石器时期，墨脱境内就已经有古人类活动。墨脱古人类使用的石器表明，他们主要从事农业生产，并过着定居的生活。

7世纪，松赞干布建立吐蕃王朝后，制定法律，划分军政区域，把吐蕃分成五大茹，今林芝市辖境大部分隶属于约茹治下。当时，约茹辖境内还有一个与吐蕃王室同祖同源的邦国——工噶布，享有相对高度的地方自治权。工噶布王的势力也曾达到墨脱西北部地区。

9世纪下半叶，吐蕃发生平民起义。首发于今米林县与朗县交界处的一支起义军推翻了工噶布王的统治，吐蕃政权随即崩溃，西藏陷入了长达400余年的封建割据状态中。这一时期，今墨脱县辖境处于何种历史发展时期，史料缺载。但有一点可以肯定，珞瑜境内分布的数十个大小不等的部落，由各自部落首领统治。

13世纪至17世纪中叶，西藏地方政权几经更替，先后有萨迦政权、帕木竹巴政权、藏巴第斯政权。这一时期，藏文史料中

---

① 也有一些资料认为，约在17世纪中叶，宁玛派大伏藏师卓堆林巴（གནོར་ཆེན་འགྲོ་འདུལ་གླིང་པ་）来到白玛岗传教时建立了仁青崩寺。

对墨脱或白玛岗只有零星的对佛教高僧传法活动的记载，没有地方政权建置、行政隶属、政治事件等相关记载。

1642年，即藏历第十一绕迥水马年，五世达赖喇嘛建立甘丹颇章地方政权后，派兵征服了工布地区，并于1663年，即藏历第十一绕迥水兔年，在今林芝县布久乡境内设立则拉岗（也写作孜拉岗）宗。由西藏地方政府委派宗本，管理工布地区，并对邻近工布的门巴族、珞巴族居住地区施加政治影响。

1680年，即藏历第十一绕迥铁猴年前后，今墨脱县辖境和境内被称为"珞瑜"的珞巴族居住区，成为甘丹颇章地方政权的管辖之地。

18世纪中叶前后，不丹（主隅）境内的一些民户东迁进入白玛岗地区以后，又有门达旺一带的部分门巴人迁徙到白玛岗，于是形成了今墨脱境内的门巴人族群。

18世纪80年代初，门巴人提出要修建佛教寺院，由于文化、宗教上的不同和冲突，没有得到珞巴人的同意。后来经过多次谈判，珞巴人同意建寺，门巴人终于建成了仁青崩寺。西藏地方政府通过对仁青崩寺的干预，一定程度上加强了在白玛岗地区及珞瑜的统治。

1854年，即藏历第十四绕迥木阳虎年，法国神父N.H.噶拉克在中国墨脱属境珞巴族义都部落活动时，因言行出尔反尔、不守信诺，被义都部落首领凯萨率众杀死。次年，英国驻印度殖民当局从萨地亚派出长枪队，直奔义都部落，血腥镇压珞巴人民。凯萨战败被俘，后被英军杀害。①

1880年，即藏历第十五绕迥铁阳龙年，门巴族与珞巴族之间发生大规模械斗，门巴人首领诺诺拉向嘎朗第巴斋布索南央金求助。嘎朗第巴早已窥觊墨脱及珞瑜，便以武力支持门巴人，打

---

① 《墨脱县志》（终审稿）认为，噶拉克被杀、凯萨反抗英国人发生在察隅境内。

败了珞巴族，将墨脱地区的珞巴人驱赶到了仰桑河下游一带。战后，双方经谈判，规定地界，确定仰桑河以上门巴人居住的地区由嘎朗第巴管辖，仰桑河以下为珞巴人居住区。从此，嘎朗第巴成了墨脱境内的实际统治者。

1881 年，即藏历第十五绕迥铁阴蛇年，嘎朗第巴斋布索南央金在墨脱建立了地东宗，由门巴人首领诺诺拉出任第一任宗本。从此，地东宗宗本由嘎朗第巴派遣或委任，大多由当地门巴人担任，任期短则两三年，长至 10 年不等。从 1881 年至 1933年，地东宗宗本有 13 任。嘎朗第巴还在帮辛、加热萨地区设立名为"珞堆卡额"的建置，管理上珞瑜的事务。

嘎朗第巴取得了墨脱的实际统治权后，辖境包括地东宗（即墨脱宗）属下的当布措（ཏན་བུ་ཚོ）、荷扎措（ཧོ་ར་ཚོ）、背崩措（འབས་སྲུང་ཚོ）、萨格尔措（ས་དཀར་ཚོ）、达昂措（ཟླ་ང་ཚོ）、洛查噶那（ཚོ་ག་དཀར་ནག）和金珠玉措（ཇུན་འབྲུག་ཡུལ་ཚོ）等地，基本上囊括了今墨脱县所辖大部分地区。

19 世纪末，在地东宗握有权力的两个地方头人——曲丹玛、扎丹玛为了争夺权势产生矛盾，加之又发生了扎丹玛一派无故杀死曲丹玛的属民 5 人的事件，如此，两派矛盾趋于严重激化。嘎朗第巴斋布·索南央金表面劝和，实际上又偏袒扎丹玛一派，墨脱地区一时陷入动荡不安。清朝驻藏大臣文海和西藏地方政府得知墨脱地区发生地方头人为争权夺利，破坏地方安宁的事件后，派军队缉拿了曲丹玛、扎丹玛二人，又轻率地将曲丹玛、扎丹玛二人处死，激起了曲丹玛一派的强烈不满。

1900 年，即清光绪二十六年清朝驻藏帮办大臣裕纲派员至波窝的倾多，出面安抚白玛岗的民众，但以无效而告终，曲丹玛的部属趁机将斋布索南央金杀死。①

---

① 参见《墨脱县志》（终审稿）人物部分。

1905 年，即藏历第十五绕迥木蛇年，嘎朗第巴在靠近珞巴地区仰桑河流域的甲琼建立了嘎朗央宗（位于非法的"麦克马洪线"以南），管理珞巴希蒙人的差税。察隅籍藏族人居美出任嘎朗央宗第一任宗本。其后，宗本大多由珞巴族出任。从 1881 年至 1928 年，嘎朗央宗宗本共有 8 任，其中 6 任宗本为珞巴族。宗下设置有措（相当于乡），各村落设有一名学本（村长）。

1911 年，即清宣统三年六月，由于嘎朗第巴白玛才旺率领的民团与驻工布的清军在冬九、通麦一带开战，清朝驻藏大臣联豫和川滇边务大臣赵尔丰派五路清军攻打波密。白玛才旺战败，逃亡白玛岗。清军首领罗长裿当即派遣时景裳、张鸿升率步、骑兵，翻越多雄拉山口，在藏族向导扎西次仁（米林羌纳寺僧人）的大力协助下，到达墨脱。随后，清军联络地东宗宗本、门巴人道布，进兵白玛才旺控制的仁青崩寺。道布利用计谋诱杀了白玛才旺和随行的 10 多人，并把白玛才旺的首级献于清军。

20 世纪上半叶，西藏地方政府在康区设立朵麦基巧，在波密的倾多设立波密和白玛岗的聪基（ཙོང་སྤྱི），即波密和墨脱商务总管，负责墨脱地区的商业税收事宜，而行政事宜仍归波密的嘎朗第巴管辖。

1919 年，即藏历第十五绕迥土羊年，因地东宗治所缺水，宗政府由地东迁到墨脱的东布。从此，人们改称地东宗为墨脱宗。

1926 年，即藏历第十五绕迥火虎年，西藏地方政府的"朵麦基巧"委派僧官"堪穷"茹擦·贡布索南出任波密、白玛岗地区的商务总管。茹擦·贡布索南到任后，残酷盘剥压榨波密、墨脱百姓，激起了极大的民愤。末代嘎朗第巴旺钦杜堆趁机利用民愤，欲杀害茹擦·贡布索南。茹擦·贡布索南事先收到密信，逃回昌都，但留守的两名管家被杀。

1928 年，即藏历第十六绕迥土龙年，西藏地方政府决定派兵攻打波密。藏军第七代本达那率领500名兵士进驻波密达兴寺，随即与民众发生了战斗。战斗中，达那代本被杀。西藏地方政府见达那代本被杀，重新调集约2000名藏军重兵征伐，民众战败。旺钦杜堆经白玛岗逃往英属印度，3年后，即1931年客死在印度。从此，西藏地方政府收回了原先由嘎朗第巴统治的墨脱的管辖权。

1931年，即藏历第十六绕迥铁羊年，西藏地方政府设立墨脱宗和金珠玉措宗（小宗），将墨脱宗封赠给拉萨色拉寺管辖，将金珠和帮辛地区封赠给波密松宗寺管辖，由两寺各自派宗本进行统治。墨脱一分为三的状况，一直延续到1951年。墨脱境内五措两地缴纳的差税则通过波堆宗运往昌都，上交给朵麦基巧，这种体制一直延续到20世纪50年代。

第十一章

宁玛、格鲁、苯教在林芝的传播

9 世纪 40 年代，吐蕃末代国王达磨赞普执政时期发生灭佛事件后，吐蕃腹心地区的佛教之火熄灭长达 150 多年。11 世纪前后，佛教戒律传承再次从宗喀、阿里两个方向续上，佛教教义重新弘扬发达，藏区历史进入了佛教后弘时期。这一时期，先后诞生了藏传佛教宁玛、噶当、萨迦、噶举等教派；后来，又在噶当教派教义基础上形成了格鲁教派。藏传佛教各教派形成后，在工布、娘布、龙布、波密、下塔布、察隅、墨脱等地传播广泛、影响深远，使林芝地区成为藏传佛教传播的重要地区之一。这一时期，苯教在工布地区也得到了大规模的传播。

一、宁玛教派的传播

宁玛派是藏传佛教教派中形成最早、影响力深远的教派。它传承吐蕃时期（8 世纪下半叶）莲花生大师流传下来的密教思想以及相关仪轨，由于教派历史悠久、传承古旧，故得名为宁玛派。宁玛一词有"旧"或"古"之意，宁玛派即旧教派或古教派。

林芝境内宁玛教派传播的历史悠久。8 世纪下半叶，宁玛巴祖师莲花生大师曾亲临杂日杂孔（ཚ་རི་ཚ་ཀོང་）[1]，预言白玛岗是佛法秘境。根据后期一些宁玛巴文献记载，莲花生大师曾游历过工布[2]、波窝、白玛岗等地。莲花生大师的弟子、王子木茹赞普曾在工布钦域（ཀོང་པོ་མཆིམས་ཡུལ）修建有佛堂。[3]

---

[1] 杂日杂孔的遗址位于今西藏林芝市米林县南伊沟。

[2] 本节中，工布指今西藏林芝市巴宜区、米林县、工布江达县部分辖境。

[3] 工布钦域指今西藏林芝市米林县卧龙乡境内，参见《宁玛教派源流》（藏文版），西藏人民出版社 1992 年版，第 248 页。

11 世纪以后，宁玛派不断发展壮大，先后出现了许多名震全藏区的高僧大德，例如索·释迦琼乃（ རུར་ཤཀྱ་འབྱུང་གནས ）、隆钦饶降巴（ ཀློང་ཆེན་རབ་འབྱམས་པ ）等人。他们著书立说，广收弟子，在西藏各地传播宁玛派教义，为宁玛派的发展作出了重要贡献，并完善了宁玛派教义。其后，宁玛教派中出现了许多闻名的伏藏师①（ གཏེར་སྟོན་པ ）。多名伏藏师在今林芝境内掘出各种"伏藏物"（ གཏེར་མ ），并修建寺院，传播独特的教义。比如 15 世纪，知名伏藏师卓堆林巴（ འགྲོ་འདུལ་གླིང་པ ）②就多次在工布、杂日讲经说法。

生活于 16 世纪与 17 世纪之交的宁玛派大师仁增嘉村宁布（ རིག་འཛིན་འཇའ་ཚོན་སྙིང་པོ ），是享誉藏区的传奇性高僧、伏藏师。1585 年，即藏历第九绕迥木鸡年，他出生于今工布江达县巴河镇境内的瓦如囊彩（ ཝ་རུ་གནས་ཚལ ）。仁增嘉村宁布从小聪慧异常，少年、青年时期学习医药方，20 岁出家受戒。后来，他的生平事迹极其独特，曾闭关修行长达 13 年之久，又掘出了许多宁玛派秘籍，招收众多弟子授法，同时著书立说，成为名扬四方的一代高僧。③

与仁增嘉村宁布几乎同一个时期的宁玛派高僧聪美丹增多吉（ མཆོག་མེད་བསྟན་འཛིན་རྡོ་རྗེ ），在下塔布境内修建了著名寺院唐卓寺（ ཐང་འགྲོག་དགོན ），又名孜烈寺（ རྩེ་ལེ་དགོན ），位于今朗县登木乡孜烈村。建寺之初，聚集有几百名僧众。唐卓寺有严格的寺规寺律，一时以戒律严明而闻名于世。其后不久，聪美丹增多吉在龙布，即今工布江达县仲萨乡境内又修建了德钦寺（ བདེ་ཆེན ）。

---

① 伏藏师指从不同地方，如地下、岩石缝隙、寺院墙壁或柱子之下等等，依据莲花生等大师的预言或其他兆头，取出或掘出秘籍、法器等物的高僧、密宗师等。他们掘出的东西称为"伏藏物"（ གཏེར་མ ）。

② 卓堆林巴又名希波林巴（ ཞིག་པོ་གླིང་པ ）、仁钦林巴（ རིན་ཆེན་གླིང་པ ）。

③ 仁增嘉村宁布的生平简介，见本书第十八章《人物春秋》。

德钦寺原是 11 世纪所建旧寺，后逐渐衰微，以致一度成为平民村落。聪美丹增多吉在龙布传法时，于旧寺的原址上修建了新的德钦寺。他又把一处名为藏布果古①（ གཙང་བོ་དགོ་དགུ་སྒྲུབ་སྲེ་ ）的修行地改造扩建，成为德钦寺的下属寺院。聪美丹增多吉晚年一心在藏布果古寺修法，并圆寂于该寺。

聪美丹增多吉圆寂后形成的后世活佛传承系统中，有多人出生于工布。他们以工布为传法主要之地，为宁玛教派在工布的传播弘扬作出了突出贡献。如 17 世纪中叶，出生于工布昂吐（ རབ་ ཏུར་ ）的郭仓瓦·纳措然绰（ ནོད་ཚང་བ་ནྲ་ཚོགས་རང་གྲོལ ），被认定是聪美丹增多吉的转世灵童。郭仓瓦·纳措然绰在藏布果古寺驻锡时期，恰逢拉萨堆龙乃南寺噶举派三世巴卧活佛曲扎嘉措在工布巡游、传教。于是，郭仓瓦·纳措然绰从其尊前剃度受戒；而后，拜多名宁玛派高僧学习多部伏藏秘籍，接受多门灌顶；成年后，多次在朋仁寺（ བར་རིན་ ）②、唐卓寺与其他高僧切磋佛法。郭仓瓦·纳措然绰 73 岁圆寂后，众弟子在唐卓寺为他修筑了金饰灵塔。③

唐卓寺活佛郭仓瓦·纳措然绰的再传转世灵童晋美丹白坚赞，出生于工布加拉头人（ ཀོང་པོ་རྒྱ་ལ་སྲེ་བ ）之家。当时，唐卓寺由奉行格鲁派教义的德木寺管辖，因而，晋美丹白坚赞暂居格鲁派寺庙桑昂强秋林寺学习佛法。后经摄政德木活佛同意，晋美丹白坚赞仍旧作为唐卓寺的活佛在该寺驻锡，主持教务。18 世纪有一段时间，因唐卓寺的管事对寺院管理不善，寺内的佛像、经书、灵塔等处于破旧、衰微的窘境，晋美丹白坚赞负责进行了维修和保护。④

---

① 藏布果古寺遗址位于西藏林芝市米林县里龙乡仲萨村境内。

② 朋仁寺，即今西藏林芝市朗县的巴尔曲德寺。

③ 参见《宁玛教派源流》（藏文版）第二册，西藏人民出版社 1992 年版，第 380—383 页。

④ 参见《宁玛教派源流》（藏文版）第二册，西藏人民出版社 1992 年版，第 385 页。

从 16 世纪至 18 世纪期间，还有一些著名的宁玛派伏藏师活跃于工布、波窝、白玛岗等地。例如伏藏师多吉陀美（ ཪྡོ་རྗེ་ཐོགས་མེད ），又名丹增达沃多吉（ བསྟན་འཛིན་ཟླ་བོ་རྡོ་རྗེ ），出生于工布巴松（ ཐག་གསུམ ）境内。他从小长于闭关修行，据说曾依据菩萨和空行母的预言，在巴松一带开启了处于秘境的一些佛教圣迹，掘出了一些珍贵的宁玛派秘籍。多吉陀美又根据从波密栋曲拉康（ སྒྲོ་བོ་མདུང་ཆུ་ལྷ་ཁང ）获得的目录，在波密普龙（ སྒྲོ་བོ་སྤུ་ལུང ）、波密玉仁（ སྒྲོ་བོ་ཡུག་རི ）、巴松措宗（ ཐག་གསུམ་མཚོ་རྫོང ）等地发掘了许多伏藏经文。而后，他在白玛岗的羌林赞秋（ བྱང་གླིང་བཙན་ཕྱུག ）修建静修室，修行传法，并在此地圆寂。[①]

另一名伏藏师贡桑沃色（ ཀུན་བཟང་འོད་ཟེར ）[②]，于 1763 年，即藏历第十三绕迥水羊年，出生于白玛岗境内的古域（ སྐུ་ཡུལ ）地区。其父为从恰域（ ཅ་ཡུལ ）迁徙过来的门巴族密宗师贡觉，他的母亲为工布加拉头人之女。贡桑沃色从小就显示出种种异兆，并具有异乎寻常的慈悲心和利他思想，被当地藏族、门巴人、珞巴人视为奇异。他从八九岁开始，在波密巴卡寺（ སྒྲོ་བོ་བ་ཀ ）的释迦上师处读书识字，又在伏藏师贡桑德钦嘉布尊前受沙弥戒，并从该寺一间佛堂的破墙缝隙处，寻得一份秘籍目录。根据这一目录，贡桑沃色在 24 岁时，即藏历第十三绕迥火马年，在白玛岗一处湖畔掘出了珍贵的秘籍、法器、圣泉等物，而后密藏 12 年不曾公布于世。此后，他云游四方，在彭域、雍布拉康、拔恰悉日（ སྤྲ་ཆགས་ཉི་རི ）等处寻觅到多部伏藏秘籍，而后带到白玛岗，以伏藏秘籍为教材传法收徒。1806 年，即藏历第十三绕迥火虎年，贡桑沃色与岗珠仁布齐一道开启了白玛岗境内众多圣迹，又从吴坚央宗、大小白玛宗等地寻得了多部伏藏书籍，并为

---

① 参见《宁玛教派源流》（藏文版）第二册，西藏人民出版社 1992 年版，第 130 页。
② 贡桑沃色的全名，为贡桑沃色吴坚喀旺丹白尼玛（ ཀུན་བཟང་འོད་ཟེར་ཨོ་རྒྱན་མཁའ་དབང་བསྟན་པའི་ཉི་མ ）。

了伏藏书籍的安存，在多处建寺修塔。伏藏师贡桑沃色一生，为把白玛岗境内的门巴人、珞巴人引入佛门，竭尽全力地从事传法活动。①

出生于工布剑恰穹（ཀྱུན་ཧྱ་ཁྱུང་）的宁玛派高僧阿旺白玛（ངག་དབང་པད་མ་），从小熟知宁玛派典籍，尤其精通《密宗精义》（གསང་བ་སྙིང་ཐིག）、《桑杰林巴秘籍》（སངས་རྒྱས་གླིང་པའི་གཏེར་ཆོས་）等宁玛派重要典籍，并著有多部经典注释。一时，在工布地区饱学宁玛派典籍者无出其右。②

阿旺白玛的弟子佐钦索南旺布（རྫོགས་ཆེན་བསོད་ནམས་དབང་པོ་），出生于工布的剑擦修（ཀྱུན་ཚ་གཤུག），出自著名的鸠热（རྒྱར་）氏族。他年轻时结婚生子，37岁脱离俗尘，入佛门学经，在阿旺白玛尊前学习过《大圆满精义》（རྫོགས་ཆེན་སྙིང་ཐིག）。后来，佐钦索南旺布在僻静的修行地藏布果古寺修法传经，给弟子讲授《大圆满精义》等法门。晚年，他把孜列活佛和波窝巴卡活佛收为弟子，76岁时圆寂于藏布果古修行处。③

历史上，波密境内宁玛派的传播亦声势宏达、香火鼎盛。著名寺院有巴卡桑昂曲林寺（བ་ཁ་གསང་སྔགས་ཆོས་གླིང་）、桑昂达丹林寺（གསང་སྔགས་རྟག་བརྟན་གླིང་）、多东寺（རྡོ་གདུང་）等。

巴卡桑昂曲林寺由仁增曲吉嘉措（རིག་འཛིན་ཆོས་ཀྱི་རྒྱ་མཚོ་）所建。寺院建成后，从仁增曲吉嘉措传承下来的活佛系统一直是该寺的上师和寺主。大约18世纪末，出生于波密旺鲁（དབང་ལུ་）家族的活佛喇嘛释迦（བླ་མ་ཤཱཀྱ）接管巴卡桑额曲林寺，主持寺院的佛事活动。该寺与洛扎拉龙寺（ལྷོ་བྲག་ལ་ལུང་དགོན་）关系密切，僧人学经时大多前往拉龙寺留学。

桑昂达丹林寺又称岗果寺（སྒང་དགོ་），由伏藏师杜堆多吉

---

① 参见《宁玛教派源流》（藏文版）第二册，西藏人民出版社1992年版，第132—134页。

② 参见《宁玛教派源流》（藏文版）第一册，西藏人民出版社1992年版，第354页。

③ 参见《宁玛教派源流》（藏文版）第一册，西藏人民出版社1992年版，第354—356页。

（བདུད་འདུལ་རྡོ་རྗེ）建于 17 世纪上半叶。杜堆多吉曾拜仁增嘉村宁布为师，后根据仁增嘉村宁布的指示，前往波密的德钦桑瓦普（བདེ་ཆེན་གསང་བ་ཕུག）、布日（སྤུ་རི）等地，掘出了许多珍贵秘籍；而后赴上波密的玉仁修建了岗果寺，设立道场，传授宁玛教派的典籍。1672 年，即藏历水兔年，杜堆多吉在 58 岁时圆寂于岗果寺。

多东寺是由达香努丹多吉（སྟག་ཤམ་ནུས་ལྡན་རྡོ་རྗེ）建于 17 世纪末，嘎朗第巴为该寺施主。建寺后，一直得到历代嘎朗第巴的强力支持。多东寺的法脉，由达香努丹多吉传承下来的活佛系统发扬光大。曾有一个时期，达香活佛的名声在藏区远近闻名，多东寺和达香活佛的影响力所及远至金沙江以东的炉霍（བྲག་མགོ）地区。历史上，多东寺的寺址几次迁移：最初建寺在德荣喀（སྤྲི་རོང་ཁ），后移至他处；20 世纪中叶，六世达香活佛时期，又迁回到德荣喀。①

近代林芝境内宁玛教派的代表性人物，要属堆迥·吉查益希多吉（བདུད་འཇོམས་འཇིགས་བྲལ་ཡེ་ཤེས་རྡོ་རྗེ）大师。1904 年，即藏历第十五绕迥木龙年，他出生于白玛岗。少年时，他游学于著名的宁玛派学府敏珠林、多吉扎、噶托、佐青等寺，参拜过众多宁玛派高僧，遂成为当时宁玛派最为知名的导师，在宁玛派僧团中享有极高的威望，被视作莲花生大师的化身。1930 年，即藏历第十六绕迥铁马年，堆迥·吉查益希多吉在工布修建了一座寺院，但毁于 1950 年的墨脱大地震中。1951 年，在原址附近重修了一座寺院，即如今闻名于世的喇嘛岭寺。②

---

① 七世达香活佛噶玛雍堆曲吉尼玛，于 2005 年去世。

② 堆迥活佛于 1956 年经有关部门批准出国治病。其后在印度、尼泊尔、欧洲、北美传法，1987 年于法国圆寂。参见《宁玛宗教源流》（藏文版），西藏人民出版社 1992 年版，第 130—133、344、357、374、379 页。

二、格鲁教派的传播

格鲁派是由宗喀巴·洛桑札巴大师创建，形成于 15 世纪初，是藏传佛教诸多宗派中影响巨大的一个。其基本佛学思想来自于 11 世纪由阿底峡创建、仲敦巴等大师发扬光大的噶当派，故有新噶当派之称。

宗喀巴大师以先显后密、显密并重的形式完善了藏传佛教中的中观思想体系，奠定了格鲁派的基本教义。1409 年，宗喀巴大师创建了甘丹寺。从此，以甘丹寺为主道场的新宗派——格鲁派最终形成。

格鲁派在林芝境内的流传源远流长。15 世纪初，格鲁派创建不久，就在今林芝境内传播。宗喀巴大师生前曾亲临娘布传教，并预言格鲁派教义及中观思想在娘布等地，将如同娘曲河（今尼洋河）长流不息。[①] 其后，一批原籍娘布、龙布、工布的宗喀巴大师亲传弟子在今林芝境内修建寺院，招收弟子，确立学习、修行宗喀巴大师所确立的显、密教法的传统，格鲁派呈现出香火鼎盛、法脉不断的盛况。

首先，宗喀巴大师亲传弟子扎巴沃色（ གྲགས་པ་འོད་ཟེར ）在上娘布，噶当派高僧善知识日卡瓦（ དགེ་བའི་བཤེས་གཉེན་རི་ཁབ ）所建小寺的基础上重建了日卡曲德寺（ རི་ཁ་ཆོས་སྡེ ），使它成为娘布地区最早奉行格鲁派教义的寺院。其后，宗喀巴大师亲传弟子桑巴钦布曲帕（ སེམས་པ་ཆེན་པོ་ཆོས་འཕགས ）在娘布，先后修建了帖钦曲科林寺（ ཐེག་ཆེན་ཆོས་འཁོར་གླིང ）（也称桑森岗寺 [སང་སེང་སྒང]）和上娘布哲根敦岗寺（ ནང་སྟོད་འབྲས་དགེ་འདུན་སྒང ）；并为拉如寺（ གླང་རུ ）的修建奠定了基础，后由其弟子阿旺曲珠（ ངག་དབང་མཆོག་གྲུབ ）完

① 参见班觉嘉措：《喀纳教法史》（藏文版），西藏藏文古籍出版社 2013 年版，第 170 页。

成建寺。[1]

杰瓦帕巴拉（རྒྱལ་བ་འབའ་རས་པ་སྟ）[2]，即一世帕巴拉活佛，为格鲁教派早期在今林芝境内的传播作出了重要贡献。15世纪下半叶，出生于娘布古觉（ཉང་བོ་ཀུ་ཅོར་）[3]的杰瓦帕巴拉在龙布修建了扎西曲龙寺（བཀྲ་ཤིས་ཆོས་ལུང་）。此后，他修建和参与修建的格鲁派寺院遍及龙布、波窝等地，如龙布的尼达塘寺（ཉིན་པོ་ཉི་ཟླ་ཐང་དགོན），易贡的强秋林寺（ཨེ་གོང་བྱམས་ཆུབ་གླིང་དགོན）、波堆岗那寺（སྤྲོ་སྟོད་སྐར་ནག་དགོན），波窝的倾多寺（སྤྲོ་བོ་ཆུ་མདོ་དགོན）、嘎朗旧寺（ཀ་གནམ་དགོན་རྙིང）、德木拉卡寺（དེ་མོ་ལ་ཁ་དགོན）、唐查强秋林寺（ཐང་བྲ་བྱང་ཆུབ་གླིང）等等。在修建寺院的同时，杰瓦帕巴拉致力于讲授、传播、建立格鲁派教义和仪轨。例如，他在扎西曲龙寺向弟子及僧团讲授喜金刚续（ཀྱཻ་རྡོར་རྒྱུད），在德木寺讲授般若经（པར་ཕྱིན་འཆད་ཉན），在易贡的强秋林寺建立中观（དབུ་མའི་འཆད་ཉན）讲授体系，在唐查强秋林寺（ཐང་བྲ་བྱང་ཆུབ་གླིང་དགོན）传授胜乐耳传（བདེ་མཆོག་སྙན་བརྒྱུད་ཁྱུགས）。[4]与此同时，格鲁派高僧崇杰曲（ཅུང་རྒྱལ་མཆོག）在龙布与巴松（བ་གསུམ）之间，又修建了帕鲁囊彩寺（བ་ཀྲུ་གནས་ཚལ）和蚌噶寺（དབུང་དགར）。杰瓦帕巴拉的侄子达瓦桑布修建了朱拉寺（འབྲལ）。

波窝境内格鲁派的传播历史长、规模大，曾出现过诸多香火鼎盛的寺院。由杰瓦帕巴拉选址加持，于1463年，即藏历第八绕迥水羊年落成的倾多寺，是波窝境内格鲁派的重要寺院。倾多寺位于波堆河和亚龙河汇合处，故得名倾多，意即两水汇

---

[1] 日卡寺、桑森寺的寺址或遗址位于今西藏林芝市工布江达县金达乡境内，哲根敦岗寺位于今工布江达县加兴乡境内。

[2] 杰瓦帕巴拉，即后来被追认的帕巴拉活佛系统的第一世（1439—1487年）。

[3] 古觉即今西藏林芝市工布江达县娘蒲乡古觉村。根据《协昂教法史》（ཤལ་ངག་ཆོས་འབྱུང）记载，杰瓦帕巴拉的祖先从他处迁徙到古觉。杰瓦帕巴拉的父亲是宗喀巴大师和五世噶玛巴·得银协巴的弟子，被称作古觉·多丹桑杰白桑。

[4] 参见《协昂教法史》，西藏藏文古籍出版社2001年版，第20页。

合处。倾多寺建成后，先后由多名帕巴拉和德木活佛传承系统中的高僧出任寺院堪布。17世纪末，僧人多达700余名，成为波密境内最为知名的格鲁派寺院。曲宗寺（ཆོས་རྫོང་དགོན་）和松宗寺（བྲམ་རྫོང་དགོན་）也是传承格鲁派教义的寺院，分别由肖巴·曲扎和珠拉强秋坚赞所建，僧众最多时分别达130余名和150余名。

工布地区，即今西藏林芝市巴宜区、米林县境内格鲁派的主要寺院有3座：由宗喀巴大师亲传弟子觉旦丹巴塔杰（རྗོ་གདན་བསྟན་པ་དར་རྒྱས་），在下工布的结果（རྒྱལ་བསྒོར་）修建的羌纳日沃甘丹寺（ཆན་ནག་རི་བོ་དགའ་ལྡན་），简称羌纳寺；由二世达赖喇嘛根敦嘉措的弟子仁钦南杰（རིན་ཆེན་རྣམ་རྒྱལ་）在上工布修建的扎西绕登寺（བཀྲ་ཤིས་རབ་བརྟན་）；以及由杰瓦帕巴拉修建的德木拉卡寺。羌纳寺在建寺初期，确定学习宗喀巴大师阐释发扬的显宗教义，尊奉甘丹、哲蚌、色拉三大寺的显宗学风。历史上，僧众多达370余名。扎西绕登寺在建寺之初也以学习显宗为主，后来，显宗学习逐渐衰微，盛行修学密宗的风气，秉承拉萨下密院的典籍和仪轨。历史上，僧众达270余名。德木拉卡寺全称为德木拉卡洛色林寺（དེ་མོ་ལ་ཁ་རོ་གསལ་གླིང་དགོན་），简称德木寺。第一任住持为一世帕巴拉的侄子及弟子贡觉迥乃（དཀོན་མཆོག་འབྱུང་གནས་），由此传承下来的活佛系统称为德木。三世德木·拉旺确列南杰，曾是负责管理工布、波密境内格鲁派众寺的总寺主。出生于工布地区扎其玉麦（今西藏林芝市巴宜区巴吉村）的四世德木·阿旺格列坚赞任德木寺住持期间，将德木寺由原址鲁朗沟德木拉卡迁至今米瑞乡曲尼贡嘎村，即今天的寺址上。1757年，即藏历第十三绕迥火牛年，七世达赖喇嘛格桑嘉措圆寂。六世德木·阿旺绛白德列嘉措出任西藏摄政，此后又有八世德木·阿旺洛桑赤列绕杰出任过西藏摄政。德木活佛出任西藏摄政时期，德木寺享有很大权势和特殊礼遇。寺院鼎盛时期，僧众近 500 名。[1]

下塔布地区，即今西藏林芝市朗县境内。巴尔曲德寺（ བང་
རིས་ཆོས་སྡེ་ ）是下塔布地区最大的格鲁派寺院。最初，由捷氏芒域
洛丹在一处旧寺旁修建了一座小寺。后来，捷氏后代中代代出高
僧、捷·桑杰温勋、捷·桑杰沃皆为满腹经纶的高僧。捷·桑杰
沃的长子看到村落的后山状如三层阶梯，于是，依山势修建了
巴尔曲德寺。寺内供奉有捷·桑杰温勋的塑像。建寺之初，香
火鼎盛，佛法昌盛，曾聚集 500 余名僧人。下塔布境内的格鲁
派寺院，还有甘丹绕登寺（ དགའ་ལྡན་རབ་བརྟན་དགོན་ ）、仲达乃西寺
（ སྐྱོན་མདའ་གནས་གཞི་དགོན་ ）等。

今西藏林芝市察隅县境内的塔巴寺（ ཟིག་འཐབས་དགོན་ ）[2]，位于
察隅县古玉乡（ མགོ་ཡུལ་ ）。原先，古玉有 4 座噶举派寺院。15 世
纪，宗喀巴大师的入门弟子藏巴桑杰班觉（ གཙང་པ་སངས་རྒྱས་དཔལ་
འབྱོར་ ）来到古玉，便把 4 寺合为一体，修建了一座格鲁派新寺，
名为塔巴寺。五世达赖喇嘛阿旺罗桑嘉措的弟子、四世德木·阿
旺格列坚赞奉达赖喇嘛之命来到古玉，把寺址移到一处高台，新
修寺院，代替原先的塔巴寺，名为桑昂曲果寺（ གསང་སྔགས་ཆོས་
འགོར་ ），直属于地方政府管辖。距该寺百米之处，为桑昂曲宗
（ གསང་སྔགས་ཆོས་རྫོང་ ）宗政府所在地。

三、格鲁教派的活佛传承系统

历史上，林芝境内产生过众多著名的格鲁派高僧，也形成了
一些著名的格鲁派活佛传承系统。最为著名的，有帕巴拉活佛系
统、德木活佛系统、东噶活佛系统、扎绕活佛系统等。其中，一

---

① 参见普布多吉主编：《林芝名胜古迹》，人民出版社 2017 年版，第 20 页。
② 塔巴寺的藏文名称有多种拼写法，《黄琉璃宝鉴》（藏文版）中写作 ཟཟིག་བ་དགོན་，另有
ཟིགས་འཐབས་དགོན་ཟིག་བ་དགོན་ 等拼法。

世杰瓦帕巴拉至四世帕巴拉·曲吉杰布，都出生于今工布江达县和巴宜区境内。

帕巴拉活佛系统如前所述，杰瓦帕巴拉圆寂后，被认定为帕巴拉活佛传承的第一世，其金质灵塔被供奉在扎西曲林寺。

二世帕巴拉·帕巴桑杰出生于工布的曲康杂瓦（ཀོང་པོ་ཆོས་ཁང་ཙ་བ），三世帕巴拉·通瓦团丹（འབགས་པ་ཟླ་མགོན་བདོན་ལྡན）出生于龙布的堆巴萨（ལོང་པོ་སྟོད་པ་ས）①。二世、三世帕巴拉继承了一世帕巴拉的法脉，一生主要在工布的则拉岗、扎西盼德寺（བཀྲ་ཤིས་ཕན་བདེ་དགོན），以及龙布的尼达塘、扎西曲龙寺，波窝的易贡、倾多、曲宗、松宗等地从事佛法活动，诸如讲经传法、给弟子剃度受戒、为百姓信徒摸顶赐福。四世帕巴拉·曲吉杰布也出生于龙布的堆巴萨，与三世帕巴拉是同一个出生地，在四世达赖喇嘛云丹嘉措尊前剃度受戒。由于他与五世达赖喇嘛阿旺罗桑嘉措、四世班禅罗桑确吉坚赞之间关系密切，尤其是与四世班禅罗桑确吉坚赞互为师徒，因此，四世帕巴拉在其一生中成为藏传佛教格鲁派的重要活佛系统。17 世纪 20 年代初，他应昌都强巴林寺的邀请，成为该寺法台。从此，历代帕巴拉活佛的活动基本上以昌都为中心，逐渐远离了龙布、工布、波密等地。

后来，与帕巴拉活佛系统关系密切的昌都强巴林寺，形成了 3 个著名的活佛传承——喜瓦拉（ཞི་བ་ལྷ）、甲热（རྒྱགས་ར）和谢文贡多（རྗེ་དབོན་དགོན་རོ）。② 至 1950 年，喜瓦拉传承了 7 代，甲热传承了 10 代，谢文贡多传承了 6 代。其中，一世喜瓦拉·班丹曲珠、二世喜瓦拉·仲桑杰迥乃（རྒུང་བསམ་རྒྱས་འབྱུང་གནས）、三世喜瓦拉·喜瓦桑布皆出生于工布（今西藏林芝市巴宜区境

---

① 龙布的堆巴萨一名见 1640 年成书的《协昂宗教源流》（藏文版）。第司·桑杰嘉措所著《黄琉璃宝鉴》（藏文版）中写作上龙布（ལོང་པོ་སྟོད），应指位于上龙布的堆巴萨，位于今西藏林芝市工布江达县工布江达镇境内。

② 昌都地区有四大格鲁派活佛传承系统：帕巴拉、喜瓦拉、甲热和察雅齐仓（བྲགས་ཡཁ་ཚེ）。

内），二世甲热·阿吉旺布、三世甲热·阿旺曲觉桑布、四世甲热·阿旺赤列桑布、五世甲热·阿旺丹增伦珠则都出生于上龙布地区，而一世谢文贡多·克珠释迦拉旺出生于工布，五世谢文贡多·洛桑朗杰出生于波密嘎朗第巴家族。

德木活佛系统源自贡觉迥乃，他是一世帕巴拉的侄子。贡觉迥乃奉一世帕巴拉之命，出任德木寺的第一任住持暨上师后，由此传承下来的活佛系统称为德木活佛，贡觉迥乃是一世德木活佛。二世德木·班觉扎西，出生于尼洋河流域的昌喀董（འབུང་ཁ་གདོང་），曾学经于哲蚌寺洛色林札仓，精通显、宗经典，多年主持德木寺的教务。三世德木·拉旺确列南杰出生于尼池（ཉིང་ཁྲི），曾被三世帕巴拉·通瓦团丹任命为负责管理工布、波窝境内格鲁派众寺的总寺主。四世德木·阿旺格列坚赞出生于工布的扎其玉麦，曾随五世达赖喇嘛阿旺罗桑嘉措前往北京觐见清朝顺治皇帝。在他任德木寺的住持期间，将德木寺由原址鲁朗沟德木拉卡迁至今米瑞乡曲尼贡嘎村。五世德木·阿旺南喀绛央出生于工布的扎其嘉囊[①]，在五世班禅洛桑益希尊前受比丘戒，后赴北京参加清朝的宗教大典，53 岁时圆寂在北京。[②]

六世德木·阿旺绛白德列嘉措出生于工布的布久境内，在七世达赖喇嘛格桑嘉措圆寂后出任西藏地方政府摄政，是清代西藏历史上第一个僧人摄政。七世德木·阿旺洛桑土丹晋美嘉措出生在昌都，曾出任年幼的九世达赖喇嘛隆多嘉措的经师。西藏摄政达察济咙（ཏ་ཚག་རྗེ་དྲུང་）呼图克图圆寂后，七世德木·阿旺洛桑土丹晋美嘉措前后出任西藏摄政 9 年。八世德木·阿旺洛桑赤列绕杰也出任过西藏摄政，但由于卷入"符咒谋害"十三世达赖喇嘛土登嘉措的政治事件，被西藏地方政府革除了活佛封号，禁止

---

① 扎其嘉囊（བྲག་ཕྱི་རྒྱལ་ནང་）和上文提到的扎其玉麦（བྲག་ཕྱི་རྒྱལ་ནང་），皆位于今西藏林芝市巴宜区巴吉村一带。

② 参见《西藏历史文化辞典》，西藏人民出版社、浙江人民出版社 1998 年版，第 65 页。

转世，德木寺的众多庄园和寺产也被没收。

历史上，扎西绕登寺形成了两个活佛系统：夏额瓦（ཤག་མཁན་བ）和森夏（གཟིམས་ཤག）。从仁钦南杰传承下来的活佛系统称为夏额瓦活佛，简称扎西绕登活佛，但这一活佛系统的认定、坐床一直处在断断续续之中。从一世活佛仁钦南杰至五世活佛阿旺洛桑曲吉尼玛，相隔500余年。阿旺洛桑曲吉尼玛于1959年后定居丹麦，在西方建立了佛学修习中心，给西方人传授格鲁派教法。1992年，他曾参加在挪威法尔根召开的第六届国际藏学大会，2012年于丹麦去世。森夏活佛系统已传承了四代。一世活佛名为益希嘉措，出生于查普（今西藏林芝市米林县扎西绕登乡境内），是一位学识渊博的高僧，撰有多部著作。四世活佛阿旺洛桑曲吉坚赞现定居在尼泊尔。

林芝境内格鲁派寺院学经和修习佛法的传承，分显宗和密宗两部分。各寺的传承有所不同。比如，以波窝境内的格鲁派寺院为例，倾多寺的显宗学习尊奉哲蚌寺洛色林札仓的传承，密宗则修学拉萨上下密院的典籍与仪轨。曲宗寺的显宗学习与倾多寺相似，密宗修学继承的是拉萨下密院的典籍与仪轨。松宗寺的学经传承主要修学密宗，显宗部分则秉承甘丹寺强孜札仓和色拉寺麦札仓的学风。[①]

四、苯教的再度传播与发展

8世纪后半叶，吐蕃国王赤松德赞对苯教采取"灭教"政策后，许多苯教教徒远走高飞，在远离吐蕃王朝中心的地区修建寺院，传播教义。这种历史背景下，工布地区的苯教传承受到了极

---

① 参见《喀纳宗教源流》，西藏藏文古籍出版社2013年版，第170页；第司·桑杰嘉措：《黄琉璃宝鉴》（藏文版），中国藏学出版社1989年版，第289页。

大打击，教士传教和苯教教徒修习处于几乎绝迹状况，一些著名的苯教遗迹如苯日神山等亦受到了冷落。

11世纪，苯教在工布地区获得了短暂的发展。来自象雄的苯教密宗师喀玉穆艾（ཁ་ཡུ་ཁྲུ་ཤེར）来到工布地区，在苯日山的杰日（རྒྱལ་རི）修建了授受苯教密宗修行传承系统的禅院（སྒྲུབ་སྡེ），并在杰日四周修建了5座寺院和4座经塔，聚集了80余名修炼密法的苯教教徒。后来，工布地区多次发生变乱，苯教又一度陷入了衰落。

14世纪，苯教在工布地区重新得到传播和发展，呈现出再度发展的势头。这一历史现象，首先归功于苯教名士日巴竹赛杰（རི་པ་འབྲུག་གསས་རྒྱལ）。日巴竹赛杰生于1290年，即藏历第五绕迥铁马年。他13岁入苯门，一心修行学经，先后在米雅（མི་ཉག）、降域（འཇང་ཡུལ）等地学习苯教经典，聆听高士的讲授，遂成为苯教名士。尔后，日巴竹赛杰在藏区朝拜了苯教先士曾驻足、修行、加持过的诸多神山、圣湖。他61岁时，根据苯教护神斯巴杰莫（སྲིད་པ་རྒྱལ་མོ）的预言，前往工布巡礼。这时，工布人对工布境内的苯教圣迹，诸如苯日等的认识已经极为淡漠，几乎没有人朝圣顶礼。日巴竹赛杰来到苯日山脚下，即刻意识到，此山乃是雍仲苯教创始人顿巴辛绕·米沃切曾经降伏鬼魅、传播苯教的圣迹。于是，日巴竹赛杰在苯日山附近的玉普（གཡུ་ཕུག）闭关修行了3年，以祈求获得苯教先人高士的摄力，成就自身的修行法力。

1330年，即藏历第六绕迥铁马年，日巴竹赛杰开创了转游苯日神山的先例，大力宣扬苯日神山的神圣和顿巴辛绕·米沃切降伏鬼魅、传播苯教的业绩，使之在工布地区广为传播。从此，每逢藏历马年，遍布于上自阿里、下自嘉绒的苯教教徒就千里迢迢地前来工布，转游苯日神山，朝拜顿巴辛绕·米沃切留下的圣迹，使转游苯日神山成为苯教教徒的重大宗教活动。

146

不久，日巴竹赛杰亲自谋划设计，修建了色迦更钦寺（ཟེར་
རྒྱལ་དགོན་ཆེན）。该寺初建之时，有百余名出家的苯教教徒前来修
习。日巴竹赛杰 80 岁入寂后，由弟子热希·尼玛坚赞继承法统，
主持教务。色迦更钦寺一度香火鼎盛，出家教徒达 300 余人。

1394 年，即藏历第七绕迥木狗年，扎尊·囊喀仁钦（དཔལ་
བཙུན་ནམ་མཁའ་རིན་ཆེན）、别名洛丹宁布的苯教名师，在苯日修建
了杰日寺（རྒྱལ་རི）。杰日寺建寺之初，其建筑不同于一般的苯教
寺院，而是严格地按照苯教教义修建，体现在寺院主殿四面开有
四门，寺院房顶四角建有角楼，外、中、内留有转经道。主殿内
供奉有顿巴辛绕·米沃切的塑像和诸多珍贵的唐卡、经书。扎
尊·囊喀仁钦的法统，依次由琼布·次旺坚赞、仁钦囊杰、扎巴
桑布、许拉赤白、索囊仁钦等人继承。17 世纪，在教派冲突中，
杰日寺毁于火灾。大约 18 世纪，来自安多的扎巴活佛重建了杰
日寺。至 20 世纪初，活佛传承已有 11 代。

16 世纪，苯教名寺门日寺的第八代住持莫兰扎西来到工布，
修建了大卓萨寺（སྟག་རོ་ས）。莫兰扎西出生于嘉绒，后被迎请到
门日寺出任住持。由于种种因缘，莫兰扎西离开了门日寺，四处
巡游，最终来到了工布的苯日山。据说，一天晚上，莫兰扎西在
梦中得到神谕："在苯日山坡上若修建一座寺院，将功德无量。"
次日，他便上山寻找修建寺院的合适地址，隐隐约约看到在一块
巨石上，似乎有三只老虎舞动四肢作迎接之状。莫兰扎西把这一
瑞相视作修建寺院的前兆，于是，一座寺院拔地而起，取名为大
卓萨寺，意即老虎舞动寺。大卓萨寺建成后，由莫兰扎西传承下
来的活佛系统传承不断；至 20 世纪中叶，传至喜饶伟色时，已
是第十七代。

1667 年，即藏历第十一绕迥火羊年，董恭·丹巴伦珠（སྟོང་
སྩོམ་བསྟན་པ་ལྷུན་གྲུབ）在苯日神山修建了达孜寺，全名为达森雍仲
林寺（སྟག་སེང་གཡུང་དྲུང་གླིང）。根据苯教的传奇故事，修建达孜寺

的寺址曾是顿巴辛绕·米沃切与魔鬼征战的战场。当时，顿巴辛绕·米沃切化身为一只老虎、一头狮子，击退了众魔军，因此，寺名中含有老虎、狮子之意。董恭·丹巴伦珠来自安多，由于在梦中得到预示——工布是其传法教化之地的因缘，来到苯日山脚下，就修建寺院，招收弟子，讲经传法，弘扬苯教的显、密教义。一时间，上百名出家教徒拜在董恭·丹巴伦珠尊前。

从14世纪日巴竹赛杰开创了转游苯日神山的先例，修建色迦更钦寺以后，至18世纪，苯教在工布地区进入了一个繁荣发展的历史时期，使工布地区成为藏区重要的苯教传播地区。①

---

① 主要参考文献有《苯日山志》（藏文版）、《林芝苯教寺院》（调查文稿）、《西藏苯教寺的历史与现状》（藏文版）、《林芝地区志》等。

第十二章

噶玛噶举派在工布、波密地区的传播

噶玛噶举派（黑帽派）在今林芝市辖境的传播与活动，历史久远，影响巨大。一世噶玛巴·都松钦巴（1110—1193 年）出生于康区（今四川甘孜藏族自治州境内），16 岁时出家，被授名为白确吉札巴。相传，当他接受剃度时，幻显出智慧空行母和胜乐本尊把众空行母的头发织成的一顶黑帽给他戴上的景象。这是西藏佛教历史学家们对"黑帽噶玛巴"这一名称多种解释中最早的一种说法。都松钦巴 20 岁时，前往位于拉萨河南岸、云集诸多佛学大师的桑普寺求学，得到了广闻求法、择师学习的难得机缘。他先后随迦玛瓦、恰巴·确吉森格、巴擦·尼玛札、夏热瓦等大师，学习中观、因明、慈氏五论和噶当派的基本教典《菩提道炬论》。1139 年，即藏历第二绕迥土羊年，都松钦巴遇见了对其一生影响巨大的导师塔布拉杰，在塔布拉杰尊前学习了诸多噶举法门，遂成为佛学高僧。在塔布拉杰尊前的学法结束后，都松钦巴回到康区，修建了噶玛寺，继而在堆龙境内修建了楚布寺，标志着噶举派著名支派黑帽噶玛噶举派的创建。

对于一世噶玛巴·都松钦巴时期，噶举教派是否在工布、娘布、波密等地传播，史料未有明晰的记载。二世噶玛巴·拔希先后几次到达工布，留下了传法的足迹。1253 年，即藏历第四绕迥水牛年，应忽必烈邀请，二世噶玛巴·拔希在东行中原时曾途经工布，留下过《杂日授记》（ཚ་རི་གནས་ཀྱི་ལུང་བསྟན）。从三世噶玛巴·然琼多吉至十世噶玛巴·曲英多吉，八代噶玛巴长期驻锡、传教于工布。在长达近 300 年中，噶玛噶举派成为工布地区最具势力的政教统治者。

一、早期传播史

噶玛噶举派在今林芝市辖境的传播与活动，真正开始于三世噶玛巴·然琼多吉。1284 年，即藏历第五绕迥木猴年，然琼多吉出生于芒域①。史料记载，然琼多吉一出生，就灵异特殊，表现得十分聪慧。5 岁时，其双亲携他会见上辈噶玛巴的弟子吴金巴。吴金巴见此幼童来自芒域②，又聪明伶俐，确信并认定他是二世噶玛巴·拔希的转世灵童。如此，然琼多吉的身份被确定后，他开始识字学经。然琼多吉从 7 岁起，在绰普瓦（ཁྲོ་ཕུ་བ）尊前受沙弥戒，聆听诸多律经，并拜念热（གཉན་རས）等多名高僧为师，学习噶玛噶举派经典以及《入行论》《喜金刚》《断行》等教诫。据说，他 11 岁时发生地震，然琼多吉的脉结因之自解。从此，他对于一切佛法，学则即通，智力无碍。然琼多吉 20 岁时受比丘戒律，尔后，游历各地，遍访圣迹，在卫藏、塔布、康区、工布等地留下了足迹。根据《贤者喜宴》记载，应工布地区广大信徒的恳请，然琼多吉多次前往工布讲经说法、摸顶赐福，赢得了当地无数信徒的虔诚敬仰。这为后来噶玛噶举派在工布地区的广泛传播，后世几代噶玛巴在工布的驻锡、传教，奠定了极好的社会基础。

1331 年，即藏历第六绕迥铁羊年春，元文宗图帖睦尔派使者带着诏书和金印前来西藏，迎请然琼多吉赴皇都。是年七月，然琼多吉从驻锡地工布启程，经拉萨踏上了赴中原的路途。他途经当雄时，因大雪封路，未能成行；次年二月，重新启程，前往京师。然琼多吉在十月抵达元朝京城时，文宗已驾崩，但他仍受到了新皇帝元宁宗懿璘质班及众大臣的隆重欢迎。不料，元宁宗

---

① 芒域，在今西藏日喀则市吉隆县辖境。

② 二世噶玛巴·拔希曾预言，他的转世灵童将诞生于芒域。

在位不满两个月就病逝，因皇室内部发生皇权争议，皇位虚位数月。此后，元顺帝妥懽帖睦尔登基，然琼多吉主持了登基典礼中的佛事活动。

1334 年，即藏历第六绕迥木狗年，然琼多吉一行经五台山、弥药（西夏故地）返回西藏，于次年九月回到楚布寺。元顺帝信奉然琼多吉，封授他“遍知一切法为空性之觉者噶玛巴”的名号，然琼多吉的近侍弟子亦被授予司徒、国师的封号。1336 年，即藏历第六绕迥火鼠年，然琼多吉应元顺帝之请，再次前往元大都。他在京师逗留期间，一次，元顺帝问道：“众上师均曾向朕有所求，汝有何求？”然琼多吉答：“我在卫藏东部工布之地拥有 10 万户民众信徒，故一无所求。”元顺帝又问：“如此，我欲给当地头领丰厚的赏赐，如何？”然琼多吉答：在工布，“惟有吾祈祷大慈大悲佛，以教法调伏当地众生，而头领无此能耐也”。[①] 此段记载，出自 16 世纪成书的，由著名噶举派佛学大师、历史学家巴卧祖拉称瓦所著史学名著《贤者喜宴》，说明然琼多吉在世期间，噶玛噶举派在工布地区拥有广泛的影响力。1339 年，即藏历第六绕迥土兔年，然琼多吉在元大都圆寂，享年 55 岁。

四世噶玛巴 · 瑞白多吉，于 1340 年，即藏历第六绕迥铁龙年，出生在俄阿拉绒（ཛོད་ཨ་ལ་རོང་）[②]。他 3 岁时，随父母来到前世噶玛巴预言过的工布圣地以及雪卡、扎齐（བྲག་ཕྱི་）、那普（ནགས་ཕུ་）等地巡游；9 岁，前往塔拉岗布朝圣，尔后在巴松（བྲག་གསུམ་）巡礼转湖。同年，瑞白多吉前往工布，拜见了噶举派高僧朵丹衮嘉瓦（རྟོག་ལྡན་མགོན་རྒྱལ་བ་），圆满回答了朵丹衮嘉瓦就有关转世灵童方面提出的许多疑难问题，使他确信，见到了前世噶玛巴的真正转世灵童。此后，瑞白多吉继续前往龙布、

① 巴窝 · 祖拉陈瓦：《贤者喜宴》（藏文版），民族出版社 1986 年版，第 942—943 页。

② 俄阿拉绒，在今西藏昌都市边坝县境内。

雪卡等地，讲经传法，利益众生。他经那普前往杂日朝圣时，创作了许多戒恶行善的道歌。瑞白多吉14岁时，经塔布、拉萨，被迎请到楚布寺，在堪布同珠贝（དོན་གྲུབ་དཔལ་）等人尊前受沙弥戒，并听闻了有关戒律的多部经教，又拜多名上师学习噶举派的大部经论。18岁时，瑞白多吉在楚布寺受比丘戒。当年，直贡万户府引兵至觉木龙寺（སྐྱོར་མོ་ལུང་）时，瑞白多吉应一些地方政教首领之请，亲自前去劝说直贡一方和解退兵，解除了觉木龙寺所受战争威胁，赢得僧俗信徒的一致赞誉。

当时，远在京都的元顺帝妥懽帖睦尔从西藏赴元廷的僧人口中得知瑞白多吉德行高深，便肃然起敬，派金册使者携诏书到西藏，迎请瑞白多吉。1360年，即元至正二十年，瑞白多吉抵达元大都，受到元顺帝安懽帖睦尔及皇后、皇太子等皇室成员的尊崇和热情款待。瑞白多吉旅居皇都3年，为使皇室福寿双增，多次举行法事活动。元顺帝的皇后曾把一幅瑞白多吉设计、加持的巨型唐卡转送给他。后来，此唐卡成为噶玛噶举派的圣物，被长期保存在工布的则拉岗①和雪卡等地。

1362年，即元至正二十二年，瑞白多吉踏上了返回西藏的路途。途中，他在宗喀为一名6岁男孩授戒，并取名贡嘎宁布。这个男孩便是后来藏传佛教的划时代人物——宗喀巴大师。瑞白多吉于返回楚布寺途中，又应工布广大信徒的一再虔诚之请来到工布，教化众生，赐福地方。在工布、塔布与聂（གཉལ）交界之地，有一处名为杂日措噶（ཙ་རི་མཚོ་དཀར་）的佛教圣迹，上辈噶玛巴不曾巡礼过。瑞白多吉从东面的米木孔（མྱི་མོ་གོང་）山口择路，创造了转游此圣迹的先例。1383年，即藏历第六绕迥水猪年，瑞白多吉从雪卡启程，经娘布来到北方，后于当年藏历七月三日圆寂，寿43岁。

---

① 则拉岗位于尼洋河与雅鲁藏布江交汇处西侧的山脚，今属西藏林芝市巴宜区布久乡。

二、五世至六世噶玛巴

五世噶玛巴·得银协巴①，于1384年，即藏历第六绕迥木鼠年，生于娘当（ བྱང་འདམ་ ）②。他出生不久，便显示出种种灵异之处。据说，他1岁多被迎请到则拉岗噶玛巴行营时，就能手指楚布、噶玛、那普等寺所处方位，令近侍随从啧啧称奇。5岁那年，他在那普上辈噶玛巴的弟子喀觉旺布（ མཁའ་སྤྱོད་དབང་པོ་ ）③前来拜见，并献上神圣法帽——黑帽时欣然接受，并戴在头上，令周围的弟子惊奇不已。7岁时，他在则拉岗于堪钦聂普瓦（ སྣ་ཕུ་བ་ ）等人座前出家为僧。从此，得银协巴一生以则拉岗为主要驻锡地。他9岁时经娘布、扎松（巴松）等地前往洛隆，进而抵达噶玛寺，给当地信徒讲授噶玛噶举派教法，并受到地方首领的盛大供养。得银协巴少年时，以国公巴（ གུ་ནེ་ཀུན་བ་ ）为上师，听受《纳若六法》《大手印》《六支瑜伽》等噶举派教法。

1395年，即藏历第六绕迥木猪年，得银协巴来到楚布寺，主持教务。当时，明朝永乐皇帝派遣宦官侯显和高僧智光等人持诏书入藏，迎请得银协巴。得银协巴接受永乐皇帝的邀请，踏上了赴中原的路程，于1407年，即明永乐五年，抵达京师南京。永乐帝派驸马、都尉沐昕前去迎接。对得银协巴的到来，永乐帝极为重视，以隆重的仪式、极高的礼遇接待。得银协巴应永乐帝之请赴灵谷寺举行普度大斋，为永乐帝已去世的父皇朱元璋和皇母马太后超度荐福。是年，永乐帝敕封得银协巴为"万行具足十方最胜圆觉妙智慈善普应佑国演教如来大宝法王西天大善自在佛

---

① 得银协巴系 དེ་བཞིན་གཤེགས་པ་ 在《明史》中的音译。

② 娘当，即今西藏林芝市工布江达县工布江达镇娘当村。

③ 喀觉旺布是第二世红帽噶玛巴，藏语称之为夏玛瓦喀觉旺布。

领天下释教"。① 这一封号简称为"大宝法王",直至今日,噶玛巴仍以"大宝法王"著称。1409 年,即明永乐七年,得银协巴回到藏区,并在途中朝礼圣迹、讲经说法、修缮庙宇。得银协巴来到当雄境内的觉孜拉山口（ བདག་ཆེན་ཉི་ལ་ ）时,受到了早已等候在此的萨迦、直贡、达龙等地政教首领的隆重迎接。得银协巴回到楚布寺后,修缮了破旧的佛堂,还出资缮写《甘珠尔》;尔后,前往噶玛噶举派的信徒集中之地——工布、杂日,以满足信徒的朝见意愿。1415 年,即藏历第七绕迥木羊年的八月,得银协巴突然感到不适,于十五日圆寂,年仅 32 岁。

六世噶玛巴·通瓦团丹,于 1416 年,即藏历第七绕迥火猴年,生于康区噶玛寺附近的沃木（ ཙོར་ ）。他还是幼童时就灵性卓异、聪颖不凡,被得银协巴的弟子寻访认定为五世噶玛巴的转世灵童。他 7 岁时,经巴松来到则拉岗。工布地区成千上万的僧俗信徒前来拜见,目睹了得银协巴转世灵童的尊容。从虎年至马年（1422—1426 年）,通瓦团丹巡游了杂日神山范围内的各处圣迹。其间,他在喇嘛噶希（ བླ་མ་ཀ་བཞི ）上师尊前聆听了噶举派显宗经教,为前来朝觐的塔布、工布的信徒摸顶赐福,并在杂日的沃色岗（ ཙ་རི་འོད་ཟེར་སྒང ）给信徒讲说噶玛噶举派重要法门《纳若六法》。1427 年,即藏历第七绕迥火羊年,通瓦团丹从杂日启程前往下工布地区逗留一年,以讲说十善之道为主,劝谕信徒从善积德。此后两年,他辗转易贡、尼池（今西藏林芝市巴宜区尼池村）等地传法说道。1429 年,即藏历第七绕迥土鸡年,通瓦团丹经娘布前往墨竹色钦塘（ མལ་གྲོ་གཞི་ཁྱིན་ཐང ）,会见并赠送礼品给一些前往中原的其他教派的高僧。

此后,通瓦团丹以则拉岗为驻锡地,不时前往那雪（ དགས་ཤེད ）、硕多（ ཤོ་མདོ ）、朵康、杂日、达察（ ད་ཚག ）、噶玛、理

---

① 参见《明太宗实录》卷六十五。

塘等地，一边巡礼佛教圣迹、修复佛殿，一边给信徒灌顶说法。根据《洛隆宗教源流》等记载，通瓦团丹的信徒遍及工布、娘布、波密、塔布以及康区、卫藏等地。他留世有多部佛学著作，为噶玛寺谱写了寺院法舞唱本，还出资誊写了金汁《甘珠尔》一套。史书云："其利他有情事业，难以数计。"通瓦团丹37岁时正在则拉岗修习，不时感到身体有所不适。导师桑吉森格为了让他久存世间、消灾祛病，欲举行"长寿仪轨"法事。通瓦团丹不许，却独自念诵道歌不断。1453年，即藏历第八绕迥水鸡年的元月某日，他对近侍言道："吾随诸噶玛巴上师而去，尔等应祈祷如下颂辞：'慈悲之主通瓦团丹，您是诸佛化身，我等向您祈求，以您的慈悲护佑我辈。'"言罢，通瓦团丹便安然入寂，寿38岁。

三、七世至八世噶玛巴

七世噶玛巴·曲扎嘉措，于1454年，即藏历第八绕迥木狗年，出生在一个称作俄基达（ཚོད་སྒྱི་མཁར་）的地方。据说他出生时，本是晴空万里，但忽然间五彩云霞时显时隐，其母无痛而分娩。此后，国师班觉同珠（即一世甲曹活佛）前来验视，见幼童聪慧卓著、福相庄严，确信他为上辈噶玛巴的转世灵童。5岁时，曲扎嘉措开始在国师班觉同珠尊前闻习诸法，后来又拜诸多高僧学习噶举派经典，遂成为学识渊博、德行高深的噶举派大师。

由于上辈几代噶玛巴长期在工布、波窝、康区不停巡游，每次出行，随行僧团的人数达几百人乃至千人。每到落脚之处，要搭建几百座帐篷，宛如帐篷形成的村落，蔚为壮观，被称作"噶玛巴行辕"[1]。

---

[1] 噶玛巴行辕系 ཀརྨ་སྒར་ཆེན་ 的意译。

曲扎嘉措一生中，多次带着他的行辕在朵康地区行善传法、利益地方。他少年时，有一次，应朵康信徒之请前往洛隆，途经波窝时遇到瘟疫流行。曲扎嘉措率众弟子举行去瘟仪轨，使行辕众人安然无恙。后来，曲扎嘉措和噶玛巴行辕在洛隆、边坝、那雪等地辗转传法。在驻锡噶玛寺期间，他曾预言，五世夏玛（红帽）噶玛巴的佛法事业将在工布地区弘扬。曲扎嘉措最重要的一次朵康之行，是在 12 岁受沙弥戒后，应朵康各地政教首领和信徒之请前往康区，足迹遍及甘孜、道孚、白玉、理塘、涅绒（ནག་རོང་，今四川甘孜藏族自治州新龙县）以及绛域（今云南丽江市古代地名）等地。他无论到何处，都忙于修造寺院，教化众生，或专心闭关修禅，修习噶举派法门。

1475 年，即藏历第八绕迥木羊年新春之际，曲扎嘉措终于回到了阔别已久的楚布寺。此后，因拉萨附近发生教派冲突，曲扎嘉措不忍目睹举兵残杀生灵之事，便移驻工布的则拉岗。在工布期间，他巡访了上辈诸位噶玛巴留下足迹的众多圣迹，如那普、巴松、雪卡等地。他每到一处，都给信徒讲经传法、摸顶赐福。一次，曲扎嘉措在色莫念赤（ སེ་མོ་གནན་ཁྲི་，今西藏林芝市巴宜区尼池村）传法时，来自工布各地的成千上万信徒前来拜谒，并为他献上歌舞，祈求他的祝福。当地极有权势的头领卓拉忽日还献上了 100 匹好马。波密倾多、易贡等地的信徒对曲扎嘉措亦极其崇拜，多次恳请他前去讲经说法。

曲扎嘉措曾在则拉岗，接见过明朝使者——大国师扎西桑布和灌顶国师洛追桑布两人。这两人是前来为明宪宗朱见深驾崩而报丧，并为新皇帝明孝宗朱祐樘登基而报喜的。晚年，曲扎嘉措在工布还会见过前来拜见的恰巴万户长（ ཕྱ་བ་ཁྲི་དཔོན་，来自今西藏山南市隆子县境内），当时，恰巴万户长是闻名西藏的、极其富有的地方实力人物，也是曲扎嘉措的大施主。曲扎嘉措一生的信徒中还有珞巴人，他曾在工布接见过珞巴族头领络扎噶和一批慕名前来的珞巴人。这些珞巴人是当年三世噶玛巴·然琼多吉在杂日巡礼时，收为信徒的珞巴人的后代。

1504年，即藏历第八绕迥木鼠年，在则拉岗，新年典礼一过，根据有关授记，曲扎嘉措决意闭关修行3年。修行期间，因工布信徒无法谒见他的尊容，故民间盛传曲扎嘉措已入寂多年。1506年，即藏历第八绕迥火虎年的新年过后，应弟子、信徒之请，曲扎嘉措结束闭修，开关接见成千上万的信徒，摸顶赐福。不久，他便安然圆寂，享年51岁。

八世噶玛巴·弥觉多吉，于1507年，即藏历第九绕迥火兔年，出生在朵康的噶玛寺附近。他7岁时举行坐床典礼；8岁至17岁，一直在朵康地区的雅江（ཉག་ཆུ་ཁ）、壤塘（འཛམ་ཐང）、色达（གསེར་ཐ）以及绛域（འཇང་ཡུལ）等地巡礼传教，朝拜过一、二世噶玛巴的出生地。1523年，即藏历第九绕迥水羊年的新年节庆后，弥觉多吉应工布高僧、施主和信徒的一再邀请，前往德木、布久等地传法，受到了热诚的迎接和供奉。此后10多年，弥觉多吉驻锡在则拉岗和工布其他地方，一方面专心著述，另一方面向巴卧等噶举派高僧讲授《纳若六法》，并在噶玛巴行辕中建立斋戒仪轨。1526年，即藏历第九绕迥火狗年，直贡的噶举派和格鲁派发生冲突，直贡教主贡噶仁钦多次请求弥觉多吉派遣工布民军前去增援。弥觉多吉却劝阻直贡的噶举派千万不可挑起更大战事，如此，化解了一场更大的冲突。1536年，即藏历第九绕迥火猴年，弥觉多吉到巴松观湖，尔后前往直贡，再也没有回到工布，一直在恰域（ཕྱ་ཡུལ）、曲水、塔布、琼结、塘波齐（ཐང་པོ་ཆེ）等地讲经说法。1554年，即藏历第九绕迥水牛年，弥觉多吉圆寂，时年48岁。

四、九世至十世噶玛巴

九世噶玛巴·旺秋多吉，于1556年，即藏历第九绕迥火龙年，出生在朵康地区的侏倭（ཇེར）[1]。他6岁时，由五世夏玛巴在行辕主持坐床典礼。他7岁后，根据上辈噶玛巴上师的业绩，一直在朵康地区的壤塘、打箭炉、涅绒以及果洛等地进行短暂巡访。1565年，即藏历第九绕迥木牛年，旺秋多吉被迎请到楚布寺，受到了僧众仪仗行列的欢迎。

旺秋多吉一生中曾用极大精力，在卫藏地区调解地方势力仁蚌巴和辛夏巴之间的纷争，其间3次访问工布。1570年，即藏历第十绕迥铁马年，旺秋多吉第一次启程前往塔布、工布，于是年冬天抵达塔布。工布上下的寺院和施主听到旺秋多吉已经莅临塔布的消息后，纷纷派人献茶、献礼，恭请旺秋多吉前去工布朝拜圣迹，教化众生，为地方加持赐福。从羊年至狗年（1571—1574年），旺秋多吉一直在工布讲经收徒，朝礼圣迹，给信徒摸顶加持；同时，在行辕建立学经堂，集中一批年轻僧徒学习佛法各教义。1588年，即藏历第十绕迥土鼠年，旺秋多吉再次前往工布进行短暂访问。3年后，旺秋多吉及其行辕又一次前往工布、波窝地区巡游。这次，时间长达9年。旺秋多吉一面传教，一面出资建寺，弘扬噶玛噶举派佛法。在则拉岗驻锡期间，他给六世噶玛夏玛巴讲授各种教法，授予多种灌顶教诫。旺秋多吉大约45岁时，离开工布前往桑珠孜（今西藏日喀则市市区）。1603年，即藏历第十绕迥水兔年的新年传召大法会后，旺秋多吉感到身体不适，旋即染病在身，于元月二十八日在南木林圆寂，享年48岁。

---

① 侏倭在今四川甘孜藏族自治州甘孜县境内。

从 15 世纪的六世噶玛巴·通瓦团丹至 17 世纪上半叶的九世噶玛巴·旺秋多吉期间，是西藏历史上教派冲突激烈、政治斗争尖锐、政权更替频繁的风云变幻的特殊历史时期。这时，建于 14 世纪中叶的西藏地方政权帕木竹巴政权早已大权旁落，被仁蚌巴家族掌握了实际权力。帕木竹巴政权在仁蚌巴家族几代人的实际控制下，又延续了逾百年。16 世纪中叶，仁蚌巴的属臣辛夏巴家族的权势开始兴起。1563 年，即藏历第九绕迥火龙年，时任桑珠孜宗宗本的辛夏巴·次丹多吉起兵，开始争夺仁蚌巴统治的后藏地区的土地。辛夏巴家族的势力不断扩张，夺取了仁蚌巴家族拥有的大部分土地和臣民。至 17 世纪初，次丹多吉的后裔彭措南杰执掌权力时，其政权号称藏巴第斯政权。

藏巴第斯政权由于信奉噶玛噶举派，把噶玛巴视为根本和最为尊崇的上师，而对新兴的格鲁派势力采取了仇视、打击政策。1612 年，即藏历第十绕迥水鼠年，藏巴第斯·彭措南杰发兵吉曲河（即拉萨河）流域，征服了格鲁派势力统治的大部分地区。6 年后，他又统兵攻打拉萨，使色拉、哲蚌两大格鲁派寺院遭受了重大损失。1621 年，即藏历第十绕迥铁鸡年，彭措南杰突然病死，其子噶玛丹迥旺波继任藏巴第斯。此时，西藏基本上置于藏巴第斯政权之下。噶玛丹迥旺波掌权后，继续执行对格鲁派的摧残、迫害政策，致使藏巴第斯政权与格鲁派势力的矛盾变得异常尖锐，陷入了不可调和的境地。

十世噶玛巴·曲英多吉，于 1604 年，即藏历第十绕迥木龙年出生。他 7 岁时被认定为九世噶玛巴·旺秋多吉的转世真身，成为新的噶玛巴。由于特殊的历史背景，曲英多吉的上半生，除了修习佛法，从事传教活动外，基本上辗转于卫藏各地，调解地方矛盾，劝解各派势力之间的纷争。尽管工布、波密等地有历代噶玛巴上师的驻锡地则拉岗以及许多他们巡礼过的圣迹，更有对噶玛噶举派非常虔诚的成千上万的信徒，但由于曲英多吉卷入了藏巴第斯政权与格鲁派的斗争，导致了藏巴第斯政权被格鲁派推翻后他被迫长期流亡绛域的命运。因此，曲英多吉一生几乎无暇顾及朝拜、巡礼上辈几代噶玛巴上师驻锡和传教的重地工布、波密等地。从此，噶玛噶举派的上师们再也没有在工布、波密地区留下过更多的传奇故事，噶玛噶举派逐渐在工布走向了衰落。

第十三章

五世噶玛巴·得银协巴与明永乐皇帝

五世噶玛巴·得银协巴年纪稍长，便拜国公巴、噶希瓦等人为师，听授《纳若六法》《大手印》《六支瑜伽》等噶举派教法，又闻习《律藏》等多部大小显、密经典。他19岁受比丘戒，21岁奔赴多地讲经说法、化导群迷。此时，年轻的得银协巴已成为学识渊博、满腹经纶、德行高深、严守戒规的噶玛噶举派的最高导师。他的名声享誉藏区，还远播至中原。大明永乐皇帝对得银协巴慕名已久，决定派人入藏迎请。

一、明永乐皇帝遣使迎请

　　大明第三代皇帝——永乐帝朱棣是太祖朱元璋的第四子，最初受封为燕王；后来，从北方起兵，发动靖难之役，从侄儿建文帝手中夺位登基，年号为永乐。永乐皇帝在位期间，是一位有雄才大略的君主，文治武功都立有不世之功，创造了"永乐盛世"。

　　永乐皇帝做燕王时期，就对五世噶玛巴·得银协巴的大名早有耳闻；做了皇帝以后，立刻决定迎请得银协巴到京师南京。1403年，明永乐元年二月，永乐皇帝派遣司礼监少监侯显和僧人智光等人，持诏书进藏迎请得银协巴。

　　诏书曰：

　　　　尔喇嘛通达如来佛法，为西土之群生广修善业，如释迦佛再生，众所皈依……朕在北方之时，素闻尔之美名，遂有欲一见之心。今日朕已登基在位，天下安宁。昔日释迦佛慈悲摄受诸有情，广作裨益众生之事业。兹尔与释迦佛实无异，已证得佛法如意妙果。是故，为兴法利国，尔上师无论如何应召前来中原，以慰朕之所望。朕闻前朝治国利民，崇信佛法为前。今皇考、皇妣驾崩已多时，但未曾有报大恩之机。上师证圆觉，实乃能仁之化身。朕惟愿为皇考、皇妣致祭超度，兹特遣司礼监少监侯显等赍书前去迎请，请上师以慈悲为怀，速至中原。随书颁赐：银一百五十两，缎二匹，彩绢十四，檀香一束，乳香十斤。

永乐元年二月十八日于皇宫

得银协巴接到永乐皇帝的诏书后，带领其行辕从楚布寺出发，踏上了赴中原的路程。1406 年，即藏历第七绕迥火狗年的七月，23 岁的得银协巴一行来至康区的噶玛寺。他们在该寺短暂逗留后，过金沙江，经长途跋涉，于次年藏历元月二十日莅临京师南京。永乐皇帝遣驸马、都尉沐昕前去迎接。

得银协巴的藏文传记，以夸张的笔墨，记述了他抵京之日前往皇宫途中极其隆重的欢迎仪式。在道路两旁，是身着盛装，手持华盖、宝幢、飞幡、法器的几万僧人，以及手持由绸缎、黄金、白银等制造的各种精美供品的人们。其中，还有以各种黄金饰件装饰的 3 头大象和 300 头驮载着各种珍奇宝物的大象。有 9 位皇子，率领 3000 朝廷大臣、上万文武官员和几十万士兵前来欢迎。永乐皇帝亦亲至皇宫城门迎接，宫内又有披金甲的 200 名士兵列队相迎。迎接仪式结束后，永乐皇帝在奉天殿设宴款待了得银协巴一行。

元月二十二日，永乐皇帝设宴于华盖殿，并在宴席完毕后，给予得银协巴及其随从弟子丰厚的赏赐："金百两、银千两、钞二万贯、彩币四十五表里及法器、鞍马、香果、米、茶等物，并赐其徒众白金、彩币等物有差"。① 尔后，永乐皇帝亲自送得银

---

① 《明太宗实录》卷六十二。

协巴至皇宫门口。皇子和大臣们则按迎接时的规格，亲自陪得银协巴回到驻锡地——灵谷寺。

元月二十三日日出之际，永乐皇帝驾临灵谷寺，一来与得银协巴再次会晤，二来亲自颁赏。赏物包括：马鞍等马具俱全的白色良马3匹，普通白马18匹，金7锭，银37锭，绸缎百余匹，白瓷茶盅30个，金铃杵15副，金瓶2个，金、银盘各5支，以及数量可观的金、银碗。

元月二十四日，永乐皇帝在皇宫赐见得银协巴和主要随从，并赐给得银协巴的大弟子——仲布果希瓦（ འབྲོང་བུ་གོའི་ཤི་ར ）、噶希瓦仁钦白（ དཀར་བཞི་བ་རིན་ཆེན་དཔལ ）、堪钦管伦巴（ མཁན་ཆེན་གློན་བ ）等人丰厚的赏金、赏银及僧衣、法器等。普通僧人随从也得到了相应赏赐。

藏历二月一日，为永乐五年正月初一。得银协巴进宫向永乐皇帝贺年献颂辞。永乐皇帝赐宴，并共同观赏宫中舞蹈。晚上，得银协巴辞别。永乐皇帝亲自陪"尚师哈里麻"至皇宫第三门，诸皇子则陪送得银协巴至灵谷寺。

永乐五年正月十五日元宵节，永乐皇帝在皇宫宴请得银协巴师徒20余人，晚上一起观赏灯会，一些灯上绘有藏式八吉祥的图案。为了答谢得银协巴在新年献贺词，永乐皇帝向得银协巴致书曰：

新岁，承致颂语，称誉深至。顾朕德薄，岂足以当赞扬，心领受之，不胜欣喜，吉祥无量。惟愿尚师大转法轮，广施佛力，济度群生、以称朕之拳拳之意。

正月十八日，永乐皇帝为得银协巴向朝廷献大量贡马一事致书酬答：

法尊大乘尚师哈里麻：

> 朕劳尚师远来，已慰所望。尚师又以马进，厚意深至，朕领受之，不胜欣喜。用致书酬答，以伸朕意，尚师其亮之。

得银协巴在京师期间，受到了永乐皇帝异乎寻常的、极为隆重的礼遇。永乐皇帝除了多次在皇宫设宴款待外，还几次亲自到灵谷寺看望"尚师"，这一殊荣实为历史罕见。

二、为明太祖皇帝、孝慈皇后举行荐福法事

1407年，即明永乐五年的二月二日，亦即藏历三月五日，得银协巴在灵谷寺设道场，"建普度大斋，资福太祖高皇帝、孝慈高皇后"。得银协巴率其高徒和随行弟子僧众，设立密集、度母、喜金刚、尊胜母等十二坛场，至藏历三月十八日，日日诵经祈祷，举行荐福法事仪轨。自仪轨开始之日起，永乐皇帝、徐氏皇后每日亲临道场行香，在得银协巴座前，日受灌顶一种。同时，群臣祈拜，僧众诵经。为举办此道场，永乐皇帝特向得银协巴致书，陈述其因缘：

法尊大乘尚师哈里麻巴：

> 朕承皇考太祖高皇帝、皇妣孝慈高皇后深恩大德，未能上报，夜不宁，欲举荐扬之典，重念奉天靖难之时将士军民，征战供给，死亡者众。其时，天下将士军民，为嫌恶驱迫，战斗供给，死者尤甚众多。又念普天之下，一切幽魂及胎卵湿化，禽兽草木，种种生灵，未得超度，诸如此类，欲于普遍济拔。今特迎请法尊大乘尚师哈里麻巴，领天下僧众，以永乐五年二月二日为始，于灵谷寺修建普度大斋

二十七个昼夜，以此良因，特伸诚孝。惟愿皇考、皇妣起遥佛界，一切幽爽，咸脱沉沦，永固皇图，恩沾万有。兹特致书，以达朕意。尚师其亮之。

原先，楚布寺珍藏有一幅永乐皇帝授意制作的大型唐卡——《哈里麻为明太祖荐福图》，全景式绘出了荐福法会期间出现的种种祥瑞场景，图景亮丽，富于想象，是无比珍贵的传世之宝。

1407年，即藏历第七绕迥火猪年的三月二十日至四月八日，得银协巴在皇宫设坛城，给永乐皇帝授无量寿佛灌顶，并讲授《纳若六法》，还献上多部译经。

1407年藏历四月，永乐皇帝敕封得银协巴为"万行具足十方最胜圆觉妙智慈善普应佑国演教如来大宝法王西天大善自在佛领天下释教"，并赐给他印、诰及金、银彩币，织金珠袈裟，金、银器，鞍马等物。从此，"大宝法王"闻名于藏区。

1407年藏历五月，在永乐皇帝的诞辰日，得银协巴偕大国师噶希瓦仁钦白进宫，敬献颂辞和佛舍利及阿罗汉灵骨等以示祝贺。为此，永乐皇帝答谢曰：

朕之生日常事，动如来大宝法王西天大善自在佛慈悲大念，庆赞之至。获此吉祥，朕德凉薄，何以当之。所来舍利，阿罗汉骨，日顶礼供养。

1407年藏历六月十八日是得银协巴24岁的生日。永乐皇帝亲自为他作颂辞，并书曰：

惟如来历劫坚修，证圆觉，教续释迦之旨，道超万法之宗，誓遍读于群迷，广宣扬其妙谛，众生之趋善，拔幽爽以升。比者，来游中土，弘布潮音，利益开明，功德无量。

慈焉，日界初度，诸佛均庆，专心致书，敬赞吉祥，以表朕意。

1407 年藏历八月，即明永乐五年七月，仁孝皇后徐氏崩逝。徐氏皇后是一个虔诚的佛教徒。永乐皇帝要求得银协巴前往五台山为徐氏皇后荐福，并赐白金 1000 两及锦缎、绫罗、绢、布等共 360 匹。得银协巴接旨后，即刻奔赴五台山，于显通寺设大斋为徐氏皇后荐福。

1407 年，即明永乐五年的十一月二十四日，永乐皇帝又一次致书，请得银协巴在南京灵谷寺宣扬法教。其书曰：

向者，仁孝皇后崩逝，如来于七七之内，就五台道场，广慈悲之力，大举荐扬之典，勤渠恳款，功德无量，百日之期，途中复举法科拔济之功，超登极乐感佩之心，不忘。今如来至京，复欲亲几筵，特加赞祝，慈悲之心，愈加恳至。然以道途跋涉，劳顿良多，正宜从容宴息，不敢过劳，以动如来慈念。朕子皇太子高炽、汉王高煦、赵王高燧，欲报叩劳之恩，今特躬祈请，惟望如来益弘愿力，大阐慈仁，就灵谷寺宣扬法教，以遂其孝诚之心。兹敬致书，如来其亮之。

得银协巴接到这一诏书后，旋即率门徒在灵谷寺举行法会，讲经说法，广做佛事。

1408 年，明永乐六年的四月，即藏历第七绕迥土鼠年的五月，得银协巴在中原逗留了 1 年 3 个月之后决意返回西藏。永乐皇帝准其归藏，但要求凡日后朝廷"遣使往迎，祈望当召赴京"。得银协巴一行离开京师，起程归藏，明廷仍派侯显护送。

三、返回西藏，壮年圆寂

藏历六月，得银协巴还在返藏途中。为祝贺得银协巴 25 岁生日，永乐皇帝特派使者于途中颁赏，并致书曰：

> 惟如来智慧弘深，圆融无碍，道妙超呼，万有功德，放于幽爽。比者来游中土，大转法轮，丕扬宗风，开明利益，莫罄名言，兹者西归在途，适临示现之日，特遣使致书并香币，以伸朕意，如来其亮之。

1409 年，即藏历第七绕迥土牛年，得银协巴一行进入藏区后，一路朝礼圣迹，讲经说法，缮修庙宇，教化群生。得银协巴由于带有明廷赏给的丰厚物品，抵达楚布寺后，旋即前往拉萨的大昭寺朝圣，向释迦牟尼像献上镶满珍珠的袈裟，并给卫、藏各寺院发放布施、赠送供物，"对诸大善知识，诸大修士、学习闻思诸人，无边的修密士会众，权威著称的大小官员，甚至一般普通的人们都有所馈赠"。

得银协巴为了感谢永乐皇帝的厚遇，抵达工布驻锡地后即派弟子进京朝贡。永乐皇帝也始终关心得银协巴，对他恩宠厚赐有加，先后三次派人进藏颁赏。1413 年，即明永乐十一年的二月一日，永乐皇帝又遣使敕谕国师堪钦管伦巴，对他朝夕礼敬奉侍大宝法王得银协巴表示满意。同年二月十日，永乐皇帝为从南印度礼请佛牙至京师，以及铸造黄金佛像等事，给得银协巴致书曰：

> 大明皇帝致书万行具足十方最胜圆觉妙智慈善普应佑国演教如来大宝法王西天大善自在佛。朕尝静夜端坐宫庭，见

圆光数枚，如虚空月，如大明境，朗然洞彻，内一大圆光，现菩提宝树，种种妙花，枝柯交映，中见释迦牟尼佛像，具三十二种，八十种好，瞪视踰时，愈加显跃，心生欢喜。自惟德之凉薄，弗足以致此。惟佛法兴隆，明翊皇度，贶兹灵异，亦如来摄授功致，有是嘉征。乃命工用黄金范为所见之像，命灌顶大国师班丹藏卜等颂祝庆赞。朕曩闻僧伽罗国，古之狮子国，又曰无忧国，即南印度……其地有佛牙，累世敬祀不衰。前遣中使太监郑和奉香花诣彼国供养。其国王阿烈苦奈儿……不敬佛法，暴虐凶悖，靡恤国人，亵慢佛牙。太监郑和劝其敬崇佛教，远离外道。王怒，即欲谋害使臣……以兵五万人刊木塞道，分兵以劫海舟……攻战六日，和等执其王……当就礼请佛牙，至舟，灵异非常，宝光遥烛，如星灿空，如月炫宵，如太阳丽昼……历涉巨海，凡数十万里风涛不惊，如履平地……舟中之人皆安稳快乐。永乐九年七月九日至京。考求礼请佛牙之日，正朕所见圆光佛像之日也。遂命工庄严旃檀金刚宝座，以贮佛牙于皇城内，式修供养，利益有情，祈福民庶，作无量功德。今特遣内官侯显等致所铸黄金佛像于如来。以此无量之因，用作众生之果。吉祥如意，如来其亮之。

永乐十一年二月初十日①

1415年，即藏历第七绕迥木羊年的八月，得银协巴突然染病，并在八月十五日圆寂，时年32岁。他患病期间，近侍弟子举行长寿仪轨，祈祷大师久住世间，但得银协巴明确预言，他将转世于朵康地区的噶玛附近："一种缘起使我已向朵康噶玛附近

---

① 以上汉文史料转引自《哈立麻得银协巴与明廷关系综述》，《西藏研究》（汉文版）1992年第3期。

发下心愿，往那儿祈祷吧，我以悲心摄受。"他嘱咐贴身近侍保管好所有书籍及佛像，言及将有一个新主人来认领。这是得银协巴的最后遗嘱。

根据得银协巴的藏文传记，大师圆寂后，接连数月，多有祥兆。蓝天上，彩虹横出，降下花雨。他的法体火化后，化生出显现大悲观音、胜乐、喜金刚等形象的珍贵舍利多粒，以及其他难以计数的各色舍利。一些灵异无比的舍利，还被他的高徒专门遣人前往中原向永乐帝进献。得银协巴的隆重致祭仪式由堪钦索朗桑布主持，并在楚布寺为他修建了银质灵塔和塑像。

得银协巴一生，弟子无数，其中著名的有国师仲布果希瓦、国师噶希瓦仁钦白、国师堪钦管伦巴、降央同珠伟色等人，前三位还随得银协巴进京被永乐皇帝封授为"大国师"。降央同珠伟色在得银协巴座前听受一切教诫，修持圆满，又因通达一切佛法，被称为"降央钦布"，意即"大文殊室利"。降央同珠伟色被封授为"灌顶国师"，主持楚布寺的教务达43年。①

---

① 以上史料大多引自《得银协巴传》《贤者喜宴》等史料。

第十四章

摄政德木活佛系统

德木活佛是藏传佛教格鲁派的大呼图克图之一，祖寺德木寺在今西藏林芝市巴宜区米瑞乡德木①村，其在拉萨的官邸祖庙名为丹吉林寺。

15世纪下半叶，德行高深的一世帕巴拉——杰瓦帕巴拉在工布与上康区波窝交界处修建了一座寺院，取名为德木拉卡洛色林寺，简称德木拉卡寺或德木寺。寺院建成后，杰瓦帕巴拉由于驻锡主持扎西曲林寺的教务，便把贡觉迥乃任命为德木寺的住持。

一、历代德木活佛

贡觉迥乃是杰瓦帕巴拉的侄子，从小拜多名高僧为师，精通佛法大论，造诣高深，被视作活佛的化身，称为德木活佛。由此，一世德木活佛贡觉迥乃传承下来的活佛系统即为德木活佛系统。贡觉迥乃圆寂后，班觉扎西为其转世，成为二世德木活佛。②三世德木活佛名为拉旺确列南杰。他在世时，波窝境内一度纷争不断，经常发生械斗。先是由三世帕巴拉·通瓦团丹亲自前往波窝进行劝谕，调解纷争，恢复地方安宁。三世帕巴拉·通瓦团丹从波窝返回扎西曲林寺后，便委任三世德木·拉旺确列南杰为负责管理工布、波窝境内格鲁派众寺的总寺主。

四世德木·阿旺格列坚赞，又名拉旺丹白坚赞，1631年，即

---

① 德木、第穆、德摩，皆是藏文 དེ་མོ་ 一词在不同历史时期、不同汉文文献中的不同音译。

② 有关班觉扎西的史料记载稀少，无法作较为详细的介绍。

藏历第十一绕迥铁羊年，生于工布的扎其玉麦①。他被四世班禅罗桑确吉坚赞认定为前辈德木活佛的转世灵童，由潘德寺（ བཔ་ནད་ ）活佛释迦拉旺赐名为拉旺丹白坚赞；并在五世达赖喇嘛阿旺罗桑嘉措尊前受比丘戒，被赐名为阿旺格列坚赞。他曾求学于拉萨哲蚌寺的洛色林札仓，成为精通五部大论的高僧。1652 年，即藏历第十一绕迥水龙年，四世德木·阿旺格列坚赞作为五世达赖喇嘛阿旺罗桑嘉措的弟子和贴身随从，一同前往北京觐见清朝顺治皇帝，次年返回西藏。由于精通医药方，他一度担任五世达赖喇嘛阿旺罗桑嘉措的御医。后来，四世德木·阿旺格列坚赞赴康区中部（ བར་ཁམས་ ）②修建寺院，讲经传法，并于1648 年，即藏历第十一绕迥土鼠年，在察隅境内修建了格鲁派的大寺——桑昂曲林寺。③四世德木·阿旺格列坚赞38 岁时，在赴安多途中圆寂。

五世德木·阿旺喀绛央，于1670 年，即藏历第十一绕迥铁狗年，出生于工布的扎其嘉囊（ བག་ཆེ་རྒྱལ་ནང་ ）④。他由五世达赖喇嘛阿旺罗桑嘉措剃度并赐法名，并在五世班禅洛桑益希尊前受沙弥戒、比丘戒。他曾入哲蚌寺洛色林札仓学习佛教经典，参加过拉萨的正月传召法会经典辩论。⑤五世德木·阿旺南喀绛央后赴北京参加清朝的各种宗教大典，并圆寂在北京，享年 53 岁。⑥

六世德木·阿旺绛白德列嘉措，于1723 年，即藏历第十二绕迥水兔年，出生在工布布久一个叫作仲麦（ གྲོང་སྨད་ ）⑦的村庄。

---

① 扎其玉麦（ བག་ཆེ་ཡུལ་སྨད་ ）今隶属于西藏林芝市巴宜区。此处的扎其是地域较大的地名，而玉麦是一个位于扎其境内的村庄。今天，扎其玉麦成为两个村庄：巴吉和宇麦。
② 传统地理上，康区中部指的是今西藏昌都市辖区大部分地区。
③ 参见索朗旺秋：《桑昂曲林寺历史简介》，云南民族出版社 2010 年版，第 8—9 页；又参见《西藏史籍五部》，西藏藏文古籍出版社 1990 年版，第 326 页。
④ 扎其嘉囊，在今西藏林芝市巴宜区巴吉村一带。
⑤ 参见索朗旺秋：《桑昂曲林寺历史简介》，云南民族出版社 2010 年版，第 8—9 页。
⑥ 参见《西藏历史文化辞典》，西藏人民出版社、浙江人民出版社 1998 年版，第 65 页。
⑦ 仲麦，在今西藏林芝市巴宜区布久乡境内。

他被认定为上辈德木活佛的转世灵童后，迎请到德木寺供养；长大成人后赴拉萨，在七世达赖喇嘛格桑嘉措尊前受沙弥戒，并入哲蚌寺拜众多经师苦读佛教典籍，尤其是在七世达赖喇嘛格桑嘉措尊前学习了显、密宗多部经典，遂成为博学多才的高僧和七世达赖喇嘛格桑嘉措十分看重的高徒。1757年，即藏历第十三绕迥火牛年，七世达赖喇嘛格桑嘉措圆寂。清朝驻藏大臣与西藏地方政府联合上书清廷，奏报七世达赖喇嘛格桑嘉措已圆寂，正着手寻访其转世灵童。乾隆皇帝鉴于西藏政教事务不可一日无主持者，下旨任命德高望重、深受七世达赖喇嘛格桑嘉措宠爱的六世德木·阿旺绛白德勒嘉措为摄政，在新的达赖喇嘛满18岁亲政前，代理掌管西藏地区政教事物。乾隆皇帝赐给六世德木·阿旺绛白德列嘉措"管理黄教巴勒布诺门汗"的名号，并拥有皇帝授予的金字银印。1777年，即藏历第十三绕迥火鸡年，六世德木·阿旺绛白德列嘉措圆寂，享年55岁。七世德木·阿旺绛白德列嘉措一生中有许多重大业绩，他负责桑耶寺的维修工程，组织寻访了七世达赖喇嘛格桑嘉措的转世灵童，主持过八世达赖喇嘛绛白嘉措的坐床典礼等。

七世德木·阿旺洛桑土丹晋美嘉措，于1778年，即藏历第十三绕迥土狗年，出生在昌都，31岁时，出任九世达赖喇嘛隆多嘉措的经师。七世德木·阿旺洛桑土丹晋美嘉措34岁时，摄政达察济咙（ར་ཚག་རྗེ་དྲུང་）呼图克图圆寂。嘉庆皇帝下旨任命七世德木·阿旺洛桑土丹晋美嘉措为摄政，并赐给"额尔德尼诺门汗"的名号。1815年，即藏历第十四绕迥木猪年，九世达赖喇嘛隆多嘉措突然圆寂，年仅11岁。七世德木·阿旺洛桑土丹晋美嘉措继续奉命掌办西藏政教事务，前后达9年之久。1819年，即藏历第十四绕迥土兔年，七世德木·阿旺洛桑土丹晋美嘉措圆寂，享年42岁。七世德木·阿旺洛桑土丹晋美嘉措圆寂后长达36年，未有官方认定的德木活佛转世。

八世德木·阿旺洛桑赤列绕杰，于 1855 年，即藏历第十四绕迴木兔年，出生在桑耶。他 3 岁时经金瓶掣签，被确定为八世德木活佛。八世德木·阿旺洛桑赤列绕杰 45 岁时，卷入所谓"符咒谋害"十三世达赖喇嘛土登嘉措的政治事件，被西藏地方政府革去呼图克图的封号，并被没收了庄园和财产，当年在囚禁中去世。

九世德木·丹增嘉措，于 1901 年，即藏历第十五绕迴铁牛年，出生在江达宗的鲁定村（ཀླུ་ སྟེང་ ས ）①。1910 年，即藏历第十五绕迴铁狗年，十三世达赖喇嘛土登嘉措确认了其九世德木活佛的身份，但失去了呼图克图一级的大活佛等级。九世德木·丹增嘉措一生几经坎坷，在 20 世纪 40 年代破戒还俗，娶妻生子。1973 年，73 岁时，他在拉萨去世。

二、"符咒谋害"事件②

1886 年，即藏历第十五绕迴火狗年，西藏地方政府摄政、十世达察济咙·阿旺班丹曲吉坚赞圆寂。光绪帝降下圣旨，命八世德木·阿旺洛桑赤列绕杰为摄政，掌办西藏地区政教事务，并出任 11 岁的十三世达赖喇嘛土登嘉措的正经师。两年后，八世德木·阿旺洛桑赤列绕杰主持了八世班禅丹白旺秋的转世灵童的金瓶掣签。后来，因办理印度与西藏地区之间通商有功，清政府赐给八世德木·阿旺洛桑赤列绕杰"靖善禅师"的名号。1895 年，即藏历第十五绕迴木羊年，在十三世达赖喇嘛土登嘉措年届 20 岁亲政后，八世德木·阿旺洛桑赤列绕杰辞去了摄政职务。

1899 年，即藏历第十五绕迴土猪年，西藏政坛上发生了一

① 鲁定村，即今西藏林芝市工布江达县阿沛村。

② "符咒谋害"事件是 རན་ གཏད་ བསྒྲུབ་ པའི་ དོན་ ཆེན། 的意译。

件大事，即八世德木活佛怂恿左右亲信用符咒谋害十三世达赖喇嘛土登嘉措的事件。起因是，闲居拉萨丹吉林寺的卸任摄政、八世德木活佛的手下司膳群觉，以八世德木活佛的名义给十三世达赖喇嘛土登嘉措献上了一双新彩靴①。当时，恰逢十三世达赖喇嘛土登嘉措常感身体不适、心神恍惚。按惯例，要请乃琼护法师降神，指明病因。乃琼护法师的"神谕"指出，八世德木活佛手下所献新靴子有可疑之处。结果，拆开验看，在靴底缝隙间发现藏有诅咒十三世达赖喇嘛土登嘉措的符咒。同时，在拉萨、桑耶等地也发现了写着十三世达赖喇嘛土登嘉措生辰八字的诅咒经筒。西藏地方政府认为事关重大，危及十三世达赖喇嘛土登嘉措的生命安全，于是，即刻逮捕了八世德木活佛的侄子罗布次仁，以及与八世德木活佛关系密切的白曲堪布（དབལ་ཆོས་མཁན་པོ་）、白日活佛（དབལ་རི་སྤྲུལ་སྐུ་）、聂绒活佛（གནག་རོང་སྤྲུལ་སྐུ་）等人。经过审讯，罗布次仁招认，企图通过诅咒来谋害十三世达赖喇嘛土登嘉措，进而达到八世德木活佛重新出任摄政、掌握最高政教权力的目的。②此后，白日活佛在拘押期间去世，聂绒活佛在监禁中自杀，罗布次仁亦受折磨致死。对八世德木活佛，西藏地方政府决定将他终生软禁在其拉萨的官邸丹吉林寺（对外称，令其终生"闭门修行"），革除呼图克图的封号，不准再转世，并没收了八世德木活佛拉章所拥有的众多庄园。③1899年，八世德木活佛在囚禁中去世，年仅45岁。八世德木活佛去世后，拉萨流传他是蒙冤的，根本不存在靴底密藏"符咒"来谋害十三世达赖喇嘛土

① 彩靴又称翘尖彩靴（འབན་ཅེན་སྐ་གར），是旧西藏上层僧官所着的一种花靴。

② 有一种观点认为，罗布次仁等人是被屈打成招，才承认有谋害十三世达赖喇嘛土登嘉措的企图。见西藏自治区政协文史资料委员会编：《西藏文史资料选辑》（第8辑），1986年出版，第232页。

③ 由于德木活佛中有3人出任西藏地方政府摄政，属下拥有的谿卡（庄园）多达50多处。见西藏自治区政协文史资料委员会编：《西藏文史资料选辑》（第8辑），1986年出版，第236页。

登嘉措的事情，认为问题的实质是西藏地方政府统治阶级内部争权夺利的矛盾激化，最终导致了"符咒谋害"事件。也有人认为，八世德木活佛出任摄政期间，其手下飞扬跋扈，恣意妄行，对西藏地方政府中位居高官的一些贵族大为不敬，招致仇恨，导致了八世德木活佛惨遭迫害事件。而后，德木活佛系统在西藏地方政教舞台上曲折多难，基本上一蹶不振。1910年，即清宣统二年，哲蚌寺洛色林札仓、色拉寺麦札仓、德木寺等僧众，通过西藏地方政府和驻藏大臣上书清廷，要求查明事件真相，允许寻访八世德木活佛的转世灵童，恢复德木活佛的职权。清廷认为八世德木活佛确系被诬陷，就下达了"复其职权，归还其一切财产"[①] 的诏令。

八世德木活佛圆寂后，德木寺及拉萨丹吉林寺的僧人开始秘密寻访他的转世灵童，终于寻访到并认定，出生在江达宗鲁定村的一个5岁男童为八世德木活佛的转世灵童，取名为丹增嘉措。该男童出身高贵，父亲同珠旺杰是著名贵族阿沛家族的后裔，母亲伦珠曲宗出身于十三世达赖喇嘛土登嘉措的家族。同珠旺杰的父亲叫达瓦次仁，原是贵族阿沛家的儿子。由于其兄继承祖业，作为幼子的达瓦次仁从阿沛家分户出来，定居在阿沛庄园东面的鲁定村，其家庭被当地百姓称作鲁定阿沛。丹增嘉措被确认活佛身份后，秘密供养在色拉寺。[②]1910年，即清宣统二年，清廷下旨恢复德木活佛系统的职权。同年，十三世达赖喇嘛土登嘉措从中原、蒙古返回拉萨，确认了九世德木的活佛身份，但没有恢复其呼图克图等级的大活佛资格，仅位列"措钦"活佛等级。[③] 尽管如此，是年，仍在丹吉林寺正式举行了丹增嘉措的坐床典礼。

---

① 西藏自治区政协文史资料委员会编：《西藏文史资料选辑》（第8辑），1986年出版，第232页。

② 参见《慧眼照雪域》，中国藏学出版社2005年版，第15—21页。

③ "措钦"活佛（ཚོགས་ཆེན་སྤྲུལ་སྐུ），是低于呼图克图等级的活佛系列。

1912年，即藏历第十五绕迥水鼠年，拉萨爆发驻藏前清川军与藏军之间的战斗，史称"水鼠年战斗"。战斗中，德木活佛在拉萨官邸祖庙丹吉林寺的僧人协助川军作战。战争结束后，川军返回内地，而德木活佛属下的丹吉林寺和僧人被西藏地方政府以协助川军为名再次加以迫害。丹吉林寺的主体建筑被毁，遍布堆龙、墨竹、工布等地的德木活佛名下的庄园、财产再次被没收。

如此，九世德木·丹增嘉措失去了财产来源，平时生计成了一个大问题。他作为一个"政治犯"，西藏地方政府也不可能直接解决九世德木活佛的生计问题，但鉴于德木活佛曾是西藏大呼图克图等级的活佛，三代出任过摄政，应间接给予适当的生计出路。于是，西藏地方政府拨给某个贵族几百个章多①作为资本运营，委托该贵族把一部分收入用于丹增嘉措的生计。丹增嘉措在寺院学经期间要考取学位，所需要的开支由工布的羌纳寺和工布富户德吉康萨资助。1939年，即藏历第十六绕迥土兔年，热振活佛担任西藏地方政府摄政期间，把堆龙的巴热（ སྟོད་ལུང་བྲ་ གཞིས་ ）、洛（ ལོ་གཞིས་ ）、德木恰嘎（ དེ་མོ་ཆབ་དཀར་ ）等地的3处庄园归还给九世德木·丹增嘉措，并允许重建被毁坏的丹吉林寺。②后来，丹增嘉措破戒还俗，娶妻生子。1973年，九世德木·丹增嘉措在拉萨去世，享年72岁。

---

① 章多（ ཏམ་རྟོ་ ），是旧西藏的藏币计算单位，1个章多等于藏银50两。
② 西藏自治区政协文史资料委员会编：《西藏文史资料选辑》（第8辑），1986年出版，第254页。

第十五章

江达——川藏通道上的要津

江达自清代以来，就是川藏官道上的重要交通要道。1720年，即清康熙五十九年，定西将军噶尔弼率清军从四川入藏驱逐蒙古准噶尔部以后，联系西藏和四川的交通大道，即从成都起程，出打箭炉，过金沙江，经芒康、察雅、昌都、洛隆、边坝、嘉黎、江达、墨竹工卡、德庆入拉萨，成为政府官员、军队、驿使来往通行的重要通道。江达由于占据十分重要的地理位置，自然成了川藏通道上的交通重镇、军事要津。

一、交通重镇

　　根据清人松筠[①]所著《西藏志·卫藏通志》和清代黄沛翘[②]所著《西藏图考》的记载，川藏通道自康熙年间正式开辟以后，从成都至拉萨的程站分为两部分：一是成都、打箭炉、理塘、巴塘一线为今四川境内程站；二是从巴塘过金沙江，经察雅（乍丫），出芒康（江卡），沿昌都（察木多）、洛隆、硕般多（今西藏昌都市洛隆县硕多镇）、边坝、嘉黎（拉里）、江达、墨竹工卡、德庆（得庆）抵拉萨一线，称为西藏境内程站。两线共计程近2500公里，有安台84处、安讯13处。[③]清朝按照每隔短则30公里、长则90公里，在川藏通道必经沿途设立驿站，建粮台

---

① 松筠（1754—1835），字湘蒲，蒙古正蓝旗人；清乾隆五十九年（1794年）任驻藏办事大臣，著有《卫藏通志》《西藏巡边记》《西招略图》等；嘉庆年间，曾官至户部尚书、陕甘总督。

② 黄沛翘，清光绪年间湖南长沙人，生卒年不详；早年从戎，长期在四川为官。所著《西藏图考》为研究清代藏事的重要著作。

③ 参见（清）松筠：《西藏志·卫藏通志》，西藏人民出版社1982年版，第45页。

塘铺。江达因其独特的地理位置，被视作凭山依谷、地势险要、进入拉萨必经的重要关口。康熙朝晚时，就开始在江达设粮台塘铺，委派外委1员、兵120名驻防。乾隆时期，派驻千总1名，驻兵40名。道光年间，有外委1名、兵46名。

清代的江达作为交通要道，其宗管辖境内设有常多（ འབྲིང་མདོ་ ）、宁多（ སྤྲང་དུ་སྒོངས་ཤོངས་ ）、江达、鹿马岭（ རུ་མ་རི་ ）4个驿站。从江达向北顺娘曲河（ ཉང་ཆུ་ ）而上，在过拉松多打尖，夜宿宁多，再从宁多出发，夜宿常多，宁多、常多两处皆有塘铺。而后，翻越楚拉（ ཁྲོ་ལ་ ）山口，直抵嘉黎，再折向东北，经边坝、硕般多、洛隆，抵达昌都。

从江达西行前往拉萨，逆拔曲河（ ཟག་ཆུ་ ）而上，山路平坦，没有险阻。经鹿马岭站，翻越拔拉（米拉）山，抵墨竹工卡境内，而后经拉木（拉莫）、德庆，到达拉萨。江达宗的地方事务仍属西藏地方政府管辖，委派两名宗本管理，并由江达宗宗本负责提供江达宗境内各驿站的乌拉差役。

根据《西藏志·卫藏通志》记载，清乾隆年间，江达宗境内各驿站的情况如下："山湾至常多（打）尖，宁多宿，计程一百二十里……至常多，天时常如冬，山皆不毛，有塘铺，居人以树皮为屋，仅数间，炊烟冷落，属江达，有第巴供给乌拉。六十里，路稍平坦，至宁多，有塘铺。宁多至过拉松多（打）尖，江达宿，计程八十里。宁多路平，顺涛而下，四十里过拉松多，即王巴琼，过桥，水潺湲激石有声，桥以东属江达。四十里至江达，地不甚寒，有驻防塘铺，有柴草。江达至顺达（ གཤིས་མདའ་ ）（打）尖，鹿马岭宿，计程一百六十里。江达在拉哩之西南，形势险要，凭山依谷，有工布第巴供给差役。（从宁多）沿河而下，六十里至江达，有塘铺。沿沟而进，河道分流，林木阴翳，一百里至鹿马岭，有塘铺。山高无险阻，约四十里，视前历之冰雪峻嶒者，居然平易矣。"①

此处的山湾指今西藏那曲市嘉黎县境的最后一站，从山湾翻过楚拉山口，便是今西藏林芝市工布江达县娘蒲乡境内的第一站——常多。常多站位于今娘蒲乡以北约 30 公里处，地处高山不毛之地，气候恶劣，人烟稀少，柴草供应困难，是江达宗境内条件最差的驿站。宁多是今娘蒲乡凝多村，地处娘蒲乡所在地拉如（ཟྭ་རུ་）以北约 3 公里处。过拉松多（གཟས་མོ་）是打尖处，位于拉如与江达之间。顺达在今西藏林芝市工布江达县加兴乡境内，鹿马岭即今加兴乡罗马林村（རུ་མ་རི་）。从鹿马岭顺着山坡而上约 20 公里，翻越拔拉山，经堆达来到今墨竹工卡境内的乌苏江（ཨོད་ཟེར་ཆུང་，又写作乌斯江），而后经仁进里（རིན་ཆེན་གླིང་，今仁钦林）、墨竹工卡、拉木、德庆，抵拉萨。清光绪年间黄沛翘的著作《西藏图考》所载江达宗境内程站，基本与《西藏志·卫藏通志》相同。

1912 年，是中华民国成立之年，驻藏的前清川军大多数经海路返回内地。是年，西藏地方政府在洛隆宗设立"朵麦基巧"（མདོ་སྨད་སྤྱི་ཁྱབ་），管理昌都及西藏东部地区。1917 年，即藏历第十六绕迥火蛇年，"朵麦基巧"移驻昌都办公（即后来所称昌都总管）。为了保障拉萨通往昌都的交通线，西藏地方政府在继承和沿袭清朝所设程站建置的基础上，设立了拉萨至昌都沿途的程站，由程站所在各宗承担程站的乌拉差役。在江达宗境内设立的程站，基本上沿袭了清朝时期的体制，有鹿马岭、经大（སྐྱ་མདའ་）、江达、拉如、常多 5 站。其中，清代的宁多一站下移到拉如，顺达一站（清代江达和鹿马岭之间的打尖处）移至金达。1934 年，国民政府参谋本部次长黄慕松进藏时，对民国时期川藏大道的交通情况、所经过的各程站作了详细记录。当时江达宗境内的

① （清）松筠:《西藏志·卫藏通志》，西藏人民出版社 1982 年版，第 239 页。

程站，根据黄慕松的记载，有炸麦（ ཟན་སྐྱུར་ ）、浪久、江达、经大、龙马里。1940年，国民政府蒙藏委员会委员长吴忠信经海路进藏，但其先遣专员孔庆宗等人沿着川藏通道入藏。根据孔庆宗的考察，江达宗境内有常多、拉日、江达、进达、龙马里等5站。上述各程站中，炸麦应是常多之误，浪久似乎指拉如附近某地，拉日则是拉如的不同音译，龙马里即鹿马岭，经大为今天的金达。江达乃是江达宗属下5站中的中心程站。

江达驿站的主要职责，根据1843年，即清道光二十三年出任驻藏帮办大臣钟方的描述，在清代驻防江达的外委的主要职责是管理驿站钱粮，而各塘铺之间则由分驻的兵士负责紧急文书和公文的传递。[①] 所谓分驻兵士，是指分驻在江达境内的各塘铺，如常多、宁多、顺达、鹿马岭等的清兵。途经江达出入拉萨的官员包括清代驻藏大臣、民国时期的政府要员、西藏地方政府高级官员，皆由江达宗负责所有接送事项，并提供所需物资、人力、畜役等乌拉差役。出藏或前往藏东的官员由江达宗负责送至嘉黎境，入藏或前往拉萨的官员由江达宗负责送至墨竹工卡宗境内的乌斯江一站。

二、军事要冲

江达地处川藏通道上的关口，历来是军事要冲。其地西临拉萨河谷，北与嘉黎接壤，东与工布腹心地区为邻，军事地位突出。占据江达，向西可直接进兵拉萨，向北可拒嘉黎方向之敌。工布人向来以英勇善战而闻名遐迩。1717年，即清康熙五十六年，蒙古准噶尔部军队从新疆出兵，经阿里、藏北，进兵拉萨，占据西藏达3年之久。其间，准噶尔军出兵江达境内，欲进军工

---

① 参见钟方：《驻藏须知》，第56页。

布。江达及工布民军在江达一带充分利用有利地形，重创准噶尔军，使其未能达到占据工布的目的。1719 年，即清康熙五十八年，康熙皇帝派大军入藏清剿准噶尔军时，由定西将军噶尔弼率领的清军抵达嘉黎，准备攻击直贡、墨竹工卡一线的准噶尔军，但久攻不下。此时，江达头号贵族阿尔布巴·多吉杰布率 2000 余名工布民军协助清军作战。阿尔布巴·多吉杰布所率工布民军投入战斗后，一方面做清军的向导，另一方面投入战斗，并打头阵，为清军扫平拉萨河上游的准噶尔军、顺利进入拉萨作出了重大贡献。阿尔布巴·多吉杰布因其战功，被清朝授予贝子之衔，不久又升任西藏地方政府噶伦。鉴于江达的重要地理位置，清朝于次年在江达设立塘汛，派守备 1 员、兵 120 名驻防。[①]

1727 年，即清雍正五年，西藏爆发前藏贵族与后藏贵族为争权夺利而发动的卫藏战争（即前、后藏战争）。为了平息西藏战乱，清廷派周瑛率领清军沿川藏大道入藏，途经江达，抵达拉萨。

1906 年，即光绪三十二年的十月，联豫任驻藏大臣。当时，内地反抗清朝统治的形势高涨，清军中的反清思潮蔓延到西藏。联豫作为一个满人，感到驻藏官兵的军心不稳，情势危急，势必影响全局。于是，他主张驻藏兵员全部裁撤，并奏请清廷从四川派川军（即新军）入藏。

清廷按照联豫所奏，决定派皇族贵胄钟颖率领的新军从四川入藏。1909 年，即清宣统元年的八月，协统钟颖统率新军 1000 余名由打箭炉出关入藏。当时，驻藏大臣联豫鉴于川藏路途遥远，又有藏军在沿途的洛隆、硕般多、边坝、江达等地集结，试图抗拒川军，形势骤然紧张，而入藏的新军新近组成，成分复杂，既不熟悉藏情，又缺乏作战经验，又上书奏请清政府，增派赵尔丰所属边军作为新军的援军，以期策应。

---

① 参见王云五主编：《西藏考》，商务印书馆 1936 年版，第 16 页。

清廷采纳了联豫的奏请。同年十月，赵尔丰率边军亲临昌都督军，作为进藏新军的后援和策应力量。十二月，新军第一营由管带陈庆率领，自比如（毕鲁）折至嘉黎（拉里）。当时，西藏地方政府派代本（戴奔）江堆夺吉率藏军前往江达，并集结了由雪卡（硕卡）第巴鲁珠所领约千名工布民兵，把守险要地形和重要路口，意欲在江达阻击清军。十二月，陈庆所率一营新军抵江达，旋即与藏军和当地工布民兵开火接战。新军武器精良，战术先进。藏军战败，退守拔拉山以西、今墨竹工卡县如多一线。此时，统领钟颖也已率新军主力由嘉黎翻山向江达进发。钟颖到达江达后，命令所属第二营管带张葆初迅速前进，与陈庆协力搜剿溃退的藏军；又增派都司张鸿升带马队和机关枪，急驰前去作援应；留第三营管带陈渠珍驻守江达，兼顾嘉黎。继而，张鸿升所率马队和陈庆所率一营官兵攻打据守如多寺的藏军。藏军战败，退守墨竹工卡。川军管带张鸿升乘胜追击，于1910年，即清宣统二年的正月初三直抵拉萨。陈庆、张葆初率军，分别于正月初五、初六相继到了拉萨。钟颖也于正月初八到达拉萨。[1]

1912年，即民国元年，川边经略使尹昌衡提出西康建省规划。鉴于江达的重要交通和军事位置，规划中，江达改名为太昭[2]，拟设太昭府。不久，又计划改府为县，欲设太昭县。但太昭县仅具虚名，未成事实。此后，汉文文献中对江达这一地名，时用江达，时用太昭；而藏文文献中一直用江达一名。

---

① 参见《联豫驻藏奏稿》，第99—100页。
② 太昭两字，取自尹昌衡的号。

第十六章

解注清代、民国人物笔下的江达

1720 年，即清康熙五十九年，清军入藏平定蒙古准噶尔部对西藏的侵扰时，正式开辟了从打箭炉，经巴塘、芒康、察雅、昌都、洛隆、边坝、嘉黎、江达、墨竹工卡、拉木、德庆至拉萨的程站。其中，江达为川藏大道上的重要程站之一。

自江达设置程站以后，有关江达宗的汉文记载零星见于清朝、民国人物的奏稿、志书、游记等中。这类文字印成书籍的较为罕见，也难以寻觅。根据已搜集到的相关资料，把清代、民国两个时期汉文文献中，对江达及江达宗境内的楚拉山、鹿马岭、常多、宁多、顺达等地的描述摘录于后，并附上适当注解。

一、江达的自然风貌与塘汛设置

《西藏志·卫藏通志》第45页：

> 江达设守备一人，兵一百二十名。后驻千总一员，兵四十名。

解注：此段出自《西藏志》一书台站段。《西藏志》相传为康熙帝第十七子、果亲王胤礼所撰，但书中记载有清乾隆六年（1741 年），六世班禅罗桑巴丹益西坐床之事，而果亲王胤礼卒于清乾隆三年（1738 年）。因此，学界认为《西藏志》非果亲王胤礼所撰，乃为无名氏所著。这段记载，表明了清乾隆年间在江达所设塘汛的情况。1719 年，即清康熙五十八年，清军经江达前往拉萨，驱逐蒙古准噶尔部后，最初在江达设塘汛时，派驻有守备 1 名、兵 120 名。至清乾隆年间，改驻千总 1 员、兵 40 名。

《西藏志·卫藏通志》第 213 页：

> 旧志称工布江达。工布者，东南别一部落也。江达乃
> 正站。

解注：此段出自松筠所著《西藏志·卫藏通志》卷三山川篇。松筠曾任驻藏办事大臣，在藏履职 5 年。"旧志称工布江达"一语说明，清人初识江达当在康熙年间。彼时，江达已有"工布江达"之称。"工布者，东南别一部落也"一句中的东南方，当指今西藏林芝市巴宜、米林一带。此处谓工布为部落，看出清人不明地名与部落的区别。

《西藏志·卫藏通志》第 516—517 页：

> 工布江达，拉哩西南距前藏七百四十里，原系西藏部落
> 工布、达（塔）布二口路。先年准噶尔侵占西藏，工布人民
> 坚壁防守，敌人不能入其境。康熙五十八年，天兵进取西
> 藏，总统抚绥工布一带，番民始通。首长率领部属，迎师就
> 抚，向导进藏。雍正四年，会勘疆界，将江达地方仍隶西
> 藏，委第巴二名，管辖其地。去成都五千七百三十五里，东
> 至拉哩四百五十里，凭山依谷，乃守险要区也。

解注：此段出自《西藏志·卫藏通志》。拉哩即今天的嘉黎，前藏此处特指拉萨。清代中期文献中如曰"前藏""后藏"，多分别指拉萨和日喀则，而非今日的区域地理范围。1717 年，即清康熙五十六年，游牧于新疆伊犁河流域的蒙古准噶尔部突袭西藏，占据西藏达 3 年之久。其间，他们出兵工布，遭到了江达人民的顽强抵抗，准噶尔兵未能立足于工布。1719 年，即清康熙五十八年，南路清军从打箭炉出关，经今芒康、昌都、洛隆、嘉黎、江

达，进攻直贡、墨竹工卡一带的准噶尔军。当时，江达的头人阿尔布巴·多吉杰布率工布民军做清军的向导，并打头阵，为清军顺利抵达拉萨作出了贡献。此处所谓酋长便指阿尔布巴·多吉杰布。

清军于进藏过程中，在江达正式设立塘汛，并留驻军防守。1726 年，即清雍正四年，清政府对临近川边的藏区进行疆界划定，江达仍是西藏地方政府直辖的宗级机构，委派有两名宗本管理。清代文献中的"第巴"或"碟巴"一词，时指宗本，时指地方头人，应根据上下文释义，此处指两名宗本。"东至拉哩四百五十里"，应是"北至拉哩"。拉哩，位于江达正北。

《西藏图考·西招图略》第 99 页：

> 江达在拉里西南，其三星桥、甲桑桥二水会合之地，乃东西要津，而所辖之章谷、并鄂说与叠工接壤，又北通西海之要隘也。先年准噶尔侵占西藏，工布人民坚闭防御，敌人不能入其境。康熙五十八年，大兵进取西藏，总统遣员抚绥，工布一带酋长率领部属迎师就抚，向导进藏。雍正四年，遵旨将江达地方仍隶西藏，设有外委一员，并达赖所委碟巴二名铃束地方。其疆域，东自拉里、常多塘界，西至磊达界三百十里。
>
> 江达凭山依谷，形势险要，有工布碟巴供给差役。

解注：江达地处两水汇合处，北有娘蒲之水——娘曲河（今尼洋河的源头），南有流自鹿马岭拔曲的水流经江达。三星桥、甲桑桥分别建在两水之上。"东西要津"一词说明，江达是连接西藏东西部的咽喉之地。鄂说，即为卧龙。叠工是塔工的另译，即塔布、工布两地的合称。西海指青海一带，因西汉末年在今青海湖附近置西海郡而得名。工布人及其酋长抵抗准噶尔军的记载，源自上文提到的《西藏志·卫藏通志》。碟巴同第巴，此处指西藏地方政府委任的两名江达宗宗本。拉里为今天的嘉黎。常多为江达宗境内前往拉里方向的最后一个程站，在今西藏林芝市工布江达县娘蒲乡境内。磊达又名堆达，从江达往拉萨走，在今拉萨市墨竹工卡县如多乡境内。

《西藏图考·西招图略》第 143 页：

> 江达桑巴（在碟巴宅前）大河桥（在工布江达碟巴宅后十里），系进藏大道……
>
> 外委汛、碟巴住宅一所（俱在江达）。
>
> 〔出产〕毛毡、青金石、大面氆氇、大面偏单、大面羊绒、竹片弓、竹箭杆（俱在工布）、菜子。

解注："江达桑巴"，即江达桥。在江达有娘曲、拔曲两河汇合，每条河上建有一桥，名为三星桥和甲桑桥。南面跨拔曲河的桥，名为三星桥；北面跨娘曲河的桥，名为甲桑桥。毛毡、青金石、氆氇、羊绒、竹子皆为工布的产品。

《炉藏道里最新考》第 18 页：

> 拉里水土极为恶劣。此处（指江达）水土则极为温和，颇似巴塘光景。夷民傍河而居，两岸建屋约有三二百家，不似拉里之枯寂也。在拉里染病者往往赁居于此，以便调养……
>
> 由江达前进。沿河堤行，路渐狭窄。右为峭壁，左有巨石，高丈余，森立路侧，中凿为道，俗亦谓之鹦哥嘴。

解注：《炉藏道里最新考》的作者张其勤，是河南祥符人。1906 年，即清光绪三十二年，他随驻藏大臣联豫奉调入藏，在

藏 3 年，有多部著作。《炉藏道里最新考》一书完稿于清光绪
三十三年（1907 年），是张其勤随联豫自 1906 年农历四月五日
从打箭炉起程，于七月二十六日抵拉萨，行程数千里，亲身经历
的记载。1909 年，即清宣统元年的正月二十五日，全文发表于
《地方杂志》第 5 本第 1 期上。张其勤从自然环境相对恶劣的嘉
黎（拉里）过来，进入山清水秀的江达，故有"拉里水土极为恶
劣。此处水土则极为温和"的感慨。民屋有"三二百家"一说，
恐怕不是指江达一地，包括了江达宗附近村落的户数。如果单指
江达一地，与民国时期资料记载的有 40 余户，相距甚远。"在拉
里染病者往往赁居于此，以便调养"一句，说明进藏或留驻拉里
的清军官兵假如在嘉黎染病，可移住江达调养。今江达村以西约
三四百米处有一段狭窄的山间小道，右为峭壁，左有一块独立巨
石，"中凿为道"，此道应该是"鹦哥嘴"，今已开辟为旅游观光
景点。

《炉藏道里最新考》第 18 页：

> （江达）依谷凭山，形势险要。气候温暖，物产饶裕。
> 民国设太昭府于此。寻改县，藏东要地。前沿清规画川边，
> 以此为极西之境。

解注：1912 年，即民国元年，川边经略使尹昌衡提出西康建
省规划。其规划中，以尹昌衡的号改江达为太昭，拟设太昭府和
硕督、嘉黎一府两县。不久，又改府为县，称太昭县。但一府
两县或三县仅具虚名，未成事实。"前沿清规画川边，以此为极
西之境"一句，指民国时期的西康建设框架沿袭了清朝末期的计
划。按此计划，江达乃为西康省最西边的一县。

《西康之实况》第 43 页：

太昭县，县居本境之极西部，旧名江达，民（国）元（年），尹昌衡以己之字（应为号——引者注）名之，泥洋河（即尼洋河）导源于境内冈底斯山脉，斜亘于县北为康藏之门户。居民以汉族为最少，汉族居此者多营小商业。

雅鲁藏布江，由西藏东南段，斜贯本县南部，而入英之印度，沿江河通舟楫，河流所经，颇宜灌溉。

解注：此段出自《西康之实况》第二部分《西康之地势》篇。此书为翁之藏于20世纪20年代所著，1930年出版。其材料主要依据清末和民国初期文献。"太昭"一名于1912年始有，藏文文献中仍用江达一名，汉文文献中则时用江达、时用太昭。泥洋河，藏文称之为娘曲（ཉང་ཆུ），发源于江达以北的娘布沟，今流经西藏林芝市工布江达县娘蒲乡至江达一段在汉文中称为"娘曲"，自江达以下称为尼洋河。"汉族"居民，指原驻防江达的清军及其后裔。同书记载，当时有17户汉族后裔。"泥洋河导源于境内冈底斯山脉，斜亘于县北为康藏之门户"这一句，准确指明了尼洋河上游源自江达以北的娘布沟，即今之娘蒲乡境内。今人却把源自米拉山的拔曲河视作尼洋河的上游，而把娘蒲沟之河另称为娘曲，造成娘曲和尼洋河在藏文中似乎有两种不同名称的误解。

《西康之实况》第138页：

太昭县城有居民四十户，汉人十七户。

解注：《西康之实况》写成于20世纪20年代，此处的太昭汉族后裔户数应是依据当时的资料。根据可靠资料，20世纪30年代，在江达的汉族及其后裔户数，有近20户。

《使藏记程》第218—219页：

初抵江达之郊外，有粮官泼康则准来迎，并汉人二十余跪接。该处有尼洋河支流贯流其间，河东空旷情景略同康定。

过桥至河西则街道湫隘，官舍亦不宏大，有小喇嘛寺二，民居八十余户，汉人占四之一云。江达宗本茹妥暨泼康则准、土让登央等来谒……汉人马文才来谒……据称附近有汉人四十二户，泰半居江达，而江达之景象实大逊于前。伊现充邮局责，每月得汉银四两五钱，伙食在内。挂号信须二藏加，平信半藏加，由江达至拉萨五日可到……（江达）此前为前清粮台要道，原有居民四百余户，四川菜馆数家，现居民不满百家，能无今昔之感。

解注：1934年，国民政府派专使、时任参谋本部次长的黄慕松入藏，为圆寂的十三世达赖喇嘛土登嘉措致祭。黄慕松一行于5月7日离开成都，经川藏大道，在8月28日到达拉萨。《使藏记程》是黄慕松在进藏途中的亲历见闻，按程站所记。因途中黄慕松在江达停留了3天（8月13日至16日），他对江达的地理、政治、宗教、民风等都有所记载。"泼康"，更多时写成"颇康"，即汉文中的粮府之意，源自清代"粮务"一词；"则准"，即西藏地方僧官的特称；"粮官泼康则准"，意即担任粮官的一名僧官。"汉人二十余"，应理解成汉人及其后裔20余人。"官舍"，即江达宗宗本的官舍，一作两层小楼。黄慕松停留江达时，被告知江达居民有80余户，其中汉人及其后裔近20户。这一数字与同时期的其他记载颇相近。"茹妥"一词系西藏贵族家族名，时任江达宗宗本。马文才是前清汉人，当时约70岁，精通藏、汉两种语言，在江达邮局任书记。马文才在当地娶妻落户，当时有两儿一女。两儿出家为僧，女儿年纪尚小。

二、江达宗境内的驿站

《西藏归程记》第2页：

> 五日，由鹿马岭至顺达（打）尖，江达宿。

解注："五日，由鹿马岭至顺达尖，江达宿。"这是从拉萨出发经江达返回四川时，一段江达宗辖下的程站。鹿马岭，又名罗马里，即今西藏林芝市工布江达县加兴乡罗马林村。

《西藏志·卫藏通志》第10页：

> 禄马岭，山不甚高，绵长百里，四时积雪，烟瘴难行。离藏七日，过山二日，至工布江达。北有敌工隘以拒准噶尔，倚山为势，设桥为防，别无他径可通，乃西藏咽喉之地。
>
> 濯拉，汉人呼为瓦子山，层层顽石，状如瓦片，故名。上下约五十里，路崎，有瘴难行。离江达二日。

解注：由墨竹工卡境内翻山到达鹿马岭，已进入江达宗境内。"离藏七日"，意即离开拉萨至鹿马岭有7日路程：拉萨至蔡公堂一日，蔡公堂至拉木一日，拉木至墨竹工卡一日，墨竹工卡至仁钦林一日，仁钦林至乌斯江一日，乌斯江至堆达一日，堆达至鹿马岭一日。"过山二日"，指从鹿马岭至江达走了两日路程。"濯拉"，今天的地图上标为"楚拉"，曾用名为卓拉山、初拉，皆是藏语"ཅོ་ལ"的音译，为西藏林芝市工布江达县娘蒲乡与那曲市嘉黎县的交界山口。"离江达二日"，指江达至宁多一日，宁多至接近楚拉山口的常多一日。

《西藏志·卫藏通志》第213页：

瓦子山，番人呼为濯拉山，层层顽石，状如瓦片，故名。上下约五十里，多积雪，崎岖难行。离江达二日。

解注：《西藏志·卫藏通志》这段记载基本上采用了《西藏志》的材料，解注同上。对于清人为何称楚拉山为瓦子山，此处文字作了说明。

《西藏图考·西招图略》第142页：

瓦子山，番人呼为卓拉山，峻险漫衍约四十余里，多积雪不消。

解注："卓拉"在《西藏志·卫藏通志》中称为"濯拉"，今译为"楚拉"。

《西藏图考·西招图略》第99页：

沿河而下，六十里至顺达，有塘铺。沿沟而进，河道分流，林木阴翳。一百里至鹿马岭，有塘铺。山高无险阻，约四十里，视前历之冰雪，峻嶒怵心刿目者，居然平易矣。

解注："沿河而下"应是"沿河而上"之误。从江达而上，至顺达，旧址在今西藏林芝市工布江达县金达乡境内；尔后，至鹿马岭夜宿，共两日路程。由于川藏官道上的洛隆、边坝境内处处高山冰雪，险恶异常，与此相比，对鹿马岭一带，作者有"居然平易矣"的感叹。

《西藏图考·西招图略》第143页：

禄马岭山在江达西，山颇平坦，上下约四十余里至磊达塘站。

江达卡楮河一自瓦子山发源，经东阁寺、宁多至江达；一自禄马岭发源，经顺达刊木至江达，两水合流至工布江达，会于藏河。

解注："磊达"，即堆达，在今西藏拉萨市墨竹工卡县如多乡境内，是从江达前往拉萨时在今墨竹工卡县境内的第一站。从鹿马岭翻越拔拉（米拉）山后，可夜宿在堆达站。江达卡楮河，指娘曲河，即今天的尼洋河上游，发源于瓦子山。而发源于鹿马岭的河称为拔曲河，两河汇合于江达后即为今天的尼洋河。藏河中的"藏"，当是藏文中的河、江之称。东阁寺、宁多皆在今娘蒲乡境内。

《西藏归程记》第 2 页：

六日，由江达至过拉松多（打）尖。晨发江达。四十里至过拉松多。山回溪绕，水声如雷。过拉松多之西，有桥横溪水之上为往来通道。又四十里至宁多，气候水土与江达相似。

解注：这些是从江达踏上返回四川路途后的最初几个程站。从江达往北逆河而上，"过拉松多"位于江达与宁多正中间，不夜宿，是途中打尖处。清代、民国时期，早晨由江达出发，在过拉松多打尖，夜宿宁多，一日路程，约 40 公里。宁多，即为今西藏林芝市工布江达县娘蒲乡拉如寺以北的凝多村。

第十七章

战事风云

历史上，林芝辖境内的工布、下塔布、娘布、波密等地战事不断。早在吐蕃末代，工布、下塔布境内发生的平民起义推翻了工噶布王的统治，加速了吐蕃王朝的彻底崩溃。清初，西藏地方政府曾出兵平息了工布发生的叛乱。清康熙年间，工布民军在娘布地区的江达一带协助清军作战，抗击过蒙古准噶尔部的侵扰。清道光、宣统年间，在波密境内发生了两次战争，惨烈异常。20世纪30年代初，西藏地方政府用战争手段收回了对波密地区的管辖权，同时，给当地人民带来了深重的战争灾难。

一、钦工地区的平民暴动

841年，即藏历铁鸡年①，吐蕃国王赤祖德赞（即赤热巴巾）被大臣韦·嘉多日所害，达磨继位。达磨继王位后，推行打击佛教政策，拆除寺院，强令僧人还俗，并把经书掷入河中，或用火烧，历史上称作"达磨灭佛"。不久，达磨赞普被佛教徒所杀。分别由两位王妃所生的两个幼小王子——沃松和云丹的母族为了争夺王位，相互开战，吐蕃陷入了内战之中。

869年，即藏历土牛年，吐蕃全境爆发平民起义。首发于西藏东部康区的起义，很快蔓延到吐蕃全境，史称犹如"一鸟凌空，众鸟飞从"。877年，即藏历火鸡年，起义军挖掘赞普的陵墓，王室后裔四处逃散，吐蕃王朝从此崩溃。当吐蕃全境爆发平民起义之时，约茹②境内也爆发了起义。钦域、工布地区③有6人

---

① 1027年，即藏历火兔年前，西藏无绕迥的历算。

② 约茹（ གཡོའ་རུ ）辖境，包括今西藏林芝市朗县、米林县和巴宜区。

③ 钦域、工布地区，指西藏林芝市朗县金东乡和米林县卧龙乡一带。

响应起义，史称"钦工六人"义举。根据《弟吾教法源流》等史籍记载，钦域平民起义的首倡者是一位杰出的女性——柏萨·阿莫吉（འབྲོག་ཟ་ལ་མོ་སྐྱིད）。当时，钦工地区的首领赛乃赞（སད་ནེ་བཙན）强令臣民上山修筑水渠，激起了百姓的极大不满。柏萨·阿莫吉见民心激愤，便提出了"不砍干山头，要砍湿人头"的口号；同时，联络了董赞（ལྡོང་བཙན）等5人，筹划起义之事。在某一夜间核桃树开花之时，6人聚集在一起，决定带领百姓起义。起义军首先发难于约茹境内的钦域，在柏萨·阿莫吉带领下夺取了钦域首领的城堡，推翻了赛乃赞的统治。尔后，起义军向东下工布进兵，攻城拔寨，节节胜利。当起义军抵达工布直纳[①]，即工噶布王的王宫城堡所在地时，由于城堡坚固、防守森严，起义军一时无法攻下。这时，柏萨·阿莫吉巧用计谋。她让起义军埋伏于林中，她一人走到工噶布王的王宫大门前，用优美的歌声吸引宫中的守军打开宫门，走出宫外。等到合适之时，起义军趁机发动进攻，攻下了直纳城堡，推翻了与吐蕃王室一脉同祖的工噶布王的政权，结束了工噶布王家族在工布长达600多年的统治。钦工六人带领的起义军，加速了吐蕃王朝的彻底崩溃。

吐蕃王朝在平民起义中崩溃后，西藏社会进入了长达400余年的，地方势力各霸一方、互不统属、分裂割据的状态。工布地区再也没有出现像工噶布王后裔统治工布全境那样的政治局面。

二、清道光年间的波窝[②]战事

1821年，即清道光元年，波窝的嘎朗第巴尼玛杰布去世。他手下的头人唐堆扎布和旺秋饶丹为了争夺权力，各自率领属

---

① 工布直纳（ཉེ་ནྲ），在今西藏林芝市巴宜区扎那村。
② 清道光年间，称波密为波窝，汉文史料中还未有波密一名。

民，相互开战。西藏地方政府几经调解，但随解随翻，地方上始终不得安宁。尤其是唐堆扎布及其属民桀骜不驯，在地方上肆无忌惮地抢劫、杀人，严重扰乱地方秩序。1832年，即藏历第十四绕迥水龙年，西藏地方政府派卓尼·罗桑坚参前往查办。唐堆扎布竟然把卓尼·罗桑坚参及同来的边坝（今西藏昌都市边坝县）地方官员一并杀死。而后，他组织二三十人，或三四十人，越境到边坝、硕般多境内时出时没，抢劫来往于川藏官道上的商旅；同时，在各村寨抢掠牛马、粮食，杀害百姓。这一情况引起了清廷驻藏大臣兴科、隆文两人的高度重视，因为边坝、硕般多"系进藏通衢，为往来文报必由之路"，假如危及塘汛和官方信使，事关重大。兴科、隆文与西藏地方政府摄政策门林·绛白楚臣（ཚེ་སྨོན་གླིང་འཇམ་དཔལ་ཚུལ་ཁྲིམས）商量后，派前藏游击孙如藻带兵士40名，协同西藏地方政府所派噶伦堆迥卜多尔济（དོན་གྲུབ་རྡོ་རྗེ）、策垫夺结（ཚེ་བརྟན་རྡོ་རྗེ）两人[①]前往查办。唐堆扎布和旺秋饶丹见西藏地方政府派官员前来查办，同意不再进行相互争斗，许诺停止抢掠，表示缴纳差税，并服从达赖喇嘛为首的西藏地方政府管辖。

唐堆扎布和旺秋饶丹两人许诺带领各自属民，降服于西藏地方政府后，旺秋饶丹及其属民安分守己，再也不曾滋事、扰乱地方。但唐堆扎布及其属民还不时出来抢掠，严重扰乱了地方安宁。1835年，即藏历第十四绕迥木羊年，唐堆扎布的属下以三五十人或二三十人不等，分成几股窜入江达、嘉里阿杂（阿咱）等地，抢劫商民财物和村民牛羊，焚烧房屋，捆打百姓，杀害西藏地方政府官员，为非作歹，也使"进藏通衢"上的塘汛受到了骚扰。同时，工布地区觉木、孜拉岗（则拉）、硕卡（今雪

---

① 堆迥卜多尔济，今译为同珠多吉，出生于贵族夏扎家庭，是19世纪30年代西藏著名的噶伦之一，曾主持制定《铁虎年清册》。策垫夺结，今译为次丹多吉，出生于贵族苏康家庭，1841年曾参加过阿里抗击森巴的战争。

卡）等地的百姓也常受到抢劫扰害，实在是民不聊生。

鉴于匪情严重，是年八月，清朝驻藏大臣文蔚、驻藏帮办大臣庆禄和西藏地方政府摄政，再派噶伦堆迥卜多尔济、策垫夺结两人带少量兵士前往查办、弹压。当先行的噶伦策垫夺结至硕卡（今雪卡）时，劫匪五六百名，占据村寨，杀人放火，并把河桥拆断，隔河放枪。贼匪人多力强，策垫夺结势单力薄，不能前进，于是上书给驻藏大臣和西藏地方政府摄政，请求派千名藏军前来协助清剿。此时，文蔚正在后藏一带巡视。庆禄与西藏地方政府摄政会商后，派500名藏军由代本（戴琫）工噶丹珍率领，星夜赶往硕卡，听候噶伦策垫夺结的调遣。随后，由千总刘天德率100名步兵前往江达，会同已在江达的噶伦堆迥卜多尔济，协同防护江达、边坝、硕般多一带，严密防堵，以巩固后方。

唐堆扎布见藏军压境，退至硕卡附近险要之处，据险阻路。同时，其属下劫匪几百名又闯入觉木宗一带，抢占民寨，劫夺公文。西藏地方政府的波窝总管比喜（ཁྲིམས་བདག）和噶伦策垫夺结合力围剿。通过几次交战，劫匪伤亡100余人，被生擒30余名。藏军阵亡10余名，带伤者亦有10多名。但大股劫匪仍活跃在觉木宗一带，竭力抗拒藏军的搜剿。在此前后，噶伦策垫夺结多次上书文蔚和西藏地方政府摄政，认为唐堆扎布属下劫匪生性桀骜、出没无常，波窝地区又多险峻要隘，现有兵力远不足以分兵作战，请求派更多兵士，彻底清剿劫匪。文蔚、庆禄和西藏地方政府摄政接到噶伦策垫夺结的报告后，一面从前、后藏藏军中遴选300名派往工布，命噶伦策垫夺结和代本工噶丹珍带兵前往匪情猖獗的觉木清剿；一面去信给与唐堆扎布有仇、已归顺西藏地方政府的旺秋饶丹，责令他率属民堵防边界，拦截窜入的唐堆扎布的属下。同时，在地理位置十分重要、作为前线之后方的硕卡、竹拉（即今朱拉，འབྲུག་ལ）、江达一带，派遣千总刘天德、涂占魁率兵会同噶伦堆迥卜多尔济一起，分头防守要地，堵截逃窜之匪。

一切军事行动布置妥当后，波窝总管比喜和噶伦策垫夺结带领的藏军从东、西两路进攻。1835 年十一月，比喜所率东路藏军由洛隆宗进发，攻打并占领了波窝境内的达打拉，降伏了 100余匪兵。西路藏军于当年九月二十九日开始发动进攻，在最初的三天战斗中攻占了达孜，击毙了该地的劫匪头目，肃清了四处逃散的零匪。十二月一日，策垫夺结率部从德摩（今德木）翻山取路，向鲁朗分四批进剿。当时，鲁朗境内由唐堆扎布手下悍民300 余人把守。第一、二批藏军抵达后，即刻发动进攻，但由于悍民所守村寨坚固，未能攻克。策垫夺结率第三批藏军到达后，先是于十二月十四日分兵包围村寨，尔后在次日发动进攻。悍民守险不出，拼死抵抗，藏军的进攻不能得手。此时，策垫夺结使出一计，装作战败退兵，让悍民离开村寨前来追赶；随后，吹号集结兵士，一面折回进攻，一面用火弹烧焚村寨。此战，歼灭悍民 90 余人，留守村寨的悍民约一半被烧死，余下的人乘夜逃散远窜。战斗中，藏军抓获波窝籍僧人班足彭错（即班觉平措）。据班足彭错所供情报，策垫夺结得知，此时，唐堆扎布在纳沃顶（ཨ་ཡོད་རྩེ།）活动，塘堆（汤堆）由另一头人带领 400 余人把守，而唐堆扎布在兵败之际极有可能逃亡到"野人国"（指今西藏林芝市墨脱县境内的珞巴族居住地）。根据这些口供，波窝总管比喜奉驻藏大臣文蔚之命，分兵把守通往"野人国"的通道，以防唐堆扎布逃走。策垫夺结和代本擦绒·丹增洛布则率西路人马，于 1836 年，即清道光十六年的二月，攻克了纳沃顶。这时，唐堆扎布早已窜回塘堆藏匿。西路藏军继续向塘堆进发，由一名降服的唐堆扎布手下的小头人带路，在二月十七日夜间潜渡塘堆河，抵达塘堆村寨前。而比喜所率东路藏军也抵达塘堆河对面，隔河呼应。如此，藏军从三面对塘堆寨子形成包围，持续攻打。三月一日夜间，比喜率藏军潜入塘堆寨子，而后发动凶猛进攻。在多日围困中疲惫至极的唐堆扎布仓促应战抗拒，被藏军杀死在寨内，头颅被割。同时被杀的，还有唐堆扎布的妻子白柱（དབལ་སྒྲོན）和得力亲信翁则雅尔批（དབུ་མཛད་ཡར་འཕེལ）等7人。唐堆扎布之子班足饶垫（དབལ་འབྱོར་རབ་བརྟན）见寨子已破，带300余人乘夜从山沟逃走，准备窜入"野人国"。由于逃亡"野人国"的路口被藏兵堵死，班足饶垫又折回易贡（业贡）沟，欲恃强困斗。策垫夺结见状，亲率波窝总管比喜、代本工噶丹珍等人及400余名藏军，于三月七日合力围剿易贡沟。经过一番激战，班足饶垫势穷力竭，欲投水自杀，被藏军围困砍死，头颅被割，其属下100余人被歼。唐堆扎布父子的首级由策垫夺结派人专程送往拉萨验明正身，驻藏大臣文蔚号令在重要街道上悬挂示众。

此次战争历时3个多月，唐堆扎布被杀，波窝恢复了安宁。道光皇帝下旨，波窝仍由新的嘎朗第巴——旺秋饶丹统领事务，原属于西藏地方政府的宗不再委派官员负责税收和维持地方治安，转由嘎朗第巴统一管理。嘎朗第巴只需向西藏地方政府缴纳少量的酥油税。

战事结束后，有关有功人员经驻藏大臣上奏，依次获得了褒奖。准许二品顶戴花翎、噶伦策垫夺结可继续承袭二等台吉，并赏给其子彭错夺结（ཕུན་ཚོགས་རྡོ་རྗེ）台吉顶戴。准许二品顶戴花翎、噶伦堆迥卜多尔济继续承袭二等台吉一次，并赏给其子四朗班足折里（བསོད་ནམས་དབལ་འབྱོར་འཕྲིན་ལས）台吉顶戴。赏给波窝营官比喜三品顶戴花翎，并获得将来若遇噶伦出缺，奏请简补的资格。前藏代本工噶丹珍、后藏代本擦绒·丹增洛布两人，亦获得三品顶戴花翎的赏赐。[1]

---

[1] 清道光年间的波窝战事，主要依据《西藏地方志资料集成》第84—94页的史料编写。

三、清宣统年间的清军围剿波密战事

　　1910 年，即清宣统二年①，桑昂曲宗、杂瑜（今西藏林芝市察隅县）一带，已经被川滇边务大臣赵尔丰所派边军程凤翔部收服。赵尔丰看到清军顺利进军桑昂曲宗、杂隅，就筹划趁机收服波密②。但当时的驻藏大臣联豫就收服波密一事，与赵尔丰的矛盾极大。"联豫贪功，喜事用兵"③，不愿赵尔丰插手波密的军事，擅自越过驻藏清军统领钟颖，下令陆军第三营管带陈渠珍从江达、管带谢国梁由硕般多向波密进兵。联豫以为，以此两路兵马，波密唾手可得。陈渠珍此时驻扎德摩（今德木），与工布女子西原同居，又与德木寺的僧人关系密切。西原和德木寺的僧人曾多次向陈渠珍"诉苦"，云波密人累累越境，侵扰工布，劝说陈渠珍向波密用兵。④恰在此时，陈渠珍接到联豫的向波密进军的命令，正中下怀。于是，陈渠珍所率清兵在无粮后援情况下，越过冬九、纳衣当噶（ལ་འོད་སྟེང་།）、甲米清波（ཅི་མ་ཆེན་པོ）、孤军深入至八郎登（བ་ལང་སྟེ།）时，受到了逾千人波密民军的阻击。民军占据险要地形，对清军形成包围。一阵激战过后，清军战败，伤亡过半。陈渠珍撤兵至冬九、鲁朗一带，与统领钟颖所率军队会合。由于清军一时无法筹集到军粮，钟颖决定停止向波密进兵，暂时带兵移驻德摩，再图新的部署。

　　消息传到拉萨，联豫怕因清军溃败而退，担当责任，借此将

---

① 以下史料多依据清朝和民国时期的汉文资料。原文以清朝纪年记事。因此，为叙事方便之计，下文中在公元、藏历之上补上清代年号。

② 这一时期前后，清末的汉文史料中开始出现波密这个地名，又因这一节的参考资料以汉文文献为主，故而，文中以波密代称波窝。

③ 西藏自治区社会科学院西藏学汉文文献编辑室：《钟颖疑案》（上），1992 年出版，第 1 页。

④ 关于西原和德木寺僧人怂恿陈渠珍向波密用兵的传说，至今在波密老人中广为传播。

钟颖撤职，派左参赞罗长裿前去代理。联豫的这一举措使驻扎在德木的清军军心大乱，因为驻德木的清军当初随钟颖从四川入藏，只接受钟颖的指挥，不服罗长裿。有些军官认为，阵前换将，兵家大忌。此时，内地正是反清运动风起云涌之时，而在清军中谣言四起，军心浮动。联豫获知此等情况，便向清廷接连上奏，请求责令赵尔丰派边军就近增援。这时，赵尔丰刚由川滇边务大臣转任四川总督，就命统领凤山督办波密军事。

凤山接令后，兵分五路向波密进军。以彭日升为管带的新军前营为第一路，以顾占文为管带的西军中营为第二路，以夏正兴为管带的西军左营为第三路，以程凤翔为管带的新军后营为第四路，督办凤山亲率新军中营帮带冯海江、吴秉钧部为第五路，浩浩荡荡地向波密进发。[①] 凤山决定将督办处设在倾多寺。

1911 年，即清宣统三年的六月六日，彭日升所率第一路边军会同驻藏清军管带谢国梁所部，由硕般多开拔，经大路向倾多寺进发。彭日升籍贯湖南芦溪，曾经随程凤翔征战盐井，因勇猛善战，被赵尔丰器重，升为前营管带。六月八日，彭日升部翻越山口进入波密境内，看到沿途节节以石头筑卡，要处桥梁已被拆毁。清军进兵迅速，在一处叫求纳玛（ཆུ་ནག་མ）的地方追上了拆桥的波密民军，彼此互放枪弹，波密民军数人被杀。次日，清军继续进兵，到达一河边时，见桥已被拆段，无路可行，波密民军又从河对面的山顶施放枪弹。彭日升见状，亲自督军，一面接战，一面命兵士砍木造桥。双方鏖战数小时，波密民军伤亡数十人，逃向山林深处，清军占领了距倾多寺 10 余公里的丁拉卡（ཏི་ནག་ཁ）。六月十日黎明，倾多寺所派 3 名僧人代表到达彭

---

① 参见《西藏地方志资料集成》，中国藏学出版社 1997 年版，第 34 页。另有一种说法是：清军分四路进兵波密。彭日升部攻上波密，顾占文部攻中波密，程凤翔部攻下波密，凤山所率清军沿大道并进；详见《西藏地方志资料集成》，中国藏学出版社 1997 年版，第59 页。

日升的兵营，申明代表倾多寺前来投诚，竭诚欢迎清军进驻倾多寺。是日，彭日升率领所部抵达倾多寺。

彭日升、谢国梁两位管带所率清军在倾多寺停留两天后，继续向许木宗（ཤུན་མོ་རྫོང་，宿木）进兵。途中夜间，他们在尼罗卡（ཉི་ལོ་ཀ་）与当地和来自许木宗方向的民军千余名激战一夜。清军固守在一处坚固阵地内，民军四面环攻，清军死力抵御。战至天明，民军死伤100余人，战败而退到许木。清军抵近许木时，只见民军过河拒守，死守河上大桥。清军多次进攻，试图夺取大桥，但久攻不下。此时，清军以悬赏奋勇者之名，挑选兵勇数百名，组织"冒险夺桥，于枪林弹雨中争相过桥"，在当天夜里进据了许木宗。

顾占文管带所率第二路——西军中营，由盐井经舒板多（今硕督）向波密的松宗（ཤུན་འཛོམས་）进军，于六月二十八日入波密境内，并在第三天至下波密（今西藏林芝市波密县多吉乡）的觉聋。当地民军凭借狭沟地形，据碉楼设卡，向清军营地进攻。清军虽"前后受敌，势甚危殆"，但借助先进的武器和较高的军事素质，通过一整天的战斗，打败了民军，先后夺取了4座堡垒（即民军所设兵卡），清军亦死伤不轻。清军军官刘赞廷感叹，波密民军"强悍猛鸷，又非寻常可比"。其后，清军进驻拔龙（ལ་ལུང་，今西藏林芝市波密县多吉乡角洛村），不想，"四面皆兵，连日炮声不绝，焦灼万分，无计可施"。于是，刘赞廷抱着"与其坐以待毙，不如奋进求生"的意志率部冲破包围，直驱曲宗（ཆོས་རྫོང་）。曲宗距拔龙15公里。当地民军占据山头，居高临下，又有河流与清兵相隔。僧人也以寺院为堡垒，拼死抗拒。这时，清军隔河用"开花炮"轰击山头和寺院。战斗胶着之时，天气骤变，风雨大作。清军趁机在河下游1公里的浅滩平缓之处，接木搭桥，竞相过河，攻打寺院。僧兵见清兵成功过河，无心再战，哄然四散而去。清军进驻了曲宗。

再从曲宗向松宗进兵，虽然只有一个大站的路程，但沿途山势耸峙，地形险恶。清军在进军途中，首先攻破了当地民军以大石构筑的两个坚固兵卡。清军进兵至松宗一带，遇到该地达兴寺僧人的顽强抵抗。寺院的墙垣虽不高，但炮眼甚多，四角炮碉坚固。清军一面用炮轰，一面组织兵勇抱着火药包直入寺院焚烧炮碉。经过一整天战斗，清军攻破寺院，进驻松宗，兵士死12名、伤30名。松宗一战惨烈异常，民军死伤惨重，"水为之赤"[1]，表明河水中都流淌着鲜血。

彭日升率部进驻许木宗后，立即给刘赞廷所在清军写信，告知彭日升要率部前往嘎朗（即嘎朗第巴府邸所在地），同时要分兵进攻易贡，要刘赞廷所部进驻许木宗；并告诉他们，途经尼罗卡时，要小心被袭扰。果然，刘赞廷部清军在尼罗卡宿营时，有民军数百人前来夜袭。双方从午夜战至天明，民军溃败，死伤大半，余下的投诚。刘赞廷部清军进驻许木宗。

同一个时期，驻藏清军左参赞罗长裿所率绿营和夏正兴为管带的西军左营清军，进攻并收复了冬九、通麦、易贡等地，波密战事宣告结束。

波密战事结束后，由彭日升等人率领的边军奉命撤回硕般多、察木多（即今昌都），波密由驻藏清军接手驻防。

当彭日升部进兵波密之时，嘎朗第巴白玛才旺带着亲信、随从60余人和大量财产，已逃亡白玛岗。据传，白玛才旺逃到白玛岗后，本想请当地头人，即地东宗宗本从中调解，而后向清军投诚，却被亲信所阻。当时，一来，在白玛岗，谣言四起，说清军10万，分五路南下，白玛岗民众恐慌至极。二来，当地人见白玛才旺一行带有装满财物的箱笼数十驮，见财起了杀心。最终，白玛才旺及其随从60余人被地东宗宗本诱杀，财产也被抢

---

① 《西藏地方志资料集成》，中国藏学出版社1997年版，第46页。

劫一空。而后，地东宗宗本带着白玛才旺的首级到冬九献给清军。白玛才旺的亲信宗达第巴（འགོམས་མདའ་སྡེ་པ་）的首级，也被一名白玛岗僧人带往倾多交给了清军。[1]

波密战事的起因复杂。嘎朗第巴白玛才旺（清史称白马策翁）为人桀骜不驯，以地方割据势力为傲，怂恿属下向周边地区掠夺抢劫，严重扰乱地方秩序，固然是一个原因；但清朝驻藏大臣联豫、管带陈渠珍、川滇边务大臣赵尔丰等人好大喜功，为图政绩，在波密民心相背的情况下，急于用武力收复波密，激起了波密全民性的武力抗拒。惨烈的战事给波密人民带来了深重的灾难。至今，波密百姓每当谈及几代人传下来的，当年赵尔丰麾下的边军，在波密战事中烧毁即将收割的庄稼、随意屠戮百姓的暴行，仍心有余悸。

四、民国初年的西藏地方政府收复波密战事

清末，嘎朗第巴白玛才旺在白玛岗被杀后不久，内地爆发辛亥革命，驻藏清军溃散或遣返内地。白玛才旺的女婿旺钦杜堆（དབང་ཆེན་བདུད་འདུས་）继任嘎朗第巴，波密仍旧置于嘎朗第巴的统治之下。

旺钦杜堆继位后，与西藏地方政府表面相安无事，但实际上，其行事风格与白玛才旺一脉相承，自恃地势险要，民风彪悍，独享自治特权，故而不时表现出对西藏地方政府的抗拒、蔑视态度。即便是依照旧制，向西藏地方政府缴纳少量的酥油差税，也不时拖欠。这时，正是十三世达赖喇嘛土登嘉措推行新政时期。西藏地方政府重新审定行政区划，在各地新设置了一批名为"基巧"（སྤྱི་ཁྱབ་）的总署一级机构；同时，筹划从嘎朗第巴手

---

① 清末波密战事，主要依据《西藏地方志资料集成》第34—48页的史料编写。

中收回对波密地区的管辖权。

此时，恰逢旺钦杜堆的妻子病故。远在拉萨的西藏地方政府最有权势的噶伦兼藏军司令擦绒·达桑占堆，认为有机可乘。他以政治联姻为手段，把自己的妹妹次仁卓玛[①]下嫁给旺钦杜堆为妻。尔后，擦绒·达桑占堆连续几次写信给旺钦杜堆，建议旺钦杜堆带着妻子到拉萨来定居，并许诺西藏地方政府将给旺钦杜堆合适的官职和作为俸禄的庄园。擦绒·达桑占堆的目的是，若旺钦杜堆同意来拉萨的话，借此机会废除嘎朗第巴的特权，收回对波密地区的管辖权。

1924年，即藏历第十五绕迥木鼠年，鉴于对西藏地方政府许诺的信任，旺钦杜堆接受了擦绒·达桑占堆的建议，让妻子次仁卓玛先期启程。8天后，旺钦杜堆及随行亦踏上了前往拉萨的路程。不料，旺钦杜堆一行行至通麦（时称唐麦）时，遇到了来自易贡百姓代表的苦苦劝阻。易贡百姓代表直言：嘎朗第巴若赴拉萨，必落入西藏地方政府所设陷阱，凶多吉少。旺钦杜堆此时突然醒悟过来，返回嘎朗的府邸。由此，进一步激化了嘎朗第巴与西藏地方政府的矛盾，为尔后的战事埋下了伏笔。而次仁卓玛一去不复还，后来一直定居在拉萨。[②]

1926年，即藏历第十五绕迥火虎年，朵麦基巧门堆巴·多吉同珠（སྣར་སྟོད་པ་རྡོ་རྗེ་དོན་གྲུབ）把堪穷（僧官四品职衔名）茹擦·贡布索南（རུ་ཚ་དགོན་པོ་བསོད་ནམས）派驻波密，出任西藏地方政府的波密、白玛岗聪基，即波密、墨脱地区的商务总管。茹擦·贡布索南在3年任期内，一方面对波密地区的地形、人口、物产进行普查，并登记造册；另一方面，对波密、墨脱百姓肆意盘剥压榨，激起了极大的民愤。旺钦杜堆利用民愤，制订了杀害

---

① 参见《藏族社会历史调查》（四）一书误把次仁卓玛说成达桑占堆之女儿。

② 参见《西藏文史资料选辑》（藏文版）第三辑，西藏人民出版社1993年版，第54页。

茹擦·贡布索南及属下官员的计划。茹擦·贡布索南事先收到密报，乔装打扮成波密人逃回昌都。留守的两名管家被杀，另两名随从则成功逃脱。

茹擦·贡布索南逃回昌都后，朵麦基巧门堆巴·多吉同珠根据茹擦·贡布索南的报告，向西藏地方政府呈递公函，建议派兵前去镇抚。1928 年，即藏历第十六绕迥土龙年，经西藏地方政府批准，达那（ སྟག་རྩ ）代本受朵麦基巧门堆巴·多吉同珠之命，率领藏军第七代本（ ད་དང་དམག་སྒར ）属下 500 名兵士进驻波密的达兴寺。达那代本在进驻波密之初，试图以结盟方式安抚旺钦杜堆，声称奉命前来仅为了清查土地面积和统一度量衡，以此来解除旺钦杜堆的戒心。不久，达那代本派 1 名藏军排长和 4 名士兵，持他的信函前去嘎朗第巴府邸，要旺钦杜堆前来参加波密地区僧俗头人和堪布（即寺院主持）商讨清查土地和统一度量衡的相关会议。旺钦杜堆料知其中有诈，便杀掉了藏军排长和士兵，并积极备战，决意率波密民军前往达兴与藏军一战。于是，在达兴一带爆发战斗，战斗持续了两天。在头一天战斗中，达那代本亲临前线，率部打退波密民军的多次进攻。旺钦杜堆见藏军拼死战斗，波密民军死伤惨重，战斗毫无取胜希望，便带领 4 名贴身随从逃亡到白玛岗，而第二天的战斗中，波密民军由嘎朗第巴的属臣尼罗第巴（ ཉི་ལོག་སྡེ་བ ）、卡达第巴（ མཁར་སྟག་སྡེ་བ ）等人指挥。战斗中，达那代本中冷枪阵亡，藏军溃败。余下的藏军见群龙无首，便逃亡到洛隆。两天的战斗中，藏军伤亡 90 余人，波密民军也有 200 余人死伤。[1]

西藏地方政府见达那代本阵亡、藏军战败，就重新调集重兵征伐波密。朵麦基巧门堆巴·多吉同珠坐镇洛隆，从硕般多、边坝（达宗）、洛隆征调的民军由堪穷达瓦率领，翻越穹朵拉

---

[1] 参见《西藏文史资料选辑》（藏文版）第三辑，西藏人民出版社 1993 年版，第 56 页。

（ཕྱུང་གདོར་ལ་）山口进驻倾多。由朵喀（མདོ་མཁར་）代本率领的藏军 500 名和错果（མཚོ་སྒོ་）代本率领的藏军 500 名，分别经岗仁（སྒང་རིན་）和果杂拉（སྒོག་ཚ་ལ་）进入波密境内。驻定日的藏军 500 名翻越波堆童拉（རུང་ལ་）山口也前来会合，而凯麦（ཁ་སྨད་）代本率领的藏军 500 名经鲁朗进兵。如此，藏军对波密形成了四面包围的态势。藏军如此大规模进兵的过程中，除了驻定日的藏军 500 名经过波堆童拉山口时，遇到玉日衮（གཡུ་རི་དགོན་）民军利用险峻地形进行顽强阻击，死伤 80 余名外，其他藏军未遇到任何有效阻击，藏军迅速进驻波密全境。旺钦杜堆先是逃到白玛岗，继而又逃亡到英印政府占领区，不久病死在那里。

波密战事结束后，1932 年，即藏历第十六绕迥水猴年，西藏地方政府派人到波密，清查户口，核定税额。同时，设立驻曲宗的"基巧"，总管波密地区，下设波堆（又称倾多宗，即上波密地区）、易贡（又称波麦，即下波密地区）、曲宗等 3 个宗。波堆宗下辖倾多（今西藏林芝市波密县倾多镇）、许木（今西藏林芝市波密县玉许乡）、玉仁（今西藏林芝市波密县玉许乡）等地。曲宗此前一直隶属于西藏地方政府，辖松宗（今西藏林芝市波密县松宗镇、玉普乡）、达兴（今西藏林芝市波密县扎木镇达兴村一带）等地。延续了几百年的波密嘎朗第巴政权终于寿终正寝，退出了历史舞台。

第十八章

人物春秋

林芝人杰地灵、人文荟萃，扬名历史的人物层出不穷，在林芝历史发展的进程中留下了许多传之久远的故事。他们既有宗教造诣深厚、名扬藏区的高僧大德，也有叱咤风云的政教人物。如今，穿过历史时空，追溯先人足迹，我们仍可领略林芝千年绚丽多彩的历史烟云。

一、吐蕃时期

聂赤赞普

吐蕃王系始祖、悉补野第一代君王，藏文史籍对其出生年代有几种不同记载。《柱间史》云：聂赤赞普与悉补野第二十七代赞普拉脱脱日年赞相隔 500 年，拉脱脱日年赞与第五代后嗣松赞干布相隔 120 年；《贤者喜宴》记载，聂赤赞普与悉补野第二十七代赞普拉脱脱日年赞相距 660 年，拉脱脱日年赞与松赞干布相距 150 年。以上两种说法虽不同，但若以松赞干布出生于藏历火牛年，即 617 年计，聂赤赞普应是公元前 2 世纪人。

关于聂赤赞普的祖源有三种传说。一种传说是"佛教之说"，认为聂赤赞普是古印度释迦族的后裔。这种说法见于 11 世纪，以及其后问世、体现佛教徒历史学家观点的史籍，诸如伏藏名书《柱间史》《嘛尼十万宝训》。可以肯定的是，"佛教之说"是佛教徒史学家试图把吐蕃赞普祖系向古印度释迦种姓高攀的一个杜撰的故事，与史实无任何关联。另外两种传说是吐蕃时期的说法，即"天神下凡为人主说"和"波窝地区弃儿说"。其中，"天神下凡为人主说"是吐蕃王朝带有浓厚神话成分的权威说法，这一传说见于吐蕃时期碑刻和敦煌古藏文历史文献。位于今林芝市巴宜区米瑞乡境内的吐蕃石刻《工布雍仲增石刻》曰："初恰·雅拉达楚之子聂赤赞普降临拉日羌脱山上，为人主"。其意是：最初，神系恰神雅拉达楚之子聂赤赞普从天界下凡到名为拉日羌脱的山上，成为黎民百姓之主。而法国国家图书馆所藏敦煌古藏文历史文书——编号为 P.T.1286 的写卷，有着较为详细的记载："在广阔的天界，住着神之父王雅拉达楚，其子有三兄三弟，及赤敦茨七人。赤敦茨之子聂赤赞普为成为泽被大地之人主，滋润土地之甘露，下凡到人间做君王。当他降临到拉日羌脱山上时，高山俯首致敬，林木绿匆匆敬礼，江水变绿迎候。磐石亦仙鹤般鞠躬献礼。"① 这种天神之子下凡人间为人主之说，体现了古代藏族社会苯教盛行时期的一个基本观念：唯天神为尊，唯天神至高无上，上祭祀天神，下可调伏恶魔，保人间太平。吐蕃王统皆以是天神的后裔为傲，因聂赤赞普以神的身份和神变之法下凡人间，历代吐蕃国王被称作天神之子、神变赞普。信奉苯教的吐蕃王系创造出的如此神奇的传说，是适合于赞普在吐蕃政治、社会中占据统治地位的话语形态。

若抛开苯教的"天神下凡为人主说"，"波窝地区弃儿说"则证明了聂赤赞普出身于波窝地区藏族先民的史实。根据成书于13 世纪的史学名著《弟吾教法源流》记载：波窝地区一名叫作莫莫尊的妇女，生下了九子，他们被称作"饿鬼九兄弟"。幼子玛涅乌皮热，舌大覆面，指间有蹼，长相奇特，又生性粗暴，不仅不被乡人接纳，而且被视作不祥之人，从故乡驱逐。如此，玛涅乌皮热从波窝经工布、塔布，流落到雅砻一带。当时，雅砻地区的蕃人邦国没有首领，正在寻觅一个能成为君王的神奇之人。蕃人遇到长相奇特的玛涅乌皮热时，便认为他可做蕃人的君王。于是，几名蕃人扛起一张座椅，让玛涅乌皮热坐上，迎其为王，名

---

① 黄布凡、马德：《敦煌藏文吐蕃史文献译注》，甘肃教育出版社 2000 年版，第 152—153 页。

为聂赤赞普，意即"坐肩王"。

值得注意的是，"波窝地区弃儿说"被冠以"民间极密之说"，说明这一传说是流传于民间的一种"极密之说"。这是因为，与"佛教之说"的释迦族后裔说、"苯教秘密之说"的天神后裔说相比，"波窝地区弃儿说"中的聂赤赞普出身于平民阶层，种姓低下，故而，这似乎成了一种不宜大白于天下、不能公开流传的"密说"。显然，"极密之说"虽然也带有传奇成分，但可以肯定的是，聂赤赞普既非一个来自于印度释迦种姓的"非吐蕃人"，也非"天神下凡"，而是来自于波窝的吐蕃王族的始祖。

止贡赞普（དྲི་གུམ་བཙན་པོ་）

吐蕃第七代赞普，对其生存年代无确切记载，他大约生活在3世纪前后。传说，止贡赞普之名，由苯教女巫所取，意即"将毙于刀下"。止贡赞普长大后，认为自己名字的寓意不吉祥，始终耿耿于怀。

止贡赞普长大继承王位后，显示出性格暴虐、骄横无道。他曾命令属下大臣与他比武斗勇，但没有一个人敢于出来比试。最后，一个叫作洛昂（ལོ་ངམ་）的人，在止贡赞普的威逼下答应比武。于是，在娘若香布（མྱང་རོ་ཤམ་པོ་）城堡下，止贡赞普与洛昂比武。结果，止贡赞普死在洛昂手中，尸体被掷入年楚河，又漂流到藏曲河，随着河水漂到了工布境内。此后13年之久，赞普之位虚位以待。政权虽由洛昂夺取，但不敢称他为赞普。

止贡赞普时期，社会生产力有相当的进步，能够大量制造和使用青铜及其他金属制品，以满足生产及战争的需要。同时，不同流派的苯教在止贡赞普统治的辖境内迅速传播，以致外来苯教与土著苯教之间的矛盾激化。后来，止贡赞普采取尊崇外来苯教、打击本地苯教的政策，被后期苯教史籍称作"止贡赞普生来为苯教之敌"，暗示止贡赞普被洛昂杀死，与其仇视本地苯教的政策有关。①

止贡赞普被杀事件发生后，在古代藏族历史上留下了一团团迷雾，出现了许多不同的历史记载，以致今日，围绕止贡赞普的一些学术问题，藏学界仍众说纷纭、莫衷一是。

首先，根据吐蕃时期的史料，止贡赞普只有两个王子，分别叫作涅奇（ཉ་ཁྲི་）、夏奇（ག་ཁྲི་）。止贡赞普被杀后，两个王子逃往工布。后来，王弟夏奇成功地回到雅砻，继承王位，成为第八代悉补野赞普，历史上称作布德贡杰（སྤུ་དེ་གུང་རྒྱལ་）②。而王兄涅奇留居工布，成为工布邦国的君主，其王统称为工噶布王（ཀོང་ཙེ་དཀར་པོ་）。然而，11 世纪以后问世的多数史籍记载：止贡赞普有三个王子：夏赤（ག་ཁྲི་）、涅赤（ཉ་ཁྲི་）、恰赤（བྱ་ཁྲི་）。止贡赞普被杀后，三子分别逃亡到娘布、波窝、工布避险。后来夏赤成为娘布王，恰赤成为工布王；而涅赤从波窝回到雅砻嗣位，成为止贡赞普王业的继承人。③ 对此，当下藏学界基本采纳的观点是：止贡赞普只有两个王子：涅奇、夏奇。这一观点源自吐蕃时期的史料，即敦煌古藏文历史文书和吐蕃碑刻。

其次，对于止贡赞普被杀后，他的旧臣如何前往工布，寻找其遗骸，吐蕃史料和后期史料的记载也有所不同。《敦煌古藏文历史文书》记载，止贡赞普的旧臣札氏（རྔེགས་）茹莱杰的儿子额莱杰（ངར་ལས་སྐྱེས་），为寻找止贡赞普的遗骸前往工布，在工布的直纳见到了涅奇、夏奇两位王子，也找到了止贡赞普的遗骸。于是，额莱杰在羌脱拉布（ཅུང་པོ་ཉ་འདབས་）修筑墓穴，埋葬

---

① 参见《西藏苯教源流》，民族出版社 1985 年版，第 190 页．

② 参见黄布凡、马德：《敦煌藏文吐蕃史文献译注》，甘肃教育出版社 2000 年版，第 158 页。又参见《吐蕃碑刻汇编及校注》，西藏人民出版社 2011 年版，第 85 页。涅奇和夏奇在后期史料中，一律写作涅赤（ཉ་ཁྲི་）和夏赤（ག་ཁྲི་）。

③ 对这三个王子的长幼，后期史料的记载矛盾。此处根据 13 世纪成书的《弟吾教法源流》（藏文版），西藏藏文古籍出版社 1987 年版，第 246 页。

了止贡赞普的遗骸；尔后，迎请夏奇率3300兵士杀回雅砻，攻陷了洛昂的老巢娘若香布，夺回了王位。夏奇成为第八代悉补野赞普，被称为布德贡杰。① 而后期史料中，把这段故事演绎成内容相距甚远的离奇故事，例如，13世纪问世的《弟吾教法源流》载：止贡赞普被杀后，一名女巫在牧马时睡着了，梦中与一个俊如龙王之子的人结合。她梦醒后，只见眼前有一头白色牦牛② 在慢悠悠地游荡。8个月后，女巫分娩出了一个肉团。于是，女巫思忖如何处置肉团。如杀之乃是亲生骨肉，养之却无四肢。女巫无奈，便把肉团放入牦牛角中育之。结果，肉团成长为一名男儿，取名惹莱杰（ད་ལས་རྒྱས་，其意为角中生出的儿子）或叫额莱杰（ངར་ལས་རྒྱས་）。额莱杰长大成人后前往工布，找到了止贡赞普的遗骸，并为之修筑墓穴，埋葬之。额莱杰又从波窝，迎请涅赤到雅砻继承王位，上尊号沃德贡杰（འོ་དེ་གུང་རྒྱལ་）。③ 而另外一些后期史料认为，梦中与一头白色牦牛结合的是止贡赞普的遗孀。她在牧马期间的睡梦中，与雅拉香布神山的化身——白色男人结合，梦醒后见到一头白色牦牛从眼前走过。8个月后，她生出了一个肉团，于是放进野牦牛的角中养育。肉团逐渐成长为一名男孩，取名为茹莱杰（རུ་ལས་རྒྱས་）。④

再次，止贡赞普被杀后葬于何处？历来众说纷纭。有墓穴修筑在雅砻之说，也有墓穴修筑在工布之说。《弟吾教法源流》记载，墓穴先是修筑在色莫普（མེ་མོ་ཕུག་），后移葬到额玛塘（ངར་མ་ཐང་）。⑤ 此处，色莫普为工布的一个地名，额玛塘应当指

---

① 参见黄布凡、马德：《敦煌藏文吐蕃史文献译注》，甘肃教育出版社2000年版，第160—162页。

② 根据传说，悉补野氏族的保护神——雅拉香布神山的化身是一头白色牦牛。

③ 参见《弟吾教法源流》（藏文版），西藏藏文古籍出版社1987年版，第246—248页。

④ 参见《西藏王统记》（藏文版），民族出版社1981年版，第56页。

⑤ 参见《弟吾教法源流》（藏文版），西藏藏文古籍出版社1987年版，第247页。

今天雅砻藏王墓附近的某一个地方。《西藏王统记》则明言：筑墓穴于"钦域塔塘"，即今西藏山南市琼结县的藏王墓一带，但至今未找到遗址。值得重视的是，早期史料敦煌古藏文历史文书记载，止贡赞普葬在羌脱拉布。[①] 羌脱拉布位于拉日羌脱山下，即今西藏林芝市巴宜区达孜乡境内尼洋河与雅鲁藏布江汇合处的扎那村附近。历史上，此处地名叫作"弥域吉塘"（ མི་ཡུལ་སྐྱིད་ཐང ）。今天在"弥域吉塘"，仍可以见到一座颇具规模的墓穴。许多藏学家经考证并认同，这座墓穴极有可能是止贡赞普的第一个墓穴所在地。

最后，关于止贡赞普是悉补野第七代国王还是第八代国王，敦煌古藏文历史文书和吐蕃石刻与后期藏文史料的记载又有矛盾。11 世纪以后问世的多数传统藏文史料认为，止贡赞普是悉补野第八代国王，以此王统传承下延，拉脱脱日年赞为第二十八代国王，松赞干布为第三十三代国王。但依据敦煌古藏文历史文书记载，止贡赞普实为悉补野第七代国王，拉脱脱日年赞为第二十七代国王，松赞干布则为第三十二代国王。敦煌古藏文历史文书的记载，能得到吐蕃时期碑刻《工布雍仲增石刻》文字的验证。

钦萨·鲁杰恩莫措 （ མཆིམས་བཟའ་ཀླུ་རྒྱལ་ངན་མོ་ཚོ ）

约为 6 世纪中叶人，出生于钦域（今西藏林芝市朗县境内）邦国首领钦氏（唐史中称琛氏）家族。松赞干布的第四代祖辈卓念德如（ འབྲོ་མཉེན་ལྡེ་རུ ）时期，从钦域邦国迎娶邦国君主之女钦萨·鲁杰恩莫措为王妃，这是钦氏家族与雅砻地区的悉补野王室第一次联姻。

藏文史书中有一段关于钦萨·鲁杰恩莫措的传奇故事。钦

---

① 参见黄布凡、马德:《敦煌藏文吐蕃史文献译注》，甘肃教育出版社 2000 年版，第 161 页。

萨·鲁杰恩莫措与卓念德如国王联姻之初，长得十分美丽。但随着时间的流逝，王妃渐渐变得枯瘦憔悴。卓念德如见之既焦虑，又不解为何美丽的王妃变得如此憔悴，莫非染恶疾在身？卓念德如问之，钦萨·鲁杰恩莫措答曰："我因长期无法享用故乡的食物，致使身心憔悴。"卓念德如不知王妃所说故乡食物是何等东西，但仍派遣钦萨·鲁杰恩莫措的一名贴身侍女，前去钦域取食。侍女取来食物后，存于王宫的库房，供钦萨·鲁杰恩莫措避人暗自食用。不久，奇迹出现。钦萨·鲁杰恩莫措食用故乡食物后，又变得美貌艳丽如初。卓念德如见此情景，疑心大起，就乘钦萨·鲁杰恩莫措不在之时，进入库房看个究竟。只见屋里堆满了皮袋子，袋子里竟装着油炸青蛙。卓念德如见了此等食物，心生忌讳，由此染上了麻风恶疾。按照吐蕃习俗，得麻风恶疾者要远离人群。国王卓念德如和王妃钦萨·鲁杰恩莫措二人只好活着"葬入"墓穴中，即在掘好的墓穴中藏身，直至死去。其间，有人定时从墓穴外送来食物，但不得与墓中之人见面。这是吐蕃一种极其特殊的葬俗。

自从钦萨·鲁杰恩莫措成为王妃以后，在长达近250年间（6—9世纪），钦氏家族与吐蕃王室建立了牢固的联姻关系。尤其是松赞干布统一青藏高原、建立强盛的吐蕃政权后，历代赞普中多有娶钦氏家族的女性为王妃的。由于王妃出自钦氏，许多钦氏男性作为赞普的舅家，出任大臣、重臣，威临天下，权倾一时。

钦·杰斯修丁（ མཆིམས་རྒྱལ་ཟིགས་ཤུ་ཏིང་ ）

又称尚钦·杰斯修丁，简称尚·杰斯（有些著作中的译音为尚·野息），8世纪初，出生于今林芝市朗县境内的钦氏家族，是吐蕃著名的统兵将领和大相，也是豪族钦氏家族的首领。自松赞干布的曾祖卓念德如时期，与吐蕃王室联姻以后，钦氏家族成为著名的外戚家族。7世纪下半叶，吐蕃王室再次与钦氏联姻，都松芒布杰国王（677—704年在位）从钦氏家族迎娶钦萨·赞玛脱为王妃，她为赤德祖赞（704—755年在位）的生母。8世纪中叶，赤德祖赞国王去世，其子赤松德赞（755—797年在位）登基，又从钦氏家族迎娶钦萨·莱莫赞为王妃。由于钦氏家族与王室的特殊联姻关系，一些钦氏男性有条件、有机会以赞普舅家的显赫身份出任大臣，掌握权力。其中，赤松德赞时期的钦氏家族首领钦·杰斯修丁先后出任统兵将领、大相等职，统率千军万马，并被赐9万户食邑，成为吐蕃赫赫有名的重臣。

755年，即藏历木羊年，吐蕃政坛发生巨变，赞普赤德祖赞突然驾崩。大臣末·董匝卜（ᨋᨋᨋᨋᨋᨋ）和朗·梅昔（ᨋᨋᨋᨋᨋᨋ）被指认为凶手，获罪被诛，并将家产没收充公。是年，钦·杰斯修丁负责清查了罪臣的财产，同时主持了藏历羊年年度的冬季大臣议事会。从这年起，钦·杰斯修丁逐渐进入吐蕃军政事务核心层，成为重臣、名臣。757年，即藏历火鸡年，钦·杰斯修丁与大论韦·囊热苏赞负责召集了夏季大臣议事会。此后几年，钦·杰斯修丁一直统兵在外，在唐王朝境内陇右一带与唐军作战。762年，即藏历水虎年，钦·杰斯修丁率兵越过风林，攻陷了临洮、成州、河州等众多唐朝州县。同年，他短暂回到吐蕃本土向赤松德赞赞普回复使命。763年，即藏历水兔年，吐蕃与唐朝交战中发生了一件大事：钦·杰斯修丁与大将额兰·达扎路恭一道，带领吐蕃大军从大震关长驱直入，先是攻取了唐朝的兰、善、洮等州，唐朝陇右属境尽失于吐蕃之手。而后，吐蕃及吐谷浑、党项等方面的20万大军继续东侵武功、终南等地。唐代宗逃亡陕州。吐蕃军队以唐朝降将高晖做先导，攻陷了唐朝京师长安。① 同年，钦·杰斯修丁由于战功赫赫，被赤松德赞赞

---

① 参见黄布凡、马德：《敦煌藏文吐蕃史文献译注》，甘肃教育出版社2000年版，第57页。

普赐给松耳石告身，并升任大相，即掌握吐蕃军政大权的最高长官。779年，即藏历土羊年，吐蕃第一座三宝俱全的寺院桑耶寺落成。赤松德赞赞普与众臣为弘扬佛教结盟立誓，签订盟约，发誓君臣同心，永世崇教护法，使佛教成为吐蕃的不二国教。钦·杰斯修丁参加盟誓，并在盟约上以第一大臣身份署名。[①]

工噶布王（ཀོང་རྗེ་དཀར་པོ་）

3世纪前后，悉补野第七代国王止贡赞普与大臣洛昂发生尖锐矛盾，直至由比武演变成战争。最终，止贡赞普被洛昂所杀，两名王子涅奇和夏奇逃命到工布地区。后来，夏奇成功返回雅砻，夺回政权，并登上王位，成为悉补野第八代赞普。而留居工布的涅奇从此以工布直纳为中心，开辟疆土，建立工域邦国政权，成为第一代工噶布王。工噶布王的辖地分布在古工布地区，即今林芝市巴宜区、米林县境内。

由于工噶布王出身于吐蕃王族，从第一代工噶布王起，至7世纪上半叶，工噶布王统治的工布一直是一个不从属于任何政权的邦国，是西藏古代著名的十二邦国之一。629年，即藏历土牛年，松赞干布登基后，工布邦国臣属于吐蕃政权，但其世袭政权依然得到吐蕃王室的保护，在政治、经济上一直享有种种特权。但是，8世纪后半叶，在工布境内的吐蕃地方官员屡屡侵犯工布邦国的利益，以致工噶布王不得不上书赤松德赞，请求他以吐蕃常见的盟约形式颁布国王诏书，明确责令地方官员不得损害工噶布王在政治、经济上所享有的特权。赤松德赞满足了工噶布王的请求，以诏书形式颁布了盟约，并把盟约刻石留传，以为后世所遵循。然而，直至9世纪上半叶，地方官员侵犯工噶布王利益的事情仍在继续。工噶布王芒布杰（མང་པོ་རྗེ་）不得不上书国王赤

---

① 参见巴窝·祖拉陈瓦：《贤者喜宴》（藏文版），民族出版社1986年版，第372页。

德松赞，追述工噶布王世系作为吐蕃国王后裔，为吐蕃政教大业所作出的种种贡献，并讲述了工布邦国为何享有种种特权、利益的历史背景，控告地方官员肆意增加税额，侵犯工布邦国的特权和经济利益，请求再次颁布诏书，保护工布邦国的利益。赤德松赞根据工噶布王芒布杰的请求，以诏书形式再次颁布盟约，重申工噶布王享有特殊的政治、经济利益，责令地方官员不得损害。遵循父王赤松德赞颁布的诏书，赤德松赞在盟约中规定，工噶布王所拥有的土地、牧场和臣民不得发生变革，不再向工布邦国摊派官府差役。为了永世遵循，赤松德赞和赤德松赞父子两代国王的盟书誓言被刻录在石碑和岩石上。直至今日，这两通石刻依然遗存在今林芝市巴宜区米瑞乡玉荣增村和米林县丹娘乡朗嘎村。

柏萨·阿莫吉 （འབེནས་བཟང་ལ་མོ་སྐྱིད）

钦域人，即今林芝市朗县人，是钦域和工布两地平民起义军的杰出女性首领。9 世纪 40 年代初，吐蕃末代国王达磨遇弑，吐蕃王朝发生内乱。先是两个幼小王子的母后，为了给各自的儿子争夺王位，形成了两派政治集团，各自占据约茹、卫茹，爆发内战，吐蕃开始进入多事之秋。而后，869 年，即藏历土牛年，吐蕃全境陆续爆发平民起义，史称犹如"一鸟凌空，众鸟飞从"。"一鸟凌空"指的是首先爆发于东部康区的起义，由韦·库热列丁 （དབའས་ཁོ་བཞེར་ལེགས་སྟེང）担任首领。由于吐蕃豪族卓氏和韦氏不合，相互开战，吐蕃全境陷入了全面的内乱。这时，吐蕃腹心地区又爆发了韦·洛普洛琼 （དབའས་ལོ་བོ་ལོ་ཆུང）带领的平民暴动。[1]

当吐蕃全境的平民起义如火如荼时，约茹钦域境内的地方首领叫作尚杰赛乃赞 （ཞང་རྗེ་གསས་སྲི་བཅན）。此人为人残暴，强迫属

---

① 参见巴窝·祖拉陈瓦:《贤者喜宴》(藏文版)，民族出版社 1986 年版，第 431 页。

下百姓无偿地在山腰上修筑引水渠道，激起了民众的极大愤怒。柏萨·阿莫吉看到百姓群情激昂，再也不愿忍受地方头人的残酷压迫，于是秘密策划起义。首先，柏萨·阿莫吉联络了分别来自钦域、工布的吉次次丹（ཀྱི་ཚེ་ཚེ་བརྟན་）、列沃拉腊登（སྲིན་ལྭ་ལ་བརྟེན་）、尼瓦桑丹（ཉེ་བ་བསམ་གཏན་）等 5 人。而后，他们假借傍晚要看核桃树开花之名，举着火把，召集民众趁机起义，并提出了"不砍干山头，要砍湿人头"的口号，史称"钦工六人暴动"。由柏萨·阿莫吉带领的起义军，英勇反抗钦域残暴的统治者，攻打地方头人的城堡，推翻了尚杰赛乃赞的统治。[①] 然后，柏萨·阿莫吉率领起义军从钦域、上工布出发，直奔工噶布王城堡所在地直纳，一路上攻城拔寨、凯歌高奏。

柏萨·阿莫吉领导的起义军抵达直纳后，即刻攻打工噶布王的宫堡。由于宫堡壁垒森严、防守严密，起义军几次攻打都无功而返。柏萨·阿莫吉是一个富有计谋的起义军首领，见工噶布王的宫堡久攻不下，与起义军其他首领商量后，决定用巧计智取。她先让众起义军士兵退入宫堡附近的林中隐蔽起来，自己一人走到王宫大门前，用动听的歌声、优美的舞姿，分散宫中守军的注意力，并吸引守军打开城门，走出宫外，前来围观。等到时机成熟，柏萨·阿莫吉用事先约定好的暗号，号令起义军攻入直纳城堡中，一举推翻了工噶布王的统治。与吐蕃王室同根同族、统治工布地区长达 800 多年的工噶布王，从此退出了历史舞台。柏萨·阿莫吉为首的"钦工六人"带领的起义军，在吐蕃历史上写下了浓重的一笔。

宇妥·云丹贡布（གཡུ་ཐོག་རྙིང་མ་ཡོན་ཏན་མགོན་པོ་）

藏民族历史上最知名的医学家、藏医药理论和实践的奠基

---

① 参见《弟吾教法源流》（藏文版），西藏藏文古籍出版社 1987 年版，第 372—373 页。

人，被视作与吐蕃国王赤松德赞同一个时期的人，传说活到125岁。708年，即藏历土猴年，云丹贡布生于堆龙吉那（今拉萨市堆龙德庆县德庆乡境内），父亲为茹布多吉，母亲叫杰巴曲珍，家庭为医学世家。云丹贡布3岁开始从父读书识字，闻听、学习医药方知识。由于天资聪慧，他学习医学和宗教知识，一学就能入门，通达无碍。云丹贡布长大后，时逢吐蕃国力强盛，大唐、天竺的医学名师云集吐蕃，如大唐的东松康瓦、天竺的辛达噶哈等人。一次，赤松德赞尊前聚集了来自吐蕃各地的9名医学名师，共同考问云丹贡布，涉及医药方的种种疑难问题。云丹贡布的答辩既有根有据，又思路清晰、层次分明，所说所言皆合乎已传世的医学理论，9人佩服得五体投地。从此，云丹贡布被赞誉为"桑吉曼巴"，意即佛陀化身的医师，并被委任为赤松德赞的御医。赤松德赞曾为云丹贡布做赞词："我土圣者玉妥·云丹贡布，为我百姓福祉降临世间。汝乃尊为医师之首席，盼着医术药方传遍吐蕃。"

云丹贡布一生，足迹遍布藏区各地，上自阿里，下至工布、察隅，采集草药，行医治病，招收弟子，传授知识。他的传奇故事，后人传诵不已。

一次，云丹贡布逗留在工布曼龙①，专心于行医治病。一天夜里，一个手持弓箭的人前来说道："云丹贡布，在此地西面有处名为甘露洞的洞窟，若在洞中修行'甘露炼药'，你定能获殊胜成就。"说完，已不见人影。据说，此人是文殊菩萨的化身前来传言的。云丹贡布受此预言指引，遣散众弟子后，只身去寻找甘露洞。历尽千辛，他终于找到了甘露洞，在洞中修行"甘露炼药"6个月，获得了非凡的感悟。修行期间，云丹贡布在梦中得到药师佛指点，寻觅到了具备"八功德"的泉水。云丹贡布得

---

① 较为普遍的一种观点认为，工布曼龙应指今西藏林芝市米林县南伊村。

知，此泉水治疗多种疑难杂症有特效，于是举行加持仪轨，为的是泉水长流不息，造福百姓。又有一次，云丹贡布在泥婆罗行医时被邀请到王宫，只见王宫中有一人不知得了何病，瘫痪在地，连王室御医都束手无策。云丹贡布给病人切脉片刻，便嘱咐王宫里的人备一匹马和一条绳子。一切准备停当后，绳子的一端拴着病人的双手，另一端绑在马背上。云丹贡布驭马拖着病人在王宫院中跑了几圈，尔后停下说道："病人已康复。"果然，病人起身后健步如飞，众人大惑不解。云丹贡布言道："此人只是肝、肺粘连在一起。马匹拖着他跑上几圈，肝、肺分离，内脏恢复如初，仅此而已。"

云丹贡布曾 3 次前往天竺，拜赞扎德瓦等众多大师，聆听了多门教诲。第一次，25 岁赴天竺，逗留 3 年，途中 1 年；第二次，35 岁赴天竺，逗留 1 年，途中 8 个月；第三次，38 岁赴天竺，逗留 4 年。3 次赴天竺期间，他精修了几乎所有医学名著。而后，云丹贡布又赴中原五台山拜访唐朝的名师，学习中原医学的精华。在吐蕃时期，云丹贡布精心学习由毗若杂那等大译师翻译的各种医学大典。如此，他在吐蕃固有医学知识和实践的基础上吸纳周边地区的知识，完成了著名医学著作《四部医典》，内容涉及医学理论、临床实践；尤其是有关胚胎发育和分娩、解剖和病因诊断、药物方剂和疾病分类等方面的论述，有独树一帜的贡献。现传世的、称作云丹贡布所撰的其他医学著作，还有《实践明灯》《原药十八种》《解剖学魔镜》《脉学师承记》等 30 多部。

云丹贡布毕生从事医学，既著书立说，又培养人才，一生的入门弟子达 1300 余人。他曾经自誉："我是众医师之尊，是护佑生命的长寿佛、疗伤救死之甘露圣药、药师佛的语之化身。"千年历史证明，云丹贡布是藏医学的开创之人，也是藏医学的千古鼻祖。

在云丹贡布的出生地，即今拉萨市堆龙德庆县德庆乡境内，还流传着许多故事。此地有一处古遗址叫作宇妥岗，被当地百姓视作云丹贡布的出生地遗址，古称堆龙吉那。宇妥岗上方的山沟里有一处僻静幽雅之地，长满了各种草药，名为"曼龙"，意即药乡，传说是云丹贡布修行坐禅和采集草药之地。

关于宇妥这个名字，有一则流传千年的传说。宇妥岗东面不远，有一座褐色的山峰，传说是"八部鬼神"（即天龙八部）的宫殿。由于"八部鬼神"作怪，此地时常冰雹不断。于是，村民们招来咒师口诵密咒，毒咒"八部鬼神"，使鬼神个个伤筋断骨。后来，众鬼神请来云丹贡布救难治病，治好了"八部鬼神"的筋骨。鬼神们为了答谢，给云丹贡布送来了一具缀满玉片的女尸，停放在云丹贡布房间的房顶上。于是，房子被叫作宇妥，意即玉片覆盖的房顶。

二、帕木竹巴地方政权时期

五世噶玛巴·得银协巴 （ཀརྨ་པ་དེ་བཞིན་གཤེགས་པ）

五世黑帽噶玛巴，噶玛噶举派的著名领袖。1384年，即藏历第六绕迥木鼠年的六月十八日，在一个叫作娘当的秀丽村庄出生了一名男婴。他的父亲固茹仁钦，是一名出生于那囊氏[①] 的咒士；母亲拉姆吉，也是一个德行高尚的妇女。据说，男婴出生后，村里人看到他家房屋正上方的天空有彩虹交织成网，村中四处异香芬芳。人们奔走相告：一名活佛转世灵童已降身于人间。

根据得银协巴的传记记载，他在孩童时期就表现出种种不可思议的行为。得银协巴长到5个月时，噶玛噶举派高僧国公巴（ནོའི་གུང་བ） 亲自前来献茶验视。只见男婴试图伸手接碗饮茶，

---

① 那囊氏为吐蕃大姓。赞普的王妃中有多人出自那囊氏；男性则大多出任吐蕃王朝的大臣，名曰"尚论"。

并现出喜悦之情，令在场的人万分惊喜。国公巴确信，此男婴为上辈噶玛巴的转世灵童无疑，便按照仪轨给男婴献上了衣帽等生活用品，而后，携同这位新噶玛巴同往工布的则拉岗。得银协巴5岁时，当四世噶玛巴·瑞白多吉的弟子、二世夏玛巴·喀觉旺布前来拜见并献上黑帽时，灵童以喜悦之情接受黑帽，并戴在头上，高僧的随从们啧啧称奇。灵童7岁时，在则拉岗于堪钦聂普瓦等高僧座前受沙弥戒，取法名曲白桑布。灵童19岁时，还是在则拉岗，于聂普瓦等3名高僧座前受比丘戒。

曲白桑布在少年时拜国公巴为师，听授《纳若六法》《大手印》《六支瑜伽》等噶举派教法。由于聪慧非凡、智力超群，他在学经修法、学习法门过程中无碍自通。年届20岁时，曲白桑布不仅是极受工布、康区信徒尊崇的导师，而且以勤于修持的特殊法力闻名于世。他博学通经、亲示教导、严守戒规的大名广传于藏区，乃至中原。

此时，大明永乐皇帝朱棣闻得五世噶玛巴·得银协巴的大名，于是在1403年，即永乐元年，派遣司礼监少监、宦官侯显持诏书进藏迎请。1406年，即藏历第七绕迥火狗年的七月，年届23岁的五世噶玛巴·得银协巴及其行辕，踏上了赴中原的路程。他们经康区的噶玛寺，渡过金沙江，并经长途跋涉，于次年，即永乐五年（1407年）元月二十日，莅临京师（南京）。永乐皇帝派遣驸马、都尉沐昕前去迎接。

永乐皇帝对"尚师哈里麻"①的到来感到十分欢喜，安排了隆重的欢迎仪式，以极高的礼遇接待"尚师哈里麻"。"哈里麻"抵京当日，永乐皇帝亲自走出宫门，前来会晤。此后几天，永乐皇帝在皇宫的奉天殿、华盖殿多次设宴，赐见"哈里麻"及其随行高徒，又多次驾临"哈里麻"的驻锡地灵谷寺看望、会晤。每

---

① 得银协巴当时以"噶玛巴"著称于世，明朝所称"哈里麻巴"是"噶玛巴"的音译。

当在皇宫赐见完毕后，永乐皇帝都亲自送"哈里麻"至皇宫门口，皇子、大臣们则按最高规格陪送"哈里麻"至驻锡地。

永乐皇帝此次邀请"尚师哈里麻"到南京，最主要的目的，是为已去世的父皇朱元璋和母后马皇太后举行荐福法事仪轨。

1407年，即永乐五年的藏历三月五日至十八日，"哈里麻"在南京灵谷寺设道场，制作十二坛场，日日诵经祈祷，举行荐福法事仪轨，明史称"建普度大斋，资福太祖高皇帝、孝慈高皇后"。自荐福法事仪轨开始之日起，永乐皇帝和徐氏皇后每日都至道场，在"哈里麻"座前接受灌顶，一日一种。为举行此道场，永乐皇帝特向"哈里麻"致书，陈述缘由。随后，永乐皇帝敕封"哈里麻"为"万行具足十方最胜圆觉妙智慈善普应佑国演教如来大宝法王西天大善自在佛领天下释教"[1]，简称"大宝法王"。这一封号中的"如来"（ དེ་བཞིན་གཤེགས་པ ），即得银协巴的意译。从此，五世噶玛巴称作得银协巴。永乐皇帝还封授得银协巴的3名随行高僧为国师：封仲布果希瓦（明史中称作拔隆逋瓦桑儿加领真），为"灌顶圆修净慧大国师"；封噶希瓦仁钦白（明史中称作高日瓦领禅白），为"灌顶通悟弘济大国师"；封堪钦管伦巴（明史中称作国栾罗葛罗监藏巴里藏卜），为"灌顶弘智净戒大国师"。又因得银协巴的奏请，当时有近千名入狱的汉僧，经永乐皇帝大赦后获释。

是年七月，永乐皇帝宠爱的仁孝皇后（徐氏皇后）崩逝。得银协巴奉旨前往五台山，于显通寺设大斋，为仁孝皇后举行荐福仪轨达4个月之久。

1408年，即明永乐六年的四月，得银协巴一行在中原逗留了1年3个月之后，离开京师，起程归藏，明廷仍派侯显护送。第二年已是藏历第七绕迥土牛年，得银协巴一行进入藏区，途中

---

① 《明太宗实录》卷六十五。

朝礼圣迹、讲经说法。得银协巴及随从到达当雄境内时，受到了萨迦、直贡、达龙等地政教首领的隆重迎接。

得银协巴抵达西藏后，首先回到楚布寺；然后前往拉萨的大昭寺朝圣，向释迦牟尼塑像献上了一件镶满珍珠的袈裟；又应帕木竹巴政权首领扎巴坚赞邀请，访问了乃东①。而后，得银协巴巡礼工布、塔布交界的圣山杂日，并出资修复了楚布寺、缮写了《甘珠尔》经。

1415 年，即藏历第七绕迥木羊年的八月十五日，得银协巴因突然染病圆寂，时年 32 岁。得银协巴的致祭仪式由堪钦索朗桑布主持，并在楚布寺为得银协巴修建了银质灵塔和塑像。

五世噶玛巴·得银协巴这位一代名僧，英年早逝。他在短暂的一生中勤学精修，讲经传法，广纳弟子；又巡礼圣地，劝息纷争，缮修庙宇；还应永乐皇帝之请，远赴中原，开展佛事活动，成为"领天下释教"的"大宝法王"。

帕巴拉活佛（一世至四世）

帕巴拉活佛系统，是藏传佛教格鲁派在西藏东部康区最为著名的活佛传承。从 15 世纪一世帕巴拉坐床至 20 世纪 50 年代，活佛传承已经有 15 代。早期帕巴拉活佛一世、二世、三世、四世，皆出生在今林芝市境内的娘布、工布、龙布等地。一世至三世帕巴拉，一生主要在龙布、工布、波窝等地修建寺院，广收弟子，讲经说法，获得了巨大成功。今天林芝市巴宜区、波密县、工布江达县等地境内的格鲁派传承，皆起源于帕巴拉活佛世系。

一世帕巴拉，后人称之为杰瓦帕巴拉。1439 年，即藏历第七绕迥土羊年，他出生于娘布的古觉。3 岁受居士戒以后，杰瓦帕巴拉开始学习佛法；长大后，先后拜 40 余名高僧为师，学习

---

① 乃东即今西藏山南市乃东县城所在地。此地为帕木竹巴政权首领扎巴坚赞的宫殿所在地。

众多佛法经典，成为一名德行高深的僧人。1478年，即藏历第八绕迥土狗年，39岁的杰瓦帕巴拉在格鲁派圣地甘丹寺，在甘丹寺法台帕索曲吉坚赞和绛央曲杰两名高僧尊前受比丘戒。1487年，即藏历第八绕迥火羊年，杰瓦帕巴拉在错高湖上部的岗囊圆寂，其法体被迎请到扎西曲龙寺，安放在寺中特为他修建的名为扎西沃巴的金质灵塔里。杰瓦帕巴拉一生中，在今林芝市境内留下了许多重要宗教业绩，修建了诸多寺院，招收了众多弟子。他修建的第一座寺院是龙布的扎西曲龙寺，即今天工布江达镇的扎西曲林寺。尔后，杰瓦帕巴拉又陆续修建了龙布的尼达塘寺，波窝的倾多寺、德木拉卡寺，易贡的帖钦强巴林寺、波堆岗那寺等众多格鲁派寺院，为格鲁派在娘布、工布、波窝境内的传播、弘扬作出了重大贡献。

二世帕巴拉名为帕巴桑杰，1507年，即藏历第九绕迥火兔年，出生于工布的曲康杂瓦[①]。帕巴桑杰19岁时，才有人前来认定他的活佛身份；23岁后，前往波窝的易贡、倾多、松宗等地传授佛法。他在则拉岗，于岗布堪钦释迦桑布尊前受沙弥戒；八世噶玛巴·米觉多吉在工布传法期间，曾拜其为师，学习噶举派法门。帕巴桑杰一度赴理塘、绛域等地传法，在绛域极受土司扎西扎巴的尊崇。他应康区僧众之请，在昌都等地辗转过3年之久，讲经传法；后应他父亲的请求返回工布，修建了尼达塘寺，并时常在扎西曲龙、扎西潘德（在德木境内）等寺举行佛事活动。帕巴桑杰60岁时，效仿前辈噶玛巴的业绩，前往杂日山朝圣巡礼。不料，他行至乃龙（གནས་ལུང་）的时候，染病在身，于1566年，即藏历第九绕迥火猪年的十一月圆寂。法体安葬在扎西潘德寺内的银质灵塔中。

---

① 曲康杂瓦是今西藏林芝市林芝镇德木境内的一个地名。帕巴桑杰的传记中曾谈到，他19岁前往甘丹寺时，从故乡翻越德木山口后踏上了远行的路途；又谈到在扎西潘德，有帕巴桑杰称为德木的佛堂。

三世帕巴拉·通瓦团丹，在 1567 年，即藏历第十绕迥火兔年，出生于龙布的堆巴萨[①]。他 5 岁时，被高僧贡确扎巴等人认定为二世帕巴拉的转世灵童，迎请到扎西曲龙寺；不久，赴扎西潘德寺拜礼了前世帕巴拉的灵塔，又奔赴工布各地接受信徒的顶礼膜拜。通瓦团丹 9 岁时离开扎西潘德寺，前往龙布的扎西曲龙寺驻锡，受到当地僧俗信徒极其隆重的迎接。他在 28 岁时应昌都强巴林寺僧众邀请，在该寺讲授宗喀巴大师的经典经文。在强巴林寺住持吉仲拉旺的多次苦求之下，通瓦团丹登上了强巴林寺的法座，担任第十三代住持。[②]

通瓦团丹的上辈两代帕巴拉，一生大部分时间在龙布、工布、波窝等地从事佛事活动。通瓦团丹遵循前辈活佛的足迹，在上述三个地区讲经传法，调解地方纷争。有一个时期，波窝地区不甚安宁，不同地方之间纠纷不断，以致挥刀相见。有一次，倾多与噶囊两地之间发生械斗，死伤多人，一些地方头面人物多次劝解无果。最后，通瓦团丹亲临械斗现场，对双方苦口婆心地晓以利害，耐心劝谕，终于化解了械斗，地方得以恢复平安。

后来，通瓦团丹委托德木活佛，负责管理波窝的曲宗、松宗、达兴、加达（ སྙག་ས་ཏ ）等格鲁派诸寺的教务。1604 年，即藏历第十绕迥木龙年年初，通瓦团丹赴达察（ ད་ཚལ ，今昌都市八宿县境内），一方面讲经传法，另一方面主持经堂、佛堂、僧房等的修建。尔后，他移居古擦康（ དགུ་ཚ་ཁང ）驻锡。在古擦康驻锡期间，通瓦团丹开始感到身体有所不适，但不曾向弟子和近侍透露过一字半句。后来，他的弟子和属下近侍有所察觉，意欲为上师举行长寿祈祷法会，但遭到拒绝。是年，为了调解地方纠纷，通瓦团丹前往工布。由于路途艰险、一路颠簸，他在逗留波

---

① 龙布的堆巴萨，即今西藏林芝市工布江达县工布江达镇达巴萨村，藏文标音为 སྟོད་བ་ས ，而非 ད་བ་ས 。

② 参见《西藏文史资料选辑》（藏文版）第十八辑，民族出版社 1995 年版，第 29 页。

窝的卡达（ མཁར་སྡུག ）期间，突然圆寂，享年38岁。[①]

四世帕巴拉·曲吉杰布，在1605年，即藏历第十绕迥木蛇年，出生于龙布的堆巴萨，与三世帕巴拉出生于同一个村寨。曲吉杰布一出生就被信徒认为灵异昭著，4岁时被迎请到扎西曲龙寺。后来，他由四世达赖喇嘛云丹嘉措剃度并赐名为"帕巴拉·曲吉杰布"，又从四世班禅罗桑确吉坚赞尊前在拉萨大昭寺的释迦牟尼佛像前受了比丘戒。1620年，即藏历第十绕迥铁猴年，曲吉杰布登上昌都强巴林寺的法座。他在1643年，即藏历第十绕迥水羊年圆寂，享年39岁。曲吉杰布一生中，与五世达赖喇嘛阿旺罗桑嘉措、四世班禅罗桑确吉坚赞的关系密切。在曲吉杰布一生里，帕巴拉成为藏传佛教格鲁派的重要活佛系统。1625年，即藏历第十绕迥木羊年，曲吉杰布在拉萨与五世达赖喇嘛阿旺罗桑嘉措、四世班禅罗桑确吉坚赞一道，参加了大昭寺的正月传召大法会。四世班禅罗桑确吉坚赞给曲吉杰布灌顶，并传授了"金刚链""迷扎百法""噶当精粹十六法"等。[②]

四世帕巴拉以后，历代帕巴拉活佛的活动基本上以昌都为中心，逐渐远离了龙布、工布、波窝等地。四世帕巴拉·曲吉杰布曾短暂莅临波窝和扎西曲林、扎西潘德、德木洛赛林等寺，并在前往拉萨途中多次路过江达、扎松、雪卡等地。除此以外，他未能在今林芝境内留下更多足迹。

苏喀瓦·娘尼多吉（ ཟུར་མཁར་བ་མཉམ་ཉིད་རྡོ་རྗེ ）

又名措吉珠巴、贡觉仁钦、宇妥榜等，藏医苏喀派即南派创始人。1439年，即藏历第七绕迥土羊年，他出生在下塔布的

---

① 参见《西藏文史资料选辑》（藏文版）第十八辑，民族出版社1995年版，第36页。
② 参见《西藏文史资料选辑》（藏文版）第十八辑，民族出版社1995年版，第40页。

拉多①一个世代为医的显赫家族——苏喀。他的父亲仁增彭措，是当地名医；母亲贡钦扎西囊杰，是一名贤惠的家庭妇女。

苏喀瓦·娘尼多吉自幼仰慕宇妥·云丹贡布的盛名。据传说，娘尼多吉 10 岁时在曲英孜（ཆོས་དབྱིངས་རྩེ）待了三昼夜，静默念想云丹贡布大师。大师果然在梦中显灵，讲授了《四部医典》的精要，并对精要中的难点、疑点解疑释惑。从此，娘尼多吉对《四部医典》达到了极高的精通水平。这一传说试图说明，娘尼多吉聪慧异常，对学习医学情有独钟，年轻时已能背诵、解析《四部医典》。

娘尼多吉的学医之路先是随父学医，而后，拜夏热瓦饶绛（གར་བ་རབ་འབྱམས）、旺秋桑布等名医为师，以学习医学为主，兼学其他多种学科。14 岁时，娘尼多吉的医学知识已名扬远近。他曾遇一名医师，被问及出生于何等高贵氏族、拜过何等名师、师承于何等名医、有无著述等问题时，年轻的娘尼多吉作了简要而得体的回答。

16 岁时，娘尼多吉便发愿在医学学科方面立说。首先，针对日常所见——外身体四大失和、内禅定心乱、秘遭厉鬼之灾等病事②，著书立说，完善了"消除四障"（ཉེས་ཞིལ་བཞི）的医学著作。从此一发不可收，在短短 21 年时间里，他给后人留下了丰富而无价的几十函医学著述。其中，主要著作有《医典释难——宝镜千万舍利》《四部医典大疏》《切脉准则——炫丽日光》《小便检视法则——皎月宝镜》《医疗风疾——精要之海》等。

1476 年，即藏历第八绕迥木羊年，娘尼多吉去世，年仅 37 岁。尸体由其弟本杰尊（དབོན་རྗེ་བཙུན）、侄子米久（མི་འགྱུར）、弟子查本（ཕྱག་དཔོན）等人火化。

---

① 拉多在今西藏林芝市朗县拉多乡境内。

② 外身体四大失和、内禅定心乱、遇人生劫难等事的藏文原文为：ཕྱི་འབྱུང་བ་ཁྱུ་འཁྲུགས་ནང་ཏིང་འཛིན་ཞིམས་འཁྲུགས་གསང་བ་བར་ཆད་འབྱུང་རིགས།

娘尼多吉一生，足迹遍布聂、觉热、恰域、艾拉杰日①、娘布、工布等地，一面行医治病，一面收徒传术。以上地区的诸多医人以娘尼多吉为师，根据他的传授，编写了多部有影响的医学著作，为藏医药方的繁荣发展作出了重大贡献。

娘尼多吉的主要弟子有得究竟弟子（མཐར་ཕྱིན་གྱི་སློབ་མ་）4名——米久次丹精于药方口诀（མན་ངག་མཐར་ཕྱིན་），索囊扎西精于事业（འཕྲིན་ལས་མཐར་ཕྱིན་），次蚌多吉精于实践（ལག་ལེན་མཐར་ཕྱིན་），李琼白玛精于讲授（བཤད་པ་མཐར་ཕྱིན་）。此外，娘尼多吉有具备福力（བྱིན་རླབས་ཁྱགས་བ་）弟子8人、聪慧（ཤེས་རབ་ཅན་）弟子16人、闻名（གྲགས་པ་ཐོབ་བ་）弟子20人，还有不呼真名（ཟ་དགས་ཅན་）的弟子16人等。娘尼多吉的再传弟子中，最为知名的是次蚌多吉的弟子次旺。次旺所著《本续注疏要义》《医学释续原义如日》《诀窍续安乐如意》等著作，皆是医学名著。

由娘尼多吉开创的藏医学学派，被后人称为南派（ལྷོ་ཕྱོགས་）。②

娘尼多吉去世33年后，苏喀瓦家族又出了一代名医——苏喀瓦·洛珠杰布。他幼名次丹杰，在上师噶玛赤列座前受沙弥戒，被赐名为班丹同珠囊杰。洛珠杰布年幼时，就开始学习各门学科。他学习医学时，拜朗普曲杰、扎西白桑登等诸多大师为师，遂成为精通一切医学知识的名医。作为藏医南派的杰出代表人物，洛珠杰布摒弃门派之见，吸纳各门派医学知识，从而完善和提高了自己的医术和医学水平。其医学著作多达20余函，还著有《诗镜解注》《娘尼多吉传》等非医学类著作。③1584年，

---

① 聂（གནས）即今西藏山南市隆子县聂麦乡一带，觉热（སྐྱོར་）为今西藏山南市错那县觉拉乡一带，恰域（ཆ་ཡུལ་）即今西藏山南市隆子县加玉乡，艾拉杰日（ཨེ་ལ་རྗེ་རི）即今西藏山南市曲松县城一带。

② 娘尼多吉的简要生平事迹，可参见第斯·桑杰嘉措：《藏医史》（藏文版），甘肃民族出版社1982年版，第329—347页。

③ 参见《西藏历史人物简介》（藏文版），西藏人民出版社1993年版，第599—601页。

即藏历第十绕迥木猴年，苏喀瓦·洛珠杰布去世，享年 76 岁。

仁增嘉村宁布 （རིག་འཛིན་འཇའ་ཚོན་སྙིང་པོ་）

　　著名的宁玛派高僧、伏藏师，与伏藏师莱绰林巴（གཏེར་སྟོན་པ་ལས་འཕྲོ་གླིང་པ་）、密咒师宏那梅拔（སྔགས་འཆང་རྟུ་ཉག་མེ་འབར་）齐名，闻名于藏区。1585 年，即藏历第十绕迥木鸡年，仁增嘉村宁布出生于瓦如囊彩（ཝ་རུ་གནས་ཚལ་）①，父名曲迥贡布，母亲是囊朗普赤。仁增嘉村宁布被视为 9 世纪吐蕃高僧娘·定额增的化身。他幼年时即心慕佛学，3 岁开始识读文字，12 岁至 20 岁专心学习各种学科，尤其是专心攻读医学著作，成为精通医学之人。这一时期，仁增嘉村宁布多次梦见莲花生大师，又目睹、经历了世间种种苦难，于是，在强烈的出离尘世、遁入佛门的意愿下，出走到上师弥旁扎西洛珠尊前，聆听佛法，出家为僧。同时，仁增嘉村宁布从上师处接受了殊胜灌顶、修行仪轨的师承，并接受了解析法门窍诀的教导。后来，他拜夏仲诺布坚巴（ཞབས་དྲུང་ནོར་བུ་རྒྱན་པ་）、珠巴唐且钦巴（འབྲུག་པ་བསམ་ཅད་མཁྱེན་པ་）、娘梅拉孜瓦（མཉམ་མེད་ལྷ་རྗེ་བ་）等人为上师，听闻了新旧所有伏藏教法，并在娘梅拉孜瓦尊前受了比丘戒。

　　作为密宗高僧、密咒师，仁增嘉村宁布一生中充满了传奇色彩。从 20 岁至 35 岁，他严格限制饮食，不食肉，不沾酒，只喝茶。他在杂孔（ཙ་གོང་）、曼莫（དམན་མོ་）、娘当（ཉང་འདང་）、囊彩（གནས་ཚལ་）等地②的僻静山谷中，专心修习密法，多次披着一身补丁的破衣，以避谷术③（ཟས་བཅུད་ལེན་）修密，闭关修行，获

---

① 瓦如囊彩位于今西藏林芝市工布江达县巴河镇境内。

② 杂孔、曼莫、娘当、囊彩，皆在今西藏林芝市境内。

③ 避谷术又称摄生术，据说是佛教密宗修行者采吸花草药石中的精华，以求延年益体之术。17 世纪问世的《避谷详论——无漏乐园》（བཅུད་ལེན་རྒྱས་བཤད་ཟག་མེད་བདེ་སྐྱིད་），是一本详述避谷术方法的书。

得了殊胜成就。据传说，他身怀神通法力，能窥见隐蔽之物，涉水越山如履平地。一次，仁增嘉村宁布在聂玛拉日掘出伏藏之时，受到当地人的武力阻挠。他见状就骑上一匹骏马，在险峻无比的山岩上疾驰而去，获取的伏藏则如愿到手。诸如此类的神奇故事不胜枚举。

仁增嘉村宁布传承的密法源自上师夏仲诺布坚巴，经仁增嘉村宁布弘扬，在卫、藏、康三区长期盛行不衰。传承法门的上师中的噶玛巴红黑帽、主巴拔桑旺布（འབྲུག་པ་དཔག་བསམ་དབང་པོ་）、多吉扎仁增额给旺布（རྡོ་རྗེ་བྲག་རིག་འཛིན་ངག་གི་དབང་པོ་）、大伏藏师杜堆多吉（གཏེར་ཆེན་བདུད་འདུལ་རྡོ་རྗེ་）等人，皆是名震藏区的噶举、宁玛等派高僧。

作为伏藏师，仁增嘉村宁布一生中发现和掘出了许多伏藏经文。按照宁玛派教义，获取伏藏分为五个阶段：一是认识伏藏的性质，二是通晓伏藏的文义，三是释读伏藏的性相，四是区分伏藏的类别，五是通达伏藏的要义。据说，莲花生大师曾在上下藏地藏匿了无数伏藏；佛教前弘时期的高僧大德——比玛拉米扎、毗若杂那、囊喀宁布、桑杰益希、娘·定额增等人，也埋藏了诸多伏藏。莲花生大师等人在藏匿伏藏时发愿，希望后来有缘者能掘取伏藏。于是，陆续诞生了娘热巴（ཉང་རལ་བ་）、古茹曲旺（གུ་རུ་ཆོས་དབང་）、仁增果丁（རིག་འཛིན་རྒོད་ལྡེམ་）、迪敦林巴（གཏེར་སྟོན་གླིང་བ་）等著名伏藏大师。1620年，即藏历第十绕迥铁猴年，仁增嘉村宁布35岁时，生平第一次发现和掘出了伏藏——一函措杰（མཚོ་རྒྱལ་）手书的经文。随之，他从查龙洪昌（བྲག་ལུང་ཁོམ་འབྲང་）获取了《绝密至宝汇集》（ཡང་གསང་དཀོན་མཆོག་སྤྱི་འདུས་）等伏藏密文，举行了伏藏出土仪轨；并按相关仪轨，掘取的伏藏密文长期秘不宣人。后来，仁增嘉村宁布又从工布的布久、聂玛拉日、卫茹谐拉康等地，先后获取了《观世音经》《马猪如意宝》《静猛了义精要》《长寿仪轨——天杵金刚》《忿怒金刚》等伏藏经文。

仁增嘉村宁布一生著述丰富，著有《塔布噶举教诫与伏藏源流》《仁增嘉村宁布密传》《仁增嘉村宁布道歌》《仁增嘉村宁布伏藏自传》《秘境白玛桂志》《王统教法史简要》等。

仁增嘉村宁布曾告诫那些试图仿效他的举止言行，却不谙佛法精义、不识修行之道的弟子："自获得人生之初，得益于前世因缘，一生皈依于佛门。念之生死无常，老僧此生一切，已奉献于佛法，尔等后来者，应以此仿效。"

1656年，即藏历第十一绕迥火猴年，仁增嘉村宁布走完了他传奇的一生，在彭仁觉布（ངང་རི་འཛོག་པོ་）①圆寂，享年72岁。②

三、甘丹颇章地方政权时期

阿尔布巴·多吉杰布（ང་ཕོད་རྡོ་རྗེ་རྒྱལ་པོ་）

清史中简称为阿尔布巴，是清代康熙、雍正年间西藏政坛上著名的历史人物。阿尔布巴是今西藏林芝市工布江达县境内著名的贵族家族的名称，今译为阿沛。阿尔布巴·多吉杰布出生于17世纪下半叶，长大成人后成为家族掌门人。近300年间，在西藏历史上，阿尔布巴家族是工布境内最大的贵族，拥有大量的土地、差民和奴户。

1717年，即清康熙五十六年，游牧于新疆伊犁河流域的蒙古准噶尔部首领策妄阿喇布坦（ཚེ་དབང་རབ་བརྟན་），派大将策零敦多布（ཚེ་རིང་དོན་གྲུབ་）率6000精兵，经阿里、羌塘（藏北草原）突袭拉萨，占据了西藏。康熙皇帝看到，蒙古准噶尔部对西藏的侵扰，不仅严重扰乱了西藏地方秩序，给西藏人民带来了战争灾

---

① 彭仁觉布为仁增嘉村宁布一生中重要的修行地，位于今西藏林芝市工布江达县巴河镇朗色村。

② 参见《仁增嘉村宁布全集》(藏文版)，西藏藏文古籍出版社2013年版，第21、130、261、339、402页。

难，而且危及青海、四川、云南等省的安全。于是，康熙皇帝决定派大军入藏驱逐准噶尔部军队，恢复西藏的安宁秩序。

1718 年，即清康熙五十七年，清军从甘肃、四川两路第一次入藏。甘肃一线清军经青海入藏，与准噶尔军队战于藏北的哈喇乌苏（今那曲一带）。准噶尔军队截击清军背后，断其粮饷。相持月余，清军败退，提督康泰也败亡于拉里（今嘉黎）。

1719 年，即清康熙五十八年，康熙皇帝再命噶尔弼为定西大将军、延信为平逆将军，率两路大军出四川、云南，入藏驱逐准噶尔军队。噶尔弼率满汉官兵于当年四月十六日从成都起程，出打箭炉，经理塘、巴塘、乍丫（察雅）至叉木多（昌都）。在叉木多，噶尔弼会合由云南都统赵坤所率、由中甸出发的清军，然后整队进发，经类乌齐、洛隆、硕般多、达宗（今边坝）、拉里，进兵至江达、直贡、墨竹工卡一带，遇到了蒙古准噶尔部落、西藏联军的顽抗。

这时，江达宗境内的第巴（即地方首领）阿尔布巴·多吉杰布率 2000 余名工布民军协助清军作战。战斗中，阿尔布巴·多吉杰布率领的民军做向导，打头阵，冲锋在前，与随后跟进的清军一道翻山越岭，向直贡进攻。准噶尔军队兵败逃窜，清军于是年八月二十三日进驻拉萨。准噶尔部首领策零敦多布见"援散食绝，力竭势穷"，遂狼狈地从藏北经阿里逃回新疆，西藏地方秩序和人民的安宁生活得到了恢复。阿尔布巴·多吉杰布因其所立战功，被清朝授予贝子之衔，不久又升任西藏地方政府噶伦。

阿尔布巴·多吉杰布升任噶伦后，卷入了一场政治斗争。当时，西藏地方政府各噶伦之间为争权夺利，形成了前藏籍贵族和后藏籍贵族两个政治势力集团。首席噶伦康济鼐（ཁང་ཆེན་ནས་）为后藏籍噶伦，为人自负傲慢，轻视其他众噶伦，而且把阿尔布巴为首的前藏籍噶伦视作秉性阴险，因此，与阿尔布巴·多吉杰布等人之间的关系日趋紧张。①

众噶伦中，阿尔布巴·多吉杰布有两个前藏籍的政治盟友——隆巴鼐（ རུམ་པ་ནས ）和扎尔鼐（ སྦྲར་ར་ནས ）。其中，隆巴鼐向来与康济鼐不合。隆巴鼐听到清廷要加封康济鼐的爵位，钦差大臣已在入藏路途之上的消息后，加紧实施除掉康济鼐的计划。1727 年，即清雍正五年的六月十八日，康济鼐和阿尔布巴·多吉杰布、隆巴鼐、扎尔鼐 4 人在大昭寺的噶厦议事厅照常议事时，阿尔布巴·多吉杰布之子洛桑假装给康济鼐呈上一件长篇公文，以此来吸引他的注意力。另一个名叫洛桑团悦的人突然从康济鼐的背后扑上来，用绳子紧勒他的脖颈。阿尔布巴·多吉杰布、洛桑、隆巴鼐、扎尔鼐 4 人趁机抽出刀，砍杀了康济鼐。②

康济鼐被杀后，阿尔布巴·多吉杰布等人预谋杀害另一名后藏贵族、康济鼐的政治盟友颇罗鼐（ ཕོ་ལྷ་ནས ）。这时候，颇罗鼐正身处其后藏庄园仲颇罗（ འབྲུམ་ཕོ་ལྷ ，在今日喀则市白朗县境内），处理一些庄园事务。他听到康济鼐被害，又得知自己的生命处于危险之中，便与亲信商量对策，最后决定：征集后藏及阿里的民军，与阿尔布巴·多吉杰布、隆巴鼐等人率领的前藏民军开战。如此，爆发了著名的"卫藏战争"，即前、后藏之间的战争。颇罗鼐是一位富有计谋、政治头脑清晰的人物。他在短时间内，于协噶（ ཤེལ་དཀར ）、波绒（ སྤོ་རོང ）、萨噶等地聚集了几千民军，积极备战；同时，又派民军前往阿里一线，预防蒙古准噶尔部的突袭。

1728 年，即清雍正六年，前藏、后藏军队正式开战。前藏的 300 余名民军攻打颇罗鼐的庄园——仲颇罗 5 日之久，但未能攻下，只好退兵江孜。此后，通过几番战斗，前藏民军节节败

---

① 参见《西藏地方历史资料选辑》，1973 年出版，第 97 页。
② 参见《颇罗鼐传》，四川民族出版社 1981 年版，第 526 页。

退，后藏军队乘势前进。是年五月二十五日，颇罗鼐率领的后藏军队从彭域（今拉萨市林周县）发动进攻，打败了隆巴鼐率领的前藏军队，并在五月二十六日进攻拉萨。阿尔布巴·多吉杰布等人退回布达拉宫和雪村一带。两天后，阿尔布巴·多吉杰布、隆巴鼐、扎尔鼐3噶伦被颇罗鼐的军队擒拿。

前、后藏战争还在进行时，颇罗鼐向清廷陈述阿尔布巴·多吉杰布等人的叛逆之举，要求派大军前来剿逆。据此，雍正皇帝命左都御史查郎阿为正帅，会同散秩大臣周瑛、云南总兵南天祥，率满汉大军分3路向拉萨进兵。清军还在路上之际，颇罗鼐已消灭了前藏军队，阿尔布巴·多吉杰布等人被囚禁，等候清廷的处置。

战争结束后，颇罗鼐面见清朝驻藏大员玛拉，表达了率9000名民军士兵返回后藏的意愿。阿尔布巴·多吉杰布等人叛逆之事，静候清廷派大员前来处置。九月，查郎阿率大军抵达拉萨，开庭审讯阿尔布巴·多吉杰布等人的罪行，尔后，决定以最严厉的清朝律条严惩阿尔布巴·多吉杰布等人。行刑当天，刑场设在拉萨的觉布日山下。阿尔布巴·多吉杰布等人被带入刑场时，双手反绑，背后插着"亡命牌"。阿尔布巴·多吉杰布、隆巴鼐被凌迟；其他人有些被缢杀，有些被砍头；阿尔布巴·多吉杰布的三个儿子同时被诛杀。从此上百年，阿尔布巴家族在西藏政坛上似乎一蹶不振。直到20世纪30年代，阿尔布巴家族即阿沛家族，才有出任噶伦一职的政治人物。阿尔布巴·多吉杰布事件后，颇罗鼐被清廷封为贝子，总理西藏地方事务。

六世德木活佛阿旺绛白德列嘉措（ངག་དབང་འཇམ་དཔལ་བདེ་ལེགས་རྒྱ་མཚོ་）

甘丹颇章政权时期，西藏第一位僧人摄政。1723年，即藏历第十二绕迥水兔年，他出生于工布布久一个叫作仲麦（གྲོང་སྨད་）

的村庄。他的父亲是索南拉塔，母亲名叫卓玛吉。他被认定为上辈德木活佛的转世灵童后，即被迎请到德木寺供养。他少年时因天资聪慧，读书识字、诵读佛经都无碍而学成。他尤其善绘图描画，时常把如来、菩萨等佛像，以及风水美景作为绘画题材。他13岁时赴拉萨，在七世达赖喇嘛格桑嘉措座前受沙弥戒，被赐法名阿旺绛白德列嘉措。他根据七世达赖喇嘛格桑嘉措的嘱咐，进入拉萨哲蚌寺的郭忙札仓学习佛经大论，并拜热振寺高僧洛桑塔吉为经师，开始学习因明，兼学医药方和工明方。当时，康熙皇帝第十七子、多罗果郡王胤礼，派人进藏送金银、绸缎等厚礼，要求阿旺绛白德列嘉措在西藏学习汉、满语言，将来学业完成后赴北京任其"曲乃"（ མཆོད་གནས་，即供奉对象）。由于清皇室成员提出这个要求，六世德木活佛在哲蚌寺学法期间，拜精通多种语言的高僧洛桑南杰为师，勤奋学习，遂成为博学之人。六世德木活佛在少年时期学习绘画时，曾专学齐乌（ཇེའུ་）派画风，后在唐卡绘画、佛像塑造等方面多有建树。他20岁时在七世达赖喇嘛格桑嘉措座前受比丘戒，受灌顶；同时，学习了许多政教事务方面的知识。在拉萨传召大法会期间，六世德木活佛参加了格西学衔考试答辩，由于思维敏捷、学识广博、答辩无碍，赢得了众高僧考官的一致好评。七世达赖喇嘛格桑嘉措为此赞许有加，特派人送来赏赐。从此，六世德木活佛受到七世达赖喇嘛格桑嘉措的特别宠幸，成为其首席弟子。

1757年，即清乾隆二十二年，七世达赖喇嘛格桑嘉措圆寂。清朝驻藏大臣与西藏地方政府联合上书清廷，奏报达赖喇嘛已圆寂，正着手寻访其转世灵童。乾隆皇帝得知达赖喇嘛圆寂，感到非常惋惜。他鉴于西藏政教事务不可一日无领袖，便在驻藏大臣的奏折上批复说，达赖喇嘛是西藏肩负佛教一切事务的圣者，是众生的皈依和希望寄托所在。而且，七世达赖喇嘛格桑嘉措向来尊奉皇帝谕旨，掌理政教事务，值得特别加恩赞扬。今日，他突然圆寂，皇帝我的心里感到惋惜与焦虑。由于西藏处于紧要之地，已故达赖喇嘛的转世灵童降世前，要委任一名大呼图克图代理西藏政教首领的职责。

根据乾隆皇帝的谕旨，驻藏大臣向西藏地方政府的班第达（ དགའ་བཞི་ ）等噶伦询问，已故达赖喇嘛跟前的呼图克图级高僧弟子中，谁是德行优良、博学多才之人。班第达等人回复，唯有六世德木活佛曾服侍达赖喇嘛多年，是其最看重的弟子。根据这一情况，驻藏大臣和西藏地方政府联合递上奏折，推荐六世德木活佛为西藏摄政的唯一候选人。但是，六世德木活佛以政教事务方面缺乏经验、说话时口齿不伶俐等原因，几次谢辞出任摄政一职。

乾隆皇帝担心西藏无人主持政教事务期间，噶伦等人"擅权滋事"，使西藏政局陷于动荡，仍命六世德木活佛出任摄政，在达赖喇嘛的灵童未寻获前及其未年满 18 岁前，暂时代理达赖喇嘛的政教职权，并赏给"持黄教者吉祥诺门汗"的名号。

1757 年，即清乾隆二十二年，七世达赖喇嘛格桑嘉措圆寂当年，乾隆皇帝颁布的委任西藏摄政的谕旨，由驻藏大臣在布达拉宫日光殿，向着诸位噶伦、三大寺堪布及僧俗官员宣读。乾隆皇帝命令六世德木活佛："是以朕赏第穆呼图克图诺门汗之号，俾令如达赖喇嘛在日，一体掌办喇嘛事务。"[1]

由此，六世德木活佛成为甘丹颇章政权时期西藏第一位僧人摄政。此后又有两位德木活佛，即七世、八世德木呼图克图出任过西藏摄政。

六世德木活佛就任西藏摄政后，着手办两件大事：一是亲自主持修建七世达赖喇嘛格桑嘉措的灵塔，二是负责寻访七世达赖喇嘛格桑嘉措的转世灵童。1759 年，即清乾隆二十四年，乾隆皇帝授予六世德木活佛"管理黄教巴勒布诺门汗"的金字银印。

---

① 《西藏通史》清代卷（上册），中国藏学出版社 2015 年版，第 246 页。

1762 年，即藏历第十三绕迥水马年，在拉萨修建了丹吉林寺。从此，该寺成为历代德木活佛在拉萨的驻锡寺。另外，六世德木活佛主持的桑耶寺维修，是该寺历史上规模最大的一次维修，受到了后世的广泛赞誉。

六世德木活佛在奉旨出任西藏摄政的 20 年间，恪尽职守，勤于政教事务处理，有许多重大业绩，包括重新制定寺院戒规、严肃僧戒，不准僧人吸鼻烟、穿戴不伦不类的僧服等。1777 年，即藏历第十三绕迥火鸡年，六世德木活佛圆寂，享年 55 岁。

八世达察活佛济咙呼图克图[①] （ཏ་ཚག་རྗེ་དྲུང་ཧོ་ཐོག་ཐུ）

全名为益希罗桑丹白贡布 （ཨེ་ཤེས་བློ་བཟང་བསྟན་པའི་མགོན་པོ），于 1760 年，即藏历第十三绕迥铁虎年，出生在波窝的尼确村 （ཉིད）[②]。父名塔鲁次仁，为嘎朗第巴家族的支系；母名达瓦普赤。他由六世班禅罗桑巴丹益西认定为前世达察活佛的转世灵童，并赐给法名。他 5 岁时被迎请到八宿寺 （དཔའ་ཤོད） 坐床，由上一辈达察活佛的侄子觉丹堪布班丹扎巴剃度，并开始读经识字、学习佛法。后来，八宿寺堪布班丹扎巴与类乌齐的一个地方头人发生土地、草场纠纷。双方两次派代表，赴拉萨对簿公堂，但无果而终。受此事件影响，八世达察活佛在 12 岁时远赴中原，直奔北京，见到了清朝乾隆皇帝封赐的"振兴黄教大国师"三世章嘉·益喜丹白准美，向三世章嘉活佛表明了此次赴京目的，意在向清廷陈述冤情。然而，对清廷律法有透彻了解的三世章嘉活佛，劝说八世达察活佛打消向清廷申诉的念头，理由是清廷的刑法过于严厉，即便胜诉，也要受残酷的处罚。后人认为，当时若无三世章嘉活佛的劝谕，申诉结局对双方不堪设想。八世达察活

---

① 有些书籍中，称他为三世达察·益希罗桑丹白贡布活佛。

② 尼确村，位于今西藏林芝市波密县扎木镇境内。

佛一行前后在中原逗留了9年，主仆13人的俸禄均由清廷赐给。一次，乾隆皇帝前去热河狩猎时，会见了八世达察活佛。此后，八世达察活佛几乎年年得到乾隆皇帝的赐见，并受到了特殊礼遇。在京逗留期间，八世达察活佛在三世章嘉活佛尊前受了沙弥戒，并接受了多种教法的传授和灌顶。1781年，即藏历第十三绕迥铁牛年的三月，八世达察活佛一行离开京城，踏上了返藏路途。八月，他抵达八宿，受到了当地及来自四方信徒的隆重迎接。他在八宿驻锡7个多月，给信徒讲经传法，佛法活动鼎盛一时。八世达察活佛在23岁时赴拉萨，面见八世达赖喇嘛绛白嘉措，并入哲蚌寺研修佛法，参加了当年哲蚌寺的夏季法会。他在25岁时于八世达赖喇嘛绛白嘉措尊前受比丘戒。尔后，他先后拜珠旺经师（གྲུབ་དབང་ཡོངས་འཛིན་）、热堆·森巴钦布（ར་སྟོད་སེམས་དཔའ་ཆེན་པོ་）、杰色活佛（རྒྱལ་སྲས་རིན་པོ་ཆེ་）、达普活佛（སྟག་བུ་རིན་པོ་ཆེ་）等高僧为师，在诸位上师尊前学习了显、密二宗的大部分论典。①

　　1791年，即清乾隆五十六年，西藏摄政策门林（ཚེ་སྨོན་གླིང་）逝世。乾隆皇帝下旨，令八世达察活佛出任代理摄政，掌管西藏地方政府政教事务。是年，西藏遭到了尼泊尔廓尔喀军队的大举入侵，边境的定日、绒夏、聂拉木、宗噶、协噶等5宗沦陷，后藏的扎什伦布寺也被洗劫。此次廓尔喀军队入侵西藏，是由沙玛尔巴活佛②（ཞྭ་དམར་ཆོས་སྐྱུན་རྒྱ་མཚོ་）诱导引发的严重事件。乾隆皇帝看到西藏局势危急，就命大将军福康安为统帅、海兰察为副帅，统兵1.7万余人进藏反击。次年，清军在西藏人民的全力支持下，驱逐了西藏境内的廓尔喀军队，并深入到尼泊尔腹地，取得了反击廓尔喀军队的胜利。这次战争中，作为代理摄政的八世

---

① 参见《西藏五部史籍》，西藏藏文古籍出版社1990年版，第334—336页。

② 沙玛尔巴活佛，即噶玛噶举红帽派十二世曲珠嘉措。

达察活佛，与八世达赖喇嘛一起，积极配合前方清军的军事行动，组织动员后方力量，为前线提供了有力的支持。

驱逐廓尔喀军队的战争结束后，在八世达察活佛的协助下，福康安、清朝驻藏大臣与西藏地方政府共同议定了著名的《钦定藏内善后章程》（简称《二十九条章程》），并由清廷审定后颁布。《二十九条章程》对西藏的行政、宗教、军事、外事、财税、人事等一切大事作了具有法律效力的规定，极大地完善了治藏方针和举措，为强化清朝中央政府对西藏的全面管理、巩固边境安全、发展地方经济，作出了重要贡献。①

《二十九条章程》颁布后，福康安把位于羊八井的、沙玛尔巴活佛的主寺羊八井寺赏给八世达察活佛，并强令寺中的103名僧人由噶举派改宗格鲁派。不久，清朝参赞海兰察、巴图鲁等人捐资在拉萨建寺一座，乾隆皇帝御赐寺名曰"卫藏永安"，此寺即为今天的拉萨功德林寺。从此，该寺成为达察活佛在拉萨的驻锡地和祖庙。1804年，即清嘉庆九年，八世达赖喇嘛绛白嘉措圆寂。嘉庆皇帝命八世达察活佛正式出任摄政。3年后，于西康邓柯出生的3岁男童隆多嘉措被认定为新达赖喇嘛灵童。八世达察活佛会同七世班禅丹白尼玛以及三大寺堪布，通过驻藏大臣向清廷上书，认为隆多嘉措确系"达赖喇嘛转世，请奏明皇上，免于金瓶掣签"。嘉庆皇帝批准了八世达察活佛等人所请，派成都将军特清额进藏颁旨，准许隆多嘉措免于金瓶掣签。八世达察活佛和驻藏大臣共同主持了隆多嘉措的坐床典礼。

八世达察活佛在世期间除了政绩外，在宗教方面也留下了许多为后人所称道的事迹。他在八宿修建了诸多供奉有上千座佛和菩萨塑像的佛殿，主持了昌珠寺的维修工程，出资书写了金汁大藏经《甘珠尔》。著作有《三宝祈祷——仙人正语》《护法神多

---

① 参见《西藏历史文化辞典》，西藏人民出版社1998年版，第87页。

列酬补仪轨——云雷声》《护主巴窝多吉祈祷祭祀文》等等。

1810 年，即藏历第十四绕迥铁马年，八世达察活佛圆寂，享年 51 岁。他前后任西藏代理或正式摄政达 20 年。

十三世达赖喇嘛土登嘉措（ཐུ་ལྦའི་བླ་མ་ཐུབ་བསྟན་རྒྱ་མཚོ་）

1875 年，即藏历第十五绕迥木猪年的三月二十日，年仅 20 岁的十二世达赖喇嘛赤列嘉措在布达拉宫突然圆寂。不久，西藏地方政府着手寻访转世灵童。按照宗教仪轨，西藏地方政府恭请八世班禅丹白旺秋卜卦降旨：灵童是否已出生？若已出生，出生地应当在何方？八世班禅丹白旺秋答复：灵童已出生在拉萨东南方向。西藏地方政府又按惯例，请乃琼护法神作法降旨。乃琼护法神的答复与八世班禅丹白旺秋的指认如出一辙，也认定灵童出生在拉萨东南方，并指出灵童的父名带有贡噶两字，母名带有洛桑两字。

根据八世班禅丹白旺秋和乃琼护法神降下的旨意，西藏地方政府派出了多个寻访小组。其中，派到塔布境内的寻访小组在神湖曲廓杰（即拉姆拉措）观湖后得知：藏历第十五绕迥火鼠年（1876 年）五月初五，在下塔布称为朗敦的村庄，一家农户出生了一名男孩，灵异卓著，取名洛桑塔凯嘉措。根据这一信息，寻访组即刻秘密前往查实。果然，幼童所在村庄的地形地貌，与观湖过程中所见景象吻合；幼童之父名叫贡噶仁钦，母亲称为洛桑卓玛，与乃琼护法神的旨意相符。据此，寻访组向西藏地方政府递交了一份书面报告，内容涉及灵童的种种神奇之处。一年后，这名幼童被西藏地方政府认定为十二世达赖喇嘛的转世灵童，迎请到拉萨附近的蔡公塘寺供养。尔后，八世班禅丹白旺秋给灵童剪发剃度，赐名"吉尊阿旺洛桑土登嘉措济差旺秋确列南巴杰瓦德"，简称土登嘉措。

西藏地方政府鉴于只寻访到了一名灵童，而且按照宗教仪轨，认定此灵童即为新的达赖喇嘛，就以八世班禅丹白旺秋、西藏摄政、拉萨三大寺及扎什伦布寺等全体僧俗官员的名义，通过清朝驻藏大臣松湉向清廷呈上公禀，请求免于金瓶掣签。不久，光绪皇帝颁发谕旨："即作为达赖喇嘛之呼毕勒罕，毋庸掣瓶。钦此。"

1879年，即藏历第十五绕迥土兔年的六月十四日，灵童登上宝座，在布达拉宫举行了盛大的坐床典礼，土登嘉措正式成为十三世达赖喇嘛。他的父亲贡噶仁钦随其迁入拉萨，受封为公爵；其家族成为西藏的大贵族，称为朗敦家族。

1888年，即藏历第十五绕迥土鼠年，早已吞并印度，并对西藏虎视眈眈的英帝国主义派兵向西藏边境的隆吐山发动进攻，挑起了第一次侵略西藏的战争。十三世达赖喇嘛土登嘉措号召西藏人民投入到抗英斗争中去。西藏僧俗官员大会亦通过驻藏大臣递呈公禀，表示了誓死抗英的决心。由于清政府软弱无能、妥协让步的政策和藏兵武器落后等自身的原因，抗英战斗终以失败告终。

1895年，即藏历第十五绕迥木羊年，十三世达赖喇嘛土登嘉措年届19岁，在普布觉活佛跟前受了比丘戒。同年藏历八月八日，按照惯例，摄政退政，十三世达赖喇嘛土登嘉措正式执掌西藏地方政教事务。

1904年，即藏历第十五绕迥木龙年，英帝国主义发动了第二次侵略西藏的战争。当年公历8月，由荣赫鹏率领的英国"远征军"进驻拉萨。十三世达赖喇嘛土登嘉措在英军进入拉萨前夕避险远走，直奔蒙古的库伦等地。在蒙古期间，他主要从事讲经说法、熬茶布施、剃度受戒等宗教活动；此后，移居青海塔尔寺，给聚集了3000余僧人的法会讲授经典。1908年，即清光绪三十四年的正月，十三世达赖喇嘛土登嘉措抵达山西五台山朝圣；并在八月入京，觐见了慈禧太后、光绪皇帝，面陈藏情。清政府赐给他"诚顺赞化西天大善自在佛"的封号。1909年，即藏历第十五绕迥土鸡年，十三世达赖喇嘛土登嘉措在结束了 5 年的于内地、蒙古的滞留后，回到了拉萨。①

此次十三世达赖喇嘛土登嘉措逃亡蒙古、内地等地，主要出于两个原因：一是若留居拉萨，必然避免不了在英军威逼下签订条约，受城下之辱；二是前往北京，面见光绪皇帝、慈禧太后，陈述西藏政情，寻求清朝中央政府的支持，以图对付英国侵略之策。

十三世达赖喇嘛土登嘉措回到拉萨不久，驻藏大臣联豫奏请的、由统领钟颖率领的入藏清军逼近拉萨。1910 年，即藏历第十五绕迥铁狗年的正月，清军抵达拉萨。此时，拉萨城里正举行正月传召大法会。由于新来的清军大多数是临进藏前在四川招募的社会闲散人员，军纪极为涣散。进入拉萨当天他们就在街上肆意开枪寻事，继而向着布达拉宫开枪射击，造成了参加法会的西藏地方政府官员及巡警死伤的严重情况。也有史料认为，开枪寻事者是驻藏大臣联豫的卫队。无论如何，十三世达赖喇嘛土登嘉措见到拉萨形势如此危急，认为人身安全已受到了威胁，因而决定带领部分随员乘夜出走印度避难。

辛亥革命后，驻藏的前清川军离开西藏。十三世达赖喇嘛土登嘉措回到了拉萨，重新掌权，并开始推行新政，涉及行政设置、官吏任免、货币邮政、电气电信、军队改革等方面。其中，军队改革主要包括两个方面：一是强化军事力量，二是创办新式军队。

1922 年，即藏历第十五绕迥水狗年，因西藏地方政府扩建藏军，加重了摊派给班禅为寺主的扎什伦布寺的军粮税额，引起了扎什伦布寺的强烈不满，激化了西藏地方政府与扎什伦布寺的矛盾。结果，九世班禅曲吉尼玛被迫逃亡蒙古和中原地区。西藏地方政府乘机强化对后藏地区的管理，委派重要官员担任"藏

---

① 参见牙含章：《达赖喇嘛传》，人民出版社 1984 年版，第 212—216 页。

基"（后藏总管），班禅系统在后藏的利益受到了巨大损失。

1933年，即藏历第十六绕迥水鸡年的十月三十日，十三世达赖喇嘛土登嘉措在布达拉宫圆寂，享年58岁。国民政府追封他为"护国弘化普慈圆觉大师"，第二年，派参谋本部次长黄慕松入藏致祭。

十三世达赖喇嘛土登嘉措一生所走过的道路坎坷不平，但始终奉行"倾心内向，五族共荣"的爱国理念，并在晚年为加强西藏与国民政府的关系作出了许多努力。

十三世达赖喇嘛土登嘉措佛学知识渊博，著述丰富，主要有《上师普觉传及建塔志》《佛经经典讲释》《僧团戒律问题》以及《音韵解注》等。

阿塔尼玛扎巴 （ཨ་དར་ཉི་མ་གྲགས་པ）

工布觉木宗（今西藏林芝市巴宜区八一镇）人，出生于当地一个头人家庭，出生年月不详。19世纪末20世纪初，清朝腐败无能，西藏局势动荡不安，英帝国主义对西藏图谋已久。1904年，即藏历第十五绕迥木龙年的春天，英帝国主义悍然发动了第二次侵略西藏战争。西藏地方政府紧急下令，从西藏各地征召民军，开赴前线。阿塔尼玛扎巴响应征召，率领工布民军，赴亚东至江孜一线御敌。阿塔尼玛扎巴从工布出发前，发出豪言："养兵千日，用兵一时。我等保护故乡土地，在此一举。"同年3月，英军在曲米西果（今日喀则市亚东县堆那乡境内）借与藏军谈判之际，施展诡计骗术，突然开枪，屠杀西藏军民几百人。随后，英军沿着亚东至江孜的商道进军。藏军和各地征召的民军，在萨玛达、康马、杂昌谷（以上三地皆在今康马县境内）等地，进行了英勇的阻击，但未能阻挡侵略军的前进步伐。此时，阿塔尼玛扎巴所率的工布民军与门吉林代本率领的部分正规藏军，以及僧兵和来自藏北、康区的民军500余人退守乃宁寺（康马县境内），并在寺院围墙四周和西面山头修筑工事，准备痛击侵略军。乃宁寺守军中的工布民军主要来自则拉、觉木、雪卡三地，由阿塔尼玛扎巴、阿塔夺多（则拉岗宗人）等人指挥。6月27日拂晓，英军先遣团的4个连，用先进的武器——山炮和马克沁机枪从寺院左翼发动进攻。守护寺院的包括工布民军在内的西藏军民，顽强抵抗了近4个小时。英军以更猛烈的火力攻破高大的围墙，进入寺院大院，守军被迫退入大经堂内。当英军逼近大经堂时，大经堂内视死如归的25名工布民军敢死队队员和30名康区民军，早已决意宁肯死战，也不坐以待毙。于是，工布民军在阿塔尼玛扎巴、阿塔夺多的率领下，挥舞着工布大刀，冲向英军。英军顿时大乱，一名军官被阿塔夺多一刀砍死，多名英军丧命于英勇的工布民军刀下。这次战斗中，阿塔尼玛扎巴及其弟弟以及阿塔夺多等几十名工布民军英勇战死，为保家卫国献出了宝贵的生命。"阿塔工布民军，挥刀冲向英军，乃宁寺的石板，流淌红色鲜血。"这是后来广为流传的一首著名的民歌，歌颂了阿塔尼玛扎巴等来自工布的抗英斗士们的英雄业绩。

旺钦杜堆（དབང་ཆེན་བདུད་འདུལ）

末代嘎朗第巴。1911年，即清宣统三年，四川总督赵尔丰派遣五路清军攻打波窝，筹划设治置县，废除嘎朗第巴政权。战事爆发不久，嘎朗第巴白玛才旺仓皇失措，带着少数随处逃亡墨脱，后被地东宗本所诱杀。

是年，内地爆发辛亥革命，赵尔丰被杀，驻波窝的清军哗变溃散。白玛才旺的女婿旺钦杜堆在波密继任嘎朗第巴一职，重新掌握了在波密固有的权力。旺钦杜堆继位后，与西藏地方政府表面相安无事，实际上借助险要地势、彪悍民风，不时表示出对西藏地方政府的抗拒、蔑视态度。例如，按照惯例，嘎朗第巴需要向西藏地方政府缴纳少量的酥油差税，但旺钦杜堆不时拖欠，使西藏地方政府常陷于无可奈何之地。此时，正逢十三世达赖喇嘛土登嘉措推行新政，重新审定西藏各地行政区划。同时，西藏地方政府对波密嘎朗第巴政权一直虎视眈眈，乘新政推行之际，试图寻找机会，收回对波密地区的管辖权。

不久，旺钦杜堆之妻、白玛才旺之女病故。此时，西藏地方政府噶伦兼藏军司令擦绒·达桑占堆（ཆ་རོང་ཟླ་བཟང་དགྲ་འདུལ་）认为有机可乘，就派人前去安抚嘎朗第巴；同时，主动提出把妹妹次仁卓玛下嫁给旺钦杜堆。擦绒·达桑占堆的目的，在于通过这种政治联姻，逐步收回对波密地区的管辖权。旺钦杜堆同意了擦绒·达桑占堆做媒的这一婚姻，次仁卓玛从拉萨远嫁波窝。

1924 年，即藏历第十五绕迥木鼠年前后，擦绒·达桑占堆多次致信旺钦杜堆夫妻，劝说他们移居拉萨，还许诺西藏地方政府将给旺钦杜堆安排相应的官职并拨给作为俸禄的庄园。擦绒·达桑占堆计划，如果旺钦杜堆同意来拉萨的话，就借此机会废除嘎朗第巴的特权，正式收回对波密地区的管辖权。

起初，旺钦杜堆接受了擦绒·达桑占堆的建议，决定夫妻两人前往拉萨定居。旺钦杜堆让次仁卓玛先期启程赴拉萨，不久，旺钦杜堆及随行也从嘎朗官邸踏上了前往拉萨的路程。旺钦杜堆一行抵达汤麦（今称通麦）时，遇到了来自易贡的百姓代表的苦苦劝阻。易贡百姓代表直言：嘎朗第巴是波密百姓之主，移居拉萨，乃是西藏地方政府的阴谋。若执意前去，必定凶多吉少，会招来杀身之祸。此刻，旺钦杜堆幡然醒悟，即刻返回了嘎朗府邸，而次仁卓玛带着大量的金银财宝一去不复返。由此，嘎朗第巴旺钦杜堆和西藏地方政府的矛盾进一步激化，最终导致了战争。[1]

此时，西藏地方政府的朵麦基巧（མདོ་སྨད་སྤྱི་ཁྱབ，俗称昌都总管）门堆巴·多吉同珠（སྨན་སྟོད་པ་རྫོ་རྗེ་དོན་གྲུབ），正好在波密的倾

① 参见《西藏文史资料选辑》（藏文版）第三辑，西藏人民出版社 1993 年版，第 54 页。

多，派有一名就任波密、白玛岗两地商务总管的四品僧官，名叫茹擦·贡布索南（ཅུ་ཚ་དགོན་པོ་བསོད་ནམས）。此人在波密期间，盘剥压榨百姓，巧立名目，增加地方差税，激起了波密民众的极大民愤。同时，茹擦·贡布索南还奉命秘密测绘波密地图，调查土地户数、地方物产，并登记造册，为将来收回波密做前期准备。

茹擦·贡布索南的所作所为，引起了旺钦杜堆的极大警惕和不安。旺钦杜堆决定利用民愤，除掉茹擦·贡布索南及其属下官员。不料，茹擦·贡布索南事先收到了密信，秘密逃回昌都，他命令留守的两名管家被旺钦杜堆派来的人所杀。

1927年，即藏历第十六绕迥火兔年，朵麦基巧门堆巴·多吉同珠根据茹擦·贡布索南的报告，向西藏地方政府强烈建议派兵前去波密镇压。此年，西藏地方政府同意朵麦基巧派遣达那（སྟག་ན）代本，率领藏军第七代本（ད་དང་དམག་སྒར）属下500名兵士进驻波密。达那代本进驻波密后，决意用计杀掉旺钦杜堆。于是，他一方面声明只是奉命前来清查土地面积，统一度量衡；另一方面，试图以结盟方式安抚旺钦杜堆，欲解除其戒心。

达那代本进驻波密不久，派1名藏军排长带着4名士兵前去嘎朗第巴府邸，送交达那代本的信函。信中邀请旺钦杜堆前往达那代本驻地，参加波密地区僧俗头人商讨土地清查和统一度量衡的重要会议。旺钦杜堆料知其中有诈，便杀掉了5名藏军；而后，积极备战，决意率波密民众与藏军一战。如此，藏军与波密民众之间的战争在达兴寺（མདའ་ཞིང་དགོན）一带打响。第一天的战斗中，达那代本亲临前线，率部几番与波密民军激战。旺钦杜堆见藏军拼死战斗，波密民军死伤惨重，战争无取胜希望，便带领4名贴身随从逃亡到白玛岗。

第二天的战斗中，波密民众由嘎朗第巴属臣尼罗第巴（ཉི་ལོག་སྡེ་བ）、卡达第巴（མཁར་སྟག་སྡེ་བ）等人指挥。战斗中，达那代本中枪阵亡。余下的藏军见群龙无首，便逃到洛隆。两天的战斗中，藏军伤亡 90 余人，波密民军死伤 200 余人。①

西藏地方政府见达那代本阵亡、藏军战败，就重新调集重兵征伐波密。朵麦基巧门堆巴·多吉同珠坐镇洛隆，指挥 2000 名藏军以及从硕般多、达宗、洛隆征调的民军，分五路进军波密。藏军如此大规模进兵过程中，除了定日的 500 名藏军经过波堆童拉山口时，遇到玉日寺（ གཡུ་རི་དགོན་ ）一带的民军利用险峻地形顽强阻击，死伤 80 余名外，其他藏军未遇到任何有效的阻击，波密全境很快被藏军占领。旺钦杜堆逃到白玛岗后，继而逃亡到英属印度地区，1931 年病死在那里。至此，波密土王的统治宣告灭亡。

四、清末民初时期

钟颖

字鼓明，正黄旗人，皇族出身。他的母亲为清朝咸丰皇帝的妹妹，钟颖与同治皇帝是表兄弟；父亲晋昌，曾出任盛京副都统。由于出身皇族，钟颖颇受慈禧太后宠眷，命他在成都凤凰山训练新军，时年 18 岁。新军（以下称清军）练成后，1909年，即清宣统元年的六月，钟颖奉命率清军 2000 名入藏。西藏地方政府得知一股清军正在入藏途中，便在墨竹工卡、江达、拉里（今嘉黎）一带集结兵力，试图阻挡清军进入拉萨。川滇边务大臣赵尔丰担心钟颖所率清军行军疲惫，战之不胜，故增派边军（即川边清军）三营，由洛隆、硕般多、边坝等地开拔前进。藏军见军情紧张，便退兵至江达，重新布置阻击。钟颖所率清军由边军掩护、策应，从今嘉黎境内向拉萨进军，在江达与藏军激战。第一营管带陈庆乘黑夜率部进攻，藏军溃败。1910 年，即

---

① 参见《西藏文史资料选辑》（藏文版）第三辑，西藏人民出版社 1993 年版，第 52—61 页。

清宣统二年的二月，清军抵达拉萨。途中，钟颖命管带陈渠珍所部驻防江达。

钟颖抵达拉萨后，与驻藏大臣联豫发生尖锐矛盾。根据钟颖的说法，先是当年二月十二日钟颖抵达拉萨当天，驻藏大臣联豫的卫队出迎。不料归途中，卫队有人鸣枪示威，击毙参加藏历正月传召大法会的一名高僧和一名拉萨巡警，并殴打了西藏地方政府高级官员平康台吉，还朝着布达拉宫开枪乱击。也有资料认为，钟颖所率军队由四川的社会闲散人员组成，军纪极差，开枪肇事者是新进入拉萨城里的清军。不管真相如何，如此一来，拉萨城中秩序大乱。十三世达赖喇嘛土登嘉措当夜率少数随从，为了避险逃亡印度，西藏地方政局急转直下。驻藏大臣联豫一方面妒忌钟颖掌握兵权；另一方面，认为钟颖年少轻佻，不堪大任，心存厌恶。联豫一直器重的是左参赞罗长裿，预谋一有机会就以罗长裿代替钟颖统领军队，夺回兵权。

这一年，波密局势不稳，赵尔丰筹谋收复波密。联豫好大喜功，欲与赵尔丰争锋，决定先行对波密用兵。于是，联豫越过清军统领钟颖，下令清军第三营管带陈渠珍率部向波密进军。此时，陈渠珍驻防德木，出于一些私利，也急于向波密出兵。接到联豫的命令后，陈渠珍率所部清兵在无粮食、无后援的情况下孤军进伐。陈渠珍部越过冬九，进兵至八郎登一带时，受到两三千波密民军的顽强阻击。一番交战后，清军战败，伤亡惨重，退兵至冬九。

在拉萨的钟颖得知此等兵情后，一方面对联豫极度不满；另一方面，亲自率领标统陈流、管带张鸿升所部前去增援，在冬九与陈渠珍部会合。此时，钟颖见一时无法筹集到军粮，决定中断向波密进兵，冬九的清军暂时移驻德木。联豫见清军溃败而退，借此将钟颖撤职，派左参赞罗长裿前去德木代理军务。但驻德木的清军随钟颖从四川入藏，只接受钟颖的指挥，不服罗长裿。联豫见到这种情势，转求赵尔丰派边军就近增援，帮助驻工布的清军收复波密。

1911 年，即清宣统三年的六月，边军奉赵尔丰之命，从洛隆、硕般多、桑昂曲宗分五路进攻波密，征服了倾多、许木等地。同时，驻德木的清军由罗长裿率领，从西向波密进发，占领了冬九、汤墨（今西藏林芝市波密县通麦镇）、彝贡（今西藏林芝市波密县易贡乡）等地。波密战事旋即结束。

不久，内地辛亥革命的风暴波及驻藏清军。在拉萨，中下级军官和军中哥老会的士兵进攻驻藏大臣衙门，囚禁了联豫，设立了公议局。而驻德木的清军闻风生变，以"阻扰革命"之名将罗长裿勒毙。这种形势下，钟颖复出，在旧部的支持下，出重金加入了哥老会，并出任公议局军政部部长，重新掌握军权。

1912 年，即民国元年，大总统袁世凯任命钟颖为驻藏办事长官。随即，在拉萨的前清军队与藏军开战。前清军队饷尽援绝，经双方议和，前清军队内返。钟颖亦被迫出藏，返回内地，民国政府随即罢免了钟颖的驻藏办事长官一职。1915 年，即民国四年，袁世凯以"西藏变乱，罗长裿遇害"之名处死了钟颖。钟颖死后，其在西藏的是是非非又掀波澜。钟颖的部下替其申冤，说"西藏变乱"的祸首当为联豫，而杀害罗长裿者为德木驻军赵本立等人。钟颖远在拉萨，与此事毫无干涉。如此申辩，有几分道理，罗长裿被杀，归罪于钟颖的证据似乎不足。[①] 另外，钟颖的敌对一方对钟颖多有贬责，而钟颖的亲属、故旧却对他颂扬之至。看待或评价一位历史人物，还需要广阅历史资料，综合各家观点，慎重阅人读史，才不至于正谬大相径庭。

---

① 参见西藏自治区社会科学院西藏学汉文文献编辑室：《钟颖疑案》（上），1992 年出版，第1—5 页；并见陈渠珍：《艽野尘梦》，重庆出版社 1982 年版。

罗长裿

湖南湘乡人，清军名将罗泽南的嫡孙，1904年，即清光绪三十年，他以翰林身份在军机处任职；两年后，调任边军5营统领。川滇边务大臣赵尔丰看重罗长裿善文，又懂军事，还具备苦干精神，便将他调入幕府。但罗长裿因以统领之职在幕府内办理文案，抑郁不得志，恰这时又因处置军机失当，被赵尔丰革去统领一职，只负责文案一事。

1909年，即清宣统元年，当钟颖率清军入藏途经昌都时，罗长裿见钟颖出身皇族、豪爽侠义，就前去面见，求他设法帮助调动工作。钟颖性情豪爽，通过内宫里的关系，发去密电，以内旨请调罗长裿入藏。得到批准后，是年秋，罗长裿先于钟颖入藏，在驻藏大臣联豫手下任参赞，深得联豫信任。

1911年，即清宣统三年，波密战事爆发。远在拉萨的驻藏大臣联豫在未与统兵将领钟颖商量的情况下，下令在工布的清军第三营管带陈渠珍率部向波密进军。陈渠珍部既不明军情，又缺军粮，还无后援，却孤军深入，在八郎登一带的作战中战败，伤亡惨重。钟颖亲率援军驰赴冬九，与陈渠珍残部会合。因一时无法筹集到军粮，钟颖决定清军移驻德木，停止攻打波密。联豫把清军的败退归于钟颖指挥失当，借此将钟颖撤职，派左参赞罗长裿前去德木，统辖驻工布的清军。

是年六月，赵尔丰统辖的边军奉赵尔丰之命，从洛隆、硕般多、桑昂曲宗分五路进攻波密，占领了波密境内的倾多、松宗、曲宗、达兴等地。驻德木的清军由罗长裿率领，由德木翻山经鲁朗向波密进攻，一路攻克冬九、汤墨、彝贡等地。至此，波密战事结束。

波密战事开打一个月后，嘎朗第巴白玛才旺带着金银财宝逃亡墨脱。罗长裿当即派遣步、骑兵统领时景裳、张鸿升，翻越多雄拉山口，追至白玛才旺落脚之处仁青崩寺。不料此时，白玛才旺已被墨脱地东宗宗本道布用计杀掉，其首级被献于清军。

波密战事结束后，边军奉命撤回硕般多、察木多。罗长裿进驻倾多，筹划在波密、冬九设县，并在白马冈（即白玛岗）设治局。

九月，内地的革命军兴起，风声传至拉萨，联豫、钟颖大惧。当时在驻藏清军中，哥老会盛行，士兵毫无军纪可言，皆欲抢劫财物，以备归乡之资。九月二十五日夜间，军中哥老会的官兵在驻藏大臣衙门囚禁联豫，设立公议局。消息传至波密，军心浮动。罗长裿收复波密后，自恃有不世之功，举措随意，军中所有队官、排长皆由湖南人充任。于是，军心不服，罗长裿与士兵结怨颇深。这时，波密驻军中的哥老会成员接到驻拉萨清军中哥老会首领的信，内言内地革命风起，并告知联豫、钟颖已被推倒。波密驻军中也危机四伏，哥老会势力已成为军中主力，首领为四川人刘辉武、甘敬臣等人。罗长裿对哥老会深恶痛绝，便派人持密信前往德木，要求驻军首领执杀德木的哥老会首领。不想，密信落入哥老会手中，倾多驻军发生兵变。罗长裿事先得到密告，逃亡德木，无奈抵达德木后，迅即被赵本立、陈英、海参等人勒死。

罗长裿被杀后，驻防波密、德木的清军大乱。管带谢国梁星夜逃回拉萨，包括马队在内的许多官兵退回拉萨。兵丁刘均福携带罗长裿的左参赞关防也回到拉萨，却被怀疑参与了杀罗事件，而被驻拉萨的清军枪毙。罗长裿逃亡德木时，陈渠珍与他同行。此时，驻德木清军的军权已落入哥老会手中。[①]

罗长裿死后，对其死因和被杀经过众说纷纭，而且大多出自前清驻藏官兵口中。周恒昌、祥麟等人所撰《藏乱记略》中，罗列了罗长裿的八大罪状，直言罗长裿之死乃咎由自取，痛斥罗长

---

① 参见陈渠珍：《艽野尘梦》，重庆出版社1982年版，第78—83页。

褙在军中培植湖南籍军官，对士兵刻薄至极，不体贴他们的疾苦，"宠任周春林、张鹏志两人，横作威福，尤为众兵所怨"。[1] 因此，罗长褙被哥老会以"阻扰革命"之名所杀。民国初年，罗长褙之子罗春驭搜集罗长褙生前的公牍文稿，编辑成《泣血辑存》4卷，为他喊冤叫屈，指控钟颖为杀害罗长褙的主谋，钟颖亦因此被袁世凯所杀，但钟颖的亲属、故旧纷纷呈文为其申冤。综合各种资料，指控钟颖为杀害罗长褙主谋似乎根据不足。1913年，忧患余生所撰《藏乱始末见闻记》一书认为，是陈渠珍下令杀害罗长褙，因为陈渠珍深知驻波密军中哥老会的力量，本想离开波密，径出昌都，但怕为罗长褙所杀，又担心被哥老会所不容。陈渠珍富于计谋，曾胁迫罗长褙回川，遭其拒绝。于是，陈渠珍借哥老会之手擒拿了罗长褙，令赵本立、海参等人把罗长褙缢杀在德木。[2] 对此，陈渠珍在其所著《艽野尘梦》中表示毫不知情，他在罗长褙被杀后才被凶手陈英告知。[3] 陈渠珍所言似乎可信。民国之初，罗长褙、钟颖的"冤案"争辩中，陈渠珍曾被押解到北京，在法庭上自辩清白，无罪安然回湘，亦能说明一些问题。

陈渠珍

湘西凤凰镇竿城人，号玉鍪，出生于1882年，即清光绪八年。初取名陈开琼，因少年时心存大志，便改名为渠珍，以喻珍宝空遗沟渠。1906年，即清光绪三十二年，陈渠珍毕业于湖南武备学堂并加入同盟会。赵尔丰任川滇边务大臣时，他入川投入赵尔丰麾下，在协统钟颖辖下任清军第六十五标的队官。1909年，即清宣统元年的七月，钟颖率部进军西藏，陈渠珍被任命为第三营管带林修梅手下的督队官。清军抵达昌都时，陈渠珍向管

---

[1] 参见周恒昌、祥麟等：《藏乱记略》，西藏人民出版社1982年版。

[2] 参见《民元藏事电稿：藏乱始末见闻记四种》，西藏人民出版社1982年版，第134、150页。

[3] 参见陈渠珍：《艽野尘梦》，重庆出版社1982年版，第83页。

带林修梅请缨，携通事张英明，西进恩达一带进行侦察，不料被藏军俘获，后放回归营。当时，川滇边务大臣赵尔丰正在昌都，听到陈渠珍被藏军俘获，便斥责他因贪功冒险而被俘受辱，使清军的名声受损。但了解到陈渠珍外出侦察是经管带林修梅批准的，又了解到陈渠珍在被俘期间有胆有识，于是，赵尔丰迁罪于林修梅，撤销了林修梅的管带职务，陈渠珍升任管带。

1910年，即清宣统二年，钟颖率清军由昌都开往拉萨，陈渠珍所部随钟颖经拉里（今嘉黎）进驻江达。由此，钟颖所率清军脱离赵尔丰的统辖，转由驻藏大臣联豫节制。陈渠珍驻防江达期间，曾前往脚木宗（今西藏林芝市巴宜镇觉木村），调查工布地区的情形，又奉命赴"窝冗噶伽，查抄藏王边觉夺吉家产"。[①] 此处所言，即指陈渠珍奉命前往今西藏林芝市米林县的卧龙，查抄西藏地方政府伦钦（首席噶伦之意，而非藏王）夏扎·班觉多吉在此地的庄园。从卧龙返回后，陈渠珍奉命率部移驻德木。[②]

根据陈渠珍的说法，在德木驻扎期间，他曾考虑仿照川康之例，对波密的行政体制进行改革。为此，他有专文上呈清廷，但未得回复。此时，陈渠珍好大喜功，立功心切，借口波密有人时常越境进入工布境内进行抢掠，向驻藏大臣联豫呈文，建议出兵波密进行清剿。然而，陈渠珍的直接上司、清军统领钟颖下令他整备待命。陈渠珍却以"耀兵绝塞，宣扬德威"之名，率部从德木翻山至鲁朗，抵达冬九；随后，从冬九孤军向波密深处进发。陈渠珍部深入冬九至八郎登（ɴ·ɑ<:·ɟǐ）之间的深山峡谷时，遭遇数千波密民众的顽强阻击，伤亡惨重。陈渠珍部先后经二十余战，死亡已达百余人，最后导致战败，退兵至冬九、鲁朗。远在拉萨的驻藏大臣联豫得知陈渠珍败退，大惊失色。他一方面撤销

---

① 窝冗噶伽，即今西藏林芝市米林县卧龙镇卧龙村和嘎加村一带。

② 参见陈渠珍:《艽野尘梦》，重庆出版社1982年版，第42页。

了钟颖的统兵之权，急派左参赞罗长裿取而代之；另一方面上书清廷，要求川滇边务大臣赵尔丰派边军协助攻打波密。

1911 年，即清宣统三年的六月，赵尔丰命统领凤山督办波密军务。凤山接令后，率彭日升、顾占文、夏正兴、程凤翔等管带所部边军，从硕般多、洛隆、盐井、科麦（即今西藏林芝市察隅县境内的原桑昂曲宗）兵分五路向波密进军，迅速占领了倾多、许木、松宗等地。而左参赞罗长裿所率绿营由工布向东进攻，先后占领冬九、汤墨、彝贡等地。经过两个月的战斗，当年闰六月，波密全境平定，战事结束。

这次波密战事的起因复杂，众多原因交杂在一起。当事人驻藏大臣联豫、管带陈渠珍等人的说法是，嘎朗第巴白玛才旺（清史中称白马策翁）割据一方，纵容属下向周边地区掠夺抢劫，严重扰乱地方秩序，导致清军用兵波密。清军内部的说法是"联豫贪功，用兵波密"[1]，陈渠珍亦好大喜功，以"耀兵绝塞，宣扬德威"之名，率先进攻波密，掀开了波密战事的序幕，实则出师无名。根据波密民间的说法，陈渠珍部驻扎德木期间，德木寺对陈渠珍及其属下供给充足的粮食及肉类，款待可谓无微不至。陈渠珍深感受恩于德木寺，总想有所回报。正好，德木寺的僧人以及与陈渠珍同居的工布姑娘西原，时常怂恿陈渠珍对波密用兵，原因是波密人历来不时越境到工布，杀人抢掠。于是，陈渠珍以一己私利，贸然攻打波密，最终导致溃败。但陈渠珍兵败，成为赵尔丰麾下的边军进攻波密的绝佳机会。其结果是，清军在进军波密的同时，给波密人民带来了严重的战祸。

1911 年，波密战事结束后，由彭日升等人率领的边军奉命撤回硕般多、察木多，波密由罗长裿接手驻防，陈渠珍部亦驻扎在波密。当时，内地的反清革命运动风起云涌。1911 年农历八

---

① 西藏自治区社会科学院西藏学汉文文献编辑室：《钟颖疑案》（上），1992 年出版，第 7 页。

月十六日（公历 10 月 10 日），武昌起义爆发，内地局势大变。这个消息经拉萨传到波密的清军军营，人心浮动。军中早已掌握实权的哥老会，欲寻机弑杀对哥老会一直抱有敌意的罗长裿。不久，驻倾多的清军发动兵变，要擒杀罗长裿。罗长裿事先得到密报只身逃出，路上与陈渠珍同行奔赴德木。不料，在德木，罗长裿被哥老会首领赵本立、陈英等人缢杀，而陈渠珍却安然无恙。陈渠珍到达德木后亦发现，军队早已被哥老会控制，等同解体，德木已不是久留之地。这时，军中的哥老会成员又威逼他去江达举事。于是，陈渠珍决定先去江达，再作计较。

陈渠珍在江达只停留了 3 日，发现"大势已去，无法挽救。乃决计回川"，但能否顺利回川，又如何回川，毫无主意。属下孟林君进言，若经昌都回四川，必然引起赵尔丰的猜测、误解。陈渠珍只好与属下再三磋商，决定走青海、出甘肃，返回内地。于是，他立即秘密清点人数，带领湘籍、滇籍和黔籍官兵 115 名，取道藏北草原，翻越唐古拉山，踏上了返回内地的路途。途中因误入迷途，陷入荒漠绝地，断粮挨饿，历尽千辛万苦。是年十一月，他们由江达起程，辗转 7 个多月，于 1912 年，即民国元年的六月，始达西宁，仅 7 人生还。随陈渠珍出藏的工布姑娘西原，虽脱险走出了荒漠绝地，却病卒于西安。

民国初年，陈渠珍回到内地后，民国政府查办在西藏时左参赞罗长裿被杀一案。因前驻藏清军中有人控告陈渠珍是主谋，他被逮解送京。陈渠珍由于在法庭上辩解得力，又有故旧担保，方得无罪脱案。此后，陈渠珍历任湘西屯边使、湘西巡防军统领等职。1949 年 11 月，陈渠珍在凤凰县起义。1952 年，陈渠珍因病去世，终年 70 岁。①

---

① 陈渠珍的生平，主要依据《艽野尘梦》《藏乱记略》《民元藏事电稿：藏乱始末见闻记四种》等资料编写。

五、新旧西藏交替时期

堆迥·益希多吉（བདུད་འཇོམས་ཡེ་ཤེས་རྡོ་རྗེ）

藏传佛教宁玛教派著名领袖。1904 年，即藏历第十五绕迥木龙年的六月初十，出生于被莲花生大师所预言的四大隐秘圣境之一白玛岗（今墨脱）。父名罗布丹增，系宁玛派居士、噶托寺寺主；母名南杰卓玛，家庭为地方望族。传说中，有许多益希多吉出生时的传奇故事。上一辈活佛堆迥宁布（བདུད་འཇོམས་གླིང་པོ）生前，曾有意愿开启白玛岗秘密圣境，但未能如愿，于是，他在圆寂前授记：下一世堆迥活佛将降生在藏区南部，并以其殊胜因缘，开启神圣的佛教秘境。堆迥宁布圆寂后，其亲信弟子根据授记，前往西藏南部寻觅转世灵童，果然在白玛岗寻访到了一名 3 岁灵童，取名益希多吉。弟子们一致认为，其实早在吐蕃时期，莲花生大师就有关于益希多吉出生的清晰预言，包括征兆、日期、地点等等。

益希多吉被认证为堆迥活佛后，在前辈活佛弟子们的主持下，于白玛岗举行了坐床典礼。尔后，益希多吉开始读书识字、学习佛法。由于聪慧，他学习入门极快。8 岁时，益希多吉拜高僧邬金确珠嘉措学习"入佛子行论""慈氏五论""中观论""三律仪""般若波罗蜜多经"等经典及注疏；同时，开始涉猎天文学、医药方、历史学等多学科知识。不久，他拜宗萨绛央钦孜等宁玛派高僧为师，学习宁玛派经典"大圆满""秘密藏续"等的相关理论及修行法，还学习了诸位前辈堆迥活佛关于伏藏的相关知识。据说，益希多吉学习了"金刚庄严续教秘意集"后，智能全面开启。从此，一切金刚秘法，他一学，对其精髓即刻就能领会无误。如此，益希多吉先后在诸多上师尊前接受灌顶，聆听密法教授，遂成为佛学高僧及著名的伏藏师。

堆迥·益希多吉曾巡礼朝拜了卫地区的敏珠林、多杰札和康区的噶托、佐青等知名宁玛派寺院，拜会了众多宁玛派高僧，与他们互为师徒，传授或探讨了许多佛法原理和修法之道，弘扬了宁玛派的教义。堆迥·益希多吉有着渊博的佛学知识，既精通宁玛派精髓"大圆满"之学，尤其是对宁玛派九乘次第之一"最极瑜伽乘"有深刻的体验，又对其他教派的法理有深入的了解。为了深刻体验和掌握更多宁玛派的独家秘籍和神秘的修行方法，他在宁玛派佛学、文化的神圣殿堂敏珠林寺潜心学习多年，获得了殊胜成果。

　　这一时期，堆迥·益希多吉已经在宁玛派僧团中享有极高的威望，被视作莲花生大师的化身，是宁玛派的最高精神导师；藏传佛教其他教派对他也崇敬有加。堆迥·益希多吉一生可分两个时期。上半生在西藏的工布、白玛岗等地讲经传法，建立弘法寺院。尤其是20世纪30年代初，他主持修建的喇嘛岭寺[①]，如今闻名于全藏区。1956年，堆迥·益希多吉经批准出国治病。从此，其下半生在印度、尼泊尔、西欧、北美弘扬佛法。从20世纪60年代起，他在印度的噶伦堡、大吉岭修建寺院；后来，又在尼泊尔首都加德满都，修建了宁玛派在国外的最著名的寺庙。1972年以后，堆迥·益希多吉奔赴西欧、北美，在巴黎、纽约建立宁玛派弘法中心，招收了众多西方弟子，传授宁玛派的闭关修行法。堆迥·益希多吉还曾多次赴香港、台北、高雄等地弘法，传授宁玛派教义的法要。目前在香港、澳门和台湾的台北、高雄等地，有其弟子建立的传法道场。

　　1987年1月17日，堆迥·益希多吉圆寂在法国南部的一座闭关中心，享年84岁。其法体被安奉于尼泊尔"恰绒喀旭"（俗

---

① 喇嘛岭寺（ བླ་མ་གླིང་ ），又名桑多白日寺（ བཟང་མདོག་དཔལ་རི ）。最初修建的寺院毁于1950年的墨脱大地震。1951年，经西藏地方政府批准，在今西藏林芝市巴宜区布久乡境内重建了寺院。

称大白塔）附近的祖庙。

堆迥·益希多吉活佛学识渊博，一生著述丰富。其二十五函著作中涉及的学科，有佛法原理、佛教源流、藏族历史、医药、星相等。其中，《堆迥教法源流》《宁玛教法源流》是两部关于藏族古代史和藏传宁玛派佛教史的重要著作。

宁玛派一些著名活佛的传承，是藏传佛教中一个极其特殊的现象，堆迥活佛系统也不例外。其活佛系统的传承，不以寻访转世灵童来解决，而是以活佛的骨系，即男性后嗣来维系。这是因为，宁玛派活佛不受比丘戒，只受居士戒，因而可以娶"妃"生子。堆迥·益希多吉活佛一生娶过两个明妃。第一个明妃育有四男，除老四早逝外，其他三人皆有活佛身份。第二个明妃育有一子，为堆迥·益希多吉活佛的传承人。①

波米·强巴洛珠（འབྲོག་མི་བྱམས་པ་བློ་གྲོས་）

1919年，即藏历第十五绕迥土羊年，出生于今西藏林芝市察隅县上察隅乡姆仲村，出生后取名为云丹格桑。父名益希多布丹，母亲是益希拉姆，夫妻皆为密宗修行师。云丹格桑7岁时，父母相继去世，便入当地宁玛派的格杰寺出家为僧，拜白玛桑吉为师，读书识字，学习正字语法，又颂诵经文。他由于聪慧勤奋，学习佛学典籍时悟性高，成绩突出。1936年，即藏历第十六绕迥火鼠年，云丹格桑抱着对佛法的虔诚信仰和强烈的求知欲望，历经千辛万苦，来到了宗喀巴大师亲建的格鲁派祖寺——甘丹寺，慕名入强孜札仓（བྱང་རྩེ་གྲྭ་ཚང་）求学。强孜札仓为甘丹寺著名的学经场所，最初由宗喀巴大师的弟子南喀白桑布所建，历史上诞生过众多学富五车的高僧大德。强孜札仓之下有许多称为康村（ཁང་ཚན་）的僧舍，通常以地名称之。例如，察瓦康村

---

① 堆迥·益希多吉活佛的生平简介，是依据其传记和其他相关资料编写而成的。

（ཚ་བ་）以察瓦龙（今西藏林芝市察隅县察瓦龙乡）命名，原籍察瓦龙、察隅的人入寺后，必须落脚于察瓦康村。

云丹格桑入寺之初，在戒学大师、四世普布觉活佛楚臣丹增尊前受沙弥戒，被赐名为强巴洛珠。不久，强巴洛珠被认定为波米活佛的传承者，属于札仓活佛等级。[①]按照甘丹寺的活佛等级分为两级：措钦（ཚོགས་ཆེན་）活佛和札仓活佛。强巴洛珠被认定具有札仓等级的波米活佛身份后，其学经之路无特别之途，与普通学经僧人一样，从佛学的各种基础学科一步步学起。波米·强巴洛珠由于来自穷乡僻壤，虽贵为活佛，但既无生活来源，又无随从可使唤。在寺院学经之初，他的生活异常艰辛，有时甚至陷入断粮无食的窘境，靠同乡施主接济才能渡过难关。但作为学经之人，波米·强巴洛珠以常人难以企及的勤奋刻苦精神，学习一切佛法知识，令其他学经僧人深深为之折服。比如，为了默记、背诵几千页经论，他只身在山中小庙以与外界隔绝之法，日夜熟读经论。甘丹寺的学经课程安排较为独特，以4年学习摄类学（བསྡུས་གྲྭ་），以5年学习般若学（ཕར་ཕྱིན་），以3年学习中观（དབུ་མ་），以4年学习俱舍论（མཛོད་པ་མཛོད་），以3年学习戒律（འདུལ་བ་）。如此，学经之路达19年之久，才能学完佛学主要经典，才有资格考取最高等级的拉让格西学衔。波米·强巴洛珠从18岁入寺至36岁出师，在18年之久的学经过程中，先后拜甘丹寺第九十四任法台伦珠尊珠、强孜札仓堪布群觉、夏孜札仓堪布松仁布齐，以及益希洛丹、米玛旺堆、桑丹群培等高僧为师，最终学完5部大论，成为佛学知识渊博、善于讲学传道的一流高僧。1959年，拉萨传召大法会辩经期间，他考取了拉让格西第一名，获得了格鲁派的最高学衔。

改革开放以后，波米·强巴洛珠为甘丹寺以及宗喀巴灵塔的

---

① 札仓活佛一般被视作三等活佛，上有措钦活佛和呼图克图级活佛。

重建作出了许多努力。1985 年，他在哲蚌乃琼寺创办了西藏佛学院，亲自讲授 5 部大论，培养了一批佛学人才。此后，他出任甘丹寺代理法台，主持了 1986 年至 1988 年的拉萨传召大法会，为西藏佛教恢复正常秩序作出了极大贡献。1995 年，波米·强巴洛珠为十世班禅大师的转世灵童举行金瓶掣签，并为灵童剃度，赐给他法名。

波米·强巴洛珠历任中国佛教协会理事，中国佛教协会西藏分会副会长、会长，西藏佛学院院长，西藏自治区社会科学院顾问，西藏自治区政协常委等职。[①]2002 年 11 月 20 日，波米·强巴洛珠圆寂，享年 83 岁。

东噶·洛桑赤列（ གདུང་དཀར་བློ་བཟང་འཕྲིན་ལས ）

藏传佛教格鲁派活佛，当代著名学者。1927 年，即藏历第十六绕迥火兔年冬，他出生于林芝县觉木村一个普通差民家庭，俗名达瓦。他的父亲次仁旺堆是个裁缝；母亲扎西措姆原是昌都察雅寺的差民，为了躲避差役，逃到工布的觉木村落户。达瓦 6 岁时，被扎西曲林寺认定为七世东噶活佛的转世灵童；8 岁时，被迎请到扎西曲林寺举行坐床典礼，成为八世东噶活佛。

东噶活佛传承源自 16 世纪。三世达赖喇嘛索南嘉措（1543—1588 年）有一名高徒，叫作格西顿珠嘉措。格西顿珠嘉措讲经时，声音犹如吹响白海螺一般洪亮，被弟子们尊称为东噶珠扎，意即犹如白海螺发出的雷声。格西顿珠嘉措由于博学，精通一切佛法经典，被视作一位不同凡响的高僧。17 世纪上半叶，色拉寺的格西尼玛珠扎，被四世达赖喇嘛云丹嘉措认定为东噶珠扎的转世灵童。由此，东噶系统活佛传承沿袭成制，格西顿珠嘉措被追认为一世东噶活佛，格西尼玛珠扎为二世东噶活佛。三世东噶活佛仓

---

① 波米·强巴洛珠的生平资料，主要来源于多吉旺堆所著《波米·强巴洛珠传》。

276

央珠扎出生于江达，曾担任扎西曲林寺等 5 座寺的住持。1674 年，即藏历第十一绕迴木虎年，奉五世达赖喇嘛阿旺洛桑嘉措之命，三世东噶活佛仓央珠扎作为信使，上北京朝见过康熙皇帝，受封"额尔德尼"的名号。至东噶·洛桑赤列，已传承八世。

东噶·洛桑赤列 10 岁前，在扎西曲林寺开始学习藏文和佛经；11 岁，前往拉萨，进入色拉寺的麦札仓学习佛教 5 部大典。1947 年，即藏历第十六绕迴火猪年，他参加拉萨正月传召大法会辩经，获得了"拉让巴格西"学衔，即藏传佛教格鲁派的最高学位。随后，东噶·洛桑赤列按照"拉让巴格西"的学法层次，进入设在小昭寺附近的上密院学习密宗，在 1954 年获得了额让巴密宗学位。东噶·洛桑赤列以活佛身份走上大学讲坛，成为知名学者，始于 1960 年。

那年 9 月，他应中央民族学院（中央民族大学前身）邀请赴北京，担任古藏文研究班的专业教师，直至 1965 年年底。东噶·洛桑赤列在 10 年"文化大革命"中受到冲击，从大学教师岗位一落千丈，成为由拉萨市城关区居委会管理约束的一介平民，经常参加打土坯、修河堤之类的体力劳动。"文化大革命"中盛行学习毛泽东著作。东噶·洛桑赤列就以毛泽东著作为蓝本，在中央民族学院教书期间已经掌握的汉语拼音基础上，勤奋学习汉语，为后来从事学术研究时查找汉文资料、研究藏汉历史，打下了坚实的基础。从 1974 年起，他先后参加过西藏自治区档案馆的历史档案分类编目工作、《藏汉大词典》的编纂工作。1978 年 5 月至 1984 年，他重新返回中央民族学院，再次担任藏文教师。由于教学成绩突出，东噶·洛桑赤列在 1980 年由教育部批准为副教授，并在 1983 年晋升为教授。从此，活佛被称为教授，东噶教授一名闻名于国内外藏学界。

1984 年，东噶教授回到拉萨，在西藏师范学院（西藏大学前身）担任藏文教学工作。1985 年起，他在西藏大学藏文系担任教学工作，同时从事藏学研究工作。由于教学、科研成绩卓著，他在 1987 年被人事部授予"国家级有突出贡献的优秀专家"称号。

东噶教授作为著名学者，在藏学研究诸多领域作出了开创性的贡献。他编撰的《藏学大辞典》是一部百科全书式的学术巨著，《论西藏的政教合一制度》和《红史注疏》是在藏学界影响很大的两部名著。另外，他还著有《汉藏历史词典》《汉藏历史年表》《布达拉宫及大昭寺史略》《诗学明鉴》《西藏目录学》《论西藏教育》等。

东噶教授先后担任西藏佛教协会塔工地区分会副主任、西藏佛教协会理事、中国佛教协会理事、中国佛教协会西藏分会常务理事、西藏自治区政协常委、西藏自治区社会科学院名誉院长、中国藏学研究中心副总干事、第六至八届全国政协委员等职。[①]1997 年 7 月 22 日，东噶·洛桑赤列因病逝世，享年 70 岁。

阿沛·阿旺晋美（ང་ཕོད་ངག་དབང་འཇིགས་མེད）

西藏地方政府噶伦、朵麦基巧（昌都总管）。1910 年，即藏历第十五绕迥铁狗年的二月，出生于拉萨籍贵族霍康家族，取名为阿旺晋美。他 6 岁时，进入拉萨一所著名私塾学文识字；14 岁时，拜哲蚌寺著名佛学大师喜饶嘉措为师，学习文法、诗学和佛学。当时，拉萨贵族子弟拜活佛或高僧为师蔚然成风，并以此为荣。

1932 年，即藏历第十六绕迥水猴年，西藏地方政府新组建一支代本（相当于一个团）建制的藏军，称之为"仲扎马嘎"（སྒྲོང་དྲག་དམག་སྒར），专从贵族和大户人家的子弟中招兵入伍。阿旺晋美应征当兵，由于是贵族出身，便任命为"茹本"（营长）

---

①　东噶教授的生平，主要依据肖干田的采访录（载《西藏大学学报》2008 年第 1 期），以及《西藏历史文化辞典》，西藏人民出版社 1998 年版，第 68—69 页。

一职。

1935年，即藏历第十六绕迥木猪年，25岁的阿旺晋美入赘大贵族阿沛家，与年方17岁的才旦卓嘎结为夫妻。阿沛家族是工布境内历史悠久、财力雄厚的大贵族家庭。阿旺晋美入赘后解决了该家族无男性继承人的窘境，成为阿沛庄园的实际主人和阿沛家族的当家人。

根据西藏地方政府的官职体系，贵族唯有男性才可申请出任公职。阿旺晋美承袭阿沛家族名号后，开始以阿沛·阿旺晋美之名踏入仕途。20世纪30年代中期，他先是出任朵麦基巧（即昌都总管）属下的军需官，1940年任"协邦"（ བཞེར་དཔང་），即负责民事诉讼的判官。1945年，即藏历第十六绕迥木鸡年，阿沛·阿旺晋美升任四品孜本（审计官），成为西藏地方政府赫赫有名的四大孜本之一，是年36岁。

1950年，西藏地方政府任命阿沛·阿旺晋美以噶伦职衔，前往昌都就任朵麦基巧，接替任期已满的前任拉鲁·次旺多吉，主持西藏东部军政事务。这时，中央人民政府宣布了和平解放西藏的方针，督促西藏地方政府派代表到北京，同中央人民政府就和平解放西藏事宜进行谈判。但西藏地方政府内部的分裂主义分子在西藏东部扩充藏军，加紧备战，妄图负隅顽抗，阻止人民解放军进军西藏。

1950年秋，中央人民政府命令人民解放军进军西藏。10月6日，人民解放军发动昌都战役，经过大小20余次战斗，歼灭藏军主力5700余人，昌都获得解放。昌都的解放为西藏的和平解放铺平了道路。中央及时表达了和平解放西藏全境的诚意，再一次通知西藏地方当局派代表来北京谈判。

在中央人民政府和平解放西藏方针的感召下，西藏地方政府内的上层迅速分化。爱国、进步势力主张派代表与中央人民政府进行谈判，西藏地方政府终于改变了态度。1951年2月，西藏地方政府任命阿沛·阿旺晋美为西藏地方政府首席全权代表，凯墨·索安旺堆、土登列门、土丹旦达、桑颇·登增顿珠等4人为全权代表赴北京，同中央人民政府进行和平谈判。

4月22日，西藏地方政府代表到达北京时，中央人民政府朱德副主席、周恩来总理亲自到火车站迎接。5月1日，阿沛·阿旺晋美被邀请登上天安门城楼，观礼五一劳动节庆祝活动。毛泽东主席在天安门城楼上亲切会见了他，并预祝谈判成功。

以阿沛·阿旺晋美为首席代表的西藏地方政府全权代表5人，同以李维汉为首席代表的中央人民政府全权代表张经武、张国华、孙致远4人，就和平解放西藏事宜进行谈判过程中，中央代表详细阐述了中国共产党的各项民族政策，并指出了西藏当局过去所采取的错误态度。西藏代表也向中央提出了具体问题和要求。虽然谈判过程中在一些具体问题上有过较为激烈的争论，但在近一个月反复协商的基础上，双方代表最终达成了共识，在17个重要问题上取得了一致意见，通过了《中央人民政府和西藏地方政府关于和平解放西藏办法的协议》。

1951年5月23日，在北京中南海勤政殿举行了隆重、庄严的签字仪式。根据上述协议的规定，中国人民解放军分别向西藏各地和平大进军。1951年10月25日，人民解放军胜利抵达拉萨，并先后进驻江孜、日喀则、亚东和阿里地区，西藏获得了和平解放。从此，在中国共产党和中央人民政府领导下，祖国大陆实现了统一，西藏获得了和平解放，西藏人民彻底摆脱了帝国主义侵略带来的苦难，西藏历史掀开了新的一页。

在《中央人民政府和西藏地方政府关于和平解放西藏办法的协议》签订以及人民解放军和平进军西藏过程中，阿沛·阿旺晋美作出了重大贡献。

西藏和平解放后，至1959年西藏民主改革的8年间，面对分裂与反分裂斗争异常尖锐、复杂、激烈的政治局面，阿沛·阿旺晋美为国家统一、民族团结，为落实《十七条协议》的精神，付出了大量的心血。

1955年，阿沛·阿旺晋美获一级解放勋章并被授予中国人民解放军中将军衔。1956年4月22日，西藏自治区筹备委员会成立，阿沛·阿旺晋美被选举为西藏自治区筹委会秘书长。

1959年3月10日，西藏上层反动集团在拉萨发动武装叛乱。经中央批准，驻藏人民解放军断然采取措施，平息叛乱。3月28日，国务院总理周恩来发布命令，宣布解散西藏地方政府，由西藏自治区筹备委员会行使西藏地方政府职权，并任命阿沛·阿旺晋美为西藏自治区筹备委员会副主任委员兼秘书长。

1965年9月9日，西藏自治区正式成立，自治区第一届人民代表大会第一次会议选举阿沛·阿旺晋美为自治区人民委员会主席。此后，他历任两届自治区政府主席、三届自治区人大常委会主任。其间，他投身于新西藏的建设和革命，为西藏的社会进步、经济建设，殚精竭虑，积极工作，见证了西藏社会翻天覆地的变化。

阿沛·阿旺晋美还长期担任全国人大常委会、全国政协的领导职务，为健全和完善民族区域自治制度、人民代表大会制度，多次深入藏区调查研究，积极开展工作，提出了许多有益的建议，作出了突出的贡献。

2009年12月23日，阿沛·阿旺晋美因病在北京逝世，享年100岁。党和国家对阿沛·阿旺晋美给予了很高的评价，称他是伟大的爱国主义者、著名的社会活动家、藏族人民的优秀儿子、我国民族工作的杰出领导人、中国共产党的亲密朋友。

第十九章　传说与故事

林芝境内流传着丰富的传说与故事，既有富于想象的千年历史传说，又有诸多神奇的宗教故事，彰显出林芝地区悠久的历史底蕴和灿烂的文化积淀。

一、天神之子下凡为人主

最初，在空旷无际的天界，住着天神雅拉达珠（ཡབ་ལྷ་བདག་དྲུག），他有7个儿子。老四赤敦茨（ཁྲི་བདུན་ཚིགས）因被视作上有害于父亲和3位哥哥，下有害于母亲和3个弟弟，在天界无法容身，被迫带着父神赐给的神变器物，来到舅舅穆氏居住之地——穆域（དམུ་ཡུལ），并在穆域娶一位穆氏女为妻。穆氏女快要分娩时，突然听到从腹中发出的声音："我若正常生出来，恐危及母亲的性命，请您在背部刨开一道缝隙。"如此，一名男婴从穆氏女的肩胛骨生出，又爬上穆氏女的脖颈上，取名为聂赤赞普，意即以颈脖为王座的赞普。

当时，人间的蕃地父氏九族（བོད་ཁམས་པ་དགུ）之处无君主，四处派人寻觅能为人主的奇人。这时，恰从虚空传来一阵声音："到穆域迎请天神后嗣、穆氏的外甥聂赤赞普做尔等之主。"于是，父氏九族委托天神噶玛悦德（སྐྱབ་ར་མ་ཡོལ་ལྡེ），恳请聂赤赞普下凡人间为黑头百姓之主。天神噶玛悦德向聂赤赞普进言："人间'六林'（གྲིང་དྲུག）之地，是蕃地父氏九族的故乡，却没有君主。请下凡做无君主人们之主，做无主人牦牛之主，做无主人牲畜之主。"聂赤赞普却说："天界下的那个地方有着种种祸害，有偷盗、毒药、妒忌、仇敌、鬼怪、谎言、厉鬼、诅咒、狡诈等等。我不能去。"噶玛悦德说道："有偷盗可以罚治，毒草有良药可治，妒忌以慈悲来化，仇敌可以捕获，鬼怪可以降伏，谎言可以由真言戳穿，厉鬼可以镇之，诅咒有法驱之，狡诈可由真话破之。”最终，聂赤赞普被说服，同意从天界下凡人间。

聂赤赞普由天界下凡之前，从高高的天界往下审视大地，见到众山之中唯有拉日羌脱（ཐུ་རི་གྱང་ཏོ་）最为俊秀，众坝之中唯有工虚色莫珠希（ཀོང་ཤུལ་སེ་མོ་གྲུ་བཞི་）秀丽而平坦，田地中没有胜出雅莫囊希（ཡར་མོ་རྣམ་བཞི་）之地，牧场中没有胜出雅卓囊松（ཡར་འབྲོག་རྣམ་གསུམ་）之所，江河中无有胜出藏恰（གཙང་ཆབ་）和香布（གཤམ་ཆུ་）之水。① 如此，聂赤赞普作为泽被大地的人主、滋润土地的甘霖，带着天神父亲和舅舅赐给的神变器物，下凡到拉日羌脱山上。只见大山俯首致敬，树木的干枝弯起致礼，泉水变得碧绿澄澄以示献礼，连块块磐石也弯腰致敬。② 从此，聂赤赞普下凡的人间大地被赞誉为：“天之中部，地之中央，洲之中心，雪山环绕之地，众水之源，山高地净，仙境圣土，风俗纯良，是富于智慧而勇敢之人的生存之地，是万马奔腾疾驰之地。”③

聂赤赞普下凡为人主后，遇到了工布魔鬼罗刹（ཀོང་སྲིན་）和绛地魔鬼罗刹（ཇྱང་སྲིན་）的挑战。聂赤赞普随即应战，用他父王赐给的神变器物，诸如箭自射、盔自戴、矛自刺、盾自动等杀死了众魔鬼。聂赤赞普与魔鬼罗刹的战争异常惨烈，连山坡都被鲜血染红，湖水也被鲜血染成了红黑色。此后，聂赤赞普从工布远行，翻越额拉山，穿过塔布、涅尼，来到了亚隆索喀，成为悉补野第一位赞普。

对于聂赤赞普下凡到拉日羌脱山上的故事，后期的苯教文献

① 参见《弟吾教法源流》（藏文版），西藏藏文古籍出版社1987年版，第233—235页。
② 参见敦煌古藏文文书P.T.1286，《敦煌藏文吐蕃史文献译注》，甘肃教育出版社2000年版，第153页。
③ 敦煌古藏文文书P.T.1286，《敦煌藏文吐蕃史文献译注》，甘肃教育出版社2000年版，第153—154页。

又如此描述：雍仲苯教创始人顿巴辛绕·米沃切在工布地区成功传教后，上祭祀神灵、下降伏鬼怪的仪轨盛行于此。这时，苯教的两个著名巫师——觉恰噶（ཅོག་ཁྱུག་དགར་）和茨米萨琼（ཚ་མི་སྲ་ཆུང་）来到工布直纳（ཀོང་པོ་བྲི་ཛ་，今西藏林芝市巴宜区扎那村）。一天，当地民众在一座山顶上举行祭祀神灵的仪式时，突然随着一声巨响，一个满身发光的人从天而降，落到山顶。人们见状惊奇不已，议论纷纷，说是天神降临人间，来做黎民百姓之王。于是，众人用肩膀扛起一个王座，让那个人坐在上面，簇拥着立他为国王，取名为聂赤赞普，意即坐肩王。而聂赤赞普降临的山也叫作拉日羌脱。①

二、顿巴辛绕·米沃切降魔

传说，苯教创始人顿巴辛绕·米沃切，出生在古象雄一个叫作沃莫龙仁的地方。其父来自穆氏（དམུ་），母亲来自恰氏（ཕྱ་）。他长大后在冈底斯山一带传教，于原始教义基础上创建了具备经论、戒行、修炼三义的苯教，称为雍仲苯教。从此，辛绕·米沃切被称作顿巴辛绕，意即雍仲苯教的祖师辛绕。雍仲苯教盛行于古象雄土地上时，引起了工布魔鬼的妒忌。工布魔鬼便前去以各种法力，试图侵害顿巴辛绕及其弟子、眷属。无奈，工布魔鬼功力不济，侵害不成，只得返回工布，但盗走了雍仲苯教辛氏的7匹马。

这时，顿巴辛绕意识到该是征服魔鬼横行地域的时候了。他

---

① 聂赤赞普是悉补野第一代赞普，也是后来的藏文史籍所称藏族历史上第一个国王。关于聂赤赞普如何成为悉补野第一代赞普，不同历史时期的著作有着不同的传奇故事。其中，体现早期苯教史学观点的敦煌古藏文史学文书，记述了聂赤赞普如何从天神之子成为人间黎民百姓之主的故事。13世纪问世的史学名著《弟吾教法源流》，进一步丰富了敦煌古藏文史学文书中的故事。此处所述故事，基本上以上述两个文献为依据。

从四水之源①出发，踏上了征服鬼魅的路途。途中，黑道鬼魅为了阻止顿巴辛绕前行，连下了9天的暴雪，被顿巴辛绕神变出来的9个太阳之光化解了。尔后，顿巴辛绕穿过藏之叶茹，经娘布，沿着尼洋河，抵达工布的扎齐拉喀（ ཐུག་ཀྱི་ལ་ཁས ）。工布地区最为残暴的魔鬼恰巴拉仁（ ཁྱབ་པ་ལག་རིང ），纠集魔军布满三座大山，试图阻挠顿巴辛绕前来传教。这一危急时刻，顿巴辛绕作法幻变出众多神军、色军（ གསས་དམག ）②，成功降伏了众魔军。为庆贺此等大事，顿巴辛绕作法，在扎齐拉喀长出了一棵被称为树王的秘密柏树③，并在树的四方留下了足印。此时，恶魔恰巴拉仁又心生一计，变了一座大黑山阻挡顿巴辛绕的去路。然而，顿巴辛绕用手举起这座黑山，轻轻搁置在左方。顿时，满山金光灿灿，形状犹如宝垫，他坐在其上讲经布道。后来，此山被赐名为图珠大苯日山，意即顿巴辛绕心力变化之山，被视为彻底征服魔境的先兆。自然，工布的众鬼魅和罗刹女魔并不死心，又变作百名娇媚的少女，献上毒汁，诱惑顿巴辛绕。他却把毒汁当作甘露，满口饮了。霎时，只见身旁四周，盛开了鲜丽的花朵。如此，众魔女被顿巴辛绕祖师的法力所彻底征服，纷纷献上颂词、发出誓言，要永世做雍仲苯教的护法神。征服魔女之地被称作森莫苯脱（ སྲིན་མོ་བོན་ཐོབ ）。

此后，顿巴辛绕及其弟子、眷属来到则拉岗。众魔军逃亡到工布深谷（ ཀོང་འཕྲང་རོང ）④，恶魔恰巴拉仁却要与顿巴辛绕祖师斗下去。他又施展魔法，先是掘出一眼黑色泉水，试探顿巴辛绕祖

---

① 四水之源指冈底斯山，从此处流出象泉、狮泉、马泉、孔雀泉等四条河。

② 色军，为 གསས་དམག 的音译，似乎指具有法力的苯教教徒组成的军队。

③ 树王——秘密柏树，藏文为 ཤིང་གི་རྒྱལ་པོ་གསང་བའི་ཤུག་པ ，即今天闻名于世的西藏林芝市巴宜区巴吉村柏树王。

④ 工布深谷指的是今西藏林芝市米林县派乡一带的峡谷，并非指今天的雅鲁藏布江大峡谷，因为此峡谷已不在传统的工布境内。

师的法力，却被祖师施法，黑色泉水变成了爽口的碧水。接着，恰巴拉仁又施展魔法，让江河倒流，淹没了高山、高地，形成了阻挡顿巴辛绕祖师的屏障。但顿巴辛绕祖师的神通无边，以神奇的法力建造了莲花舟，师徒众人乘着莲花舟安然渡过了大江。这一惊艳的法力感化了江水之主龙王和部分鬼魅，它们纷纷拜在顿巴辛绕的足前，表示归顺。江河之水重新平缓地流淌，天空出现异常炫目的彩虹。

然而，魔王恰巴拉仁是一个傲慢自大的恶魔，继续频使诡计。它先是把9个铁质盾牌叠加在一起，然后向顿巴辛绕挑战："若能射穿盾牌，我愿归顺于您的麾下。"顿巴辛绕祖师一箭射穿了9个重叠的铁质盾牌，箭镞越过江河，直插入对岸的岩石中。恰巴拉仁恼羞成怒，率领犹如黑云压顶般的魔军奔向祖师。魔军的喊声震响在天空，刀剑、箭矛如雨而下。却见顿巴辛绕祖师沉着应战，指挥着手持兵器、多如黑夜中布满天空的星星的神军的千军万马，前来交战。魔军见状，纷纷逃亡到工布峡谷。有一些魔军拜倒在顿巴辛绕祖师的足前。而神军布满整座山坡，威武至极。从此，此山名为拉日羌脱。这次神魔之战中，恰巴拉仁之父杰拉推吉（རྒྱ་ལག་འོད་རྗེ）被擒，归顺了顿巴辛绕祖师。恰巴拉仁见无论如何使法，也斗不过祖师，便缴械归顺，把门日工布王之地（སྨན་རི་ཀོང་རྗེའི་ཡུལ）献给了顿巴辛绕。

后来，当顿巴辛绕及随行弟子再一次来到则拉岗宫殿附近的一处草坝时，原先被盗走的辛氏的7匹马失而复得。此后，一些善兆接踵而至。工布地祇工尊德木（ཀོང་བཙུན་དེ་མོ）手持一根树枝，前来敬献甘露、金子、璁玉。工布君臣亦前来投拜。顿巴辛绕祖师把他们献上来的金子、璁玉分成三份，把其中一份埋入岩石下，作为蕃地四茹的祈福之物。工尊德木献上来的树枝，经加持赐福，成为永恒不变的法物。为了涤尽鬼魅和罗刹女魔口中散发出来的晦气，顿巴辛绕掘出了3眼泉水，泉水的热浪使晦气散尽。他又在一地留下了四辛①和7匹神马的足迹，此地后来被叫作工布直纳（ཀོང་ཕུལ་བྲེ་ས）。如此，顿巴辛绕祖师以慈悲之心，用雍仲苯教的教义降伏了工布、娘布、塔布等地的众鬼魅，并降伏了所有蕃地的鬼魔、罗刹魔、龙神、念神、赞神等②，留下了永恒不变的法旨。

一次，顿巴辛绕来到苯日山脚下名叫娘布桑林的地方。传说，此地为龙神、念神盘踞之地。顿巴辛绕祖师欲在此地传播教义。工布王出于虔诚之心，从娘布桑林划出一块名为"杰"（རྒྱལ）的地方，并在"杰"地搭建了称作"年赤"（གཉན་ཁྲི）③的宝座，把"杰"地和宝座一并献给顿巴辛绕祖师，让他高坐在宝座上布道传教。从此，此地名为"年赤"。顿巴辛绕祖师又在"年赤"种下了一棵柏树，名为"古秀丹竹"（སྐུ་ཤུག་ཐིམ་དྲུག），苯教教徒视之作圣物。据说，这棵柏树的高度等于顿巴辛绕祖师的身高。

如是，顿巴辛绕结束了在工布的传教使命。临离开前，他留下了许多在未来合适的时期，可以开发和掘出的秘密圣迹，并委任了5名保护神来护佑，由工尊德木充任保护神的总头目。④

三、止贡赞普的传说之一

悉补野王系，自第一代国王聂赤赞普传至第六代国王赤贝赞普（ཁྲི་བྲེ་བཙན་པོ）期间，每当王子驭马驰骋时，国王便抛弃王位"升天"，由王子登基为王。赤贝赞普的王子出生后，由苯教

---

① 辛是 གཤེན 的音译。苯教上层执掌宗教仪轨的人士，一般被称为辛。

② 念神、赞神在藏文中称作 གཉན་གཙན་བཅ，属于地方保护神类。

③ "年赤"后来写作"尼池"（ཉི་ཁྲི）、"林芝"（ཉིང་ཁྲི），今天林芝这个名字源自年赤、尼池。

④ 顿巴辛绕·米沃切的故事，在不同的藏文苯教文献中的记述有所不同。此处主要依据《隐秘圣地苯日山志》，可参见《西藏古迹志选编》（藏文版），西藏藏文古籍出版社1995年版，第140—148页。

巫婆卓夏吉林玛取名。卓夏吉林玛问道："吉地的红色岩山垮塌了没有？塘玛芝邦草坝是否被火烧了？当勒瓦湖是否已干枯？"答："岩山没有崩塌，草坝不曾焚烧，湖水还未干枯。"卓夏吉林玛因年老耳背，听成岩山塌下、草坝烧毁、湖水干枯，于是口中念念有词："水中亡，厉鬼杀，就取名止贡赞普吧。"这个名字中有"刀下毙命"的寓意。

　　止贡赞普长大后，对自己的名字耿耿于怀。他自认为是天神后裔，具有不同寻常的法力。另外，止贡赞普生来性格暴虐、好勇斗狠，常与属下比试武艺高低。他对父系九族、母系三族的人们说道："尔等谁敢与我比武？"众人答曰："不敢。"止贡赞普问："洛昂，尔敢试否？"洛昂答："不敢。"洛昂是止贡赞普的属臣，是一个富于心计、武艺高强的人。止贡赞普见洛昂拒绝比武，大为震怒，要强行比试一番。洛昂无奈，便提出条件："若要比武，请赐给我诸位天神的神变之物：自动刺击的长矛、自动劈下的宝剑、自动穿戴的甲胄、自动防护的盾牌等。只有如此，属下才能上阵比武。"止贡赞普批准了洛昂所奏，赏给他一切天神神变之物。比武当天，场地摆在娘若的尘土坝上。比武开始前，洛昂又向止贡赞普提出要求："请砍断您头上连接天界的天绳，请把您头上的九级天梯倒立。"止贡赞普也答应了这两项请求。

　　洛昂的要求得到满足后，他就给百头黄牛的角绑上 200 支金矛，并让牛驮上装满沙子的袋子。当驱使黄牛上前冲撞，刺破沙袋，尘土飞扬之时，洛昂趁机发动了攻击。止贡赞普看到局势不妙，试图迎请保护神德拉贡杰前来助阵。不想，洛昂从腋下往天上抛出一只猴子。德拉贡杰见到猴子，便转身远遁，跑到了冈底斯山上。这时候，洛昂正在弥漫的尘土中寻找止贡赞普。当看到有人胸前挂着的铜镜在闪闪发光，他便认定是止贡赞普的宝镜，就射出了一支箭。箭穿心而过，止贡赞普如此惨死。

　　止贡赞普死后，洛昂把他的尸体装进一口密封的铜锅中，抛入了年楚河，又流入藏曲河。铜锅顺江漂流，一直漂到了工布的色仓，被一位叫作沃德沛德仁姆的龙神吞入腹中。

止贡赞普的两个王子见父王被杀，便逃亡到了工布。止贡赞普的遗孀被迫为洛昂做牧马、劳役等活计。当时，札氏和哈氏两人互相仇斗。札氏茹莱杰被哈氏所杀，他有孕的妻子逃亡到自己的父祖之地，生育了一个儿子，叫作额莱杰。额莱杰长大后，问其母："人皆有君主，人皆有父亲。我的君主为何人？我的父亲在何处？"他母亲不愿答复。额莱杰说："若不告诉实情，我就一死了之。"其母告诉他："你父亲被哈氏所杀。你的君主被洛昂所杀，遗骸被装入铜锅掷入江中，漂流到了色仓，在龙神沃德沛德仁姆的腹中。你的君主的两个王子也逃到了工布。"额莱杰答道："我要顺着人走过的路迹、河水流过的水道，前去寻找。"

额莱杰来到工布后，在工域直纳见到了涅奇、夏奇两位王子，也见到了龙神沃德沛德仁姆。

额莱杰向龙神提出把止贡赞普的遗骸赎回去的要求，但龙神提出了苛刻的条件："要献上一名男儿来赎回止贡赞普的遗骸。这男儿的双目要形如鸟目，眼皮要长至能遮目。"额莱杰走遍天下，历尽千辛万苦，也没能找到符合条件的男儿。这时候，干粮已吃尽，鞋底也磨穿了，他只好暂时回到故乡。

在故乡见到母亲后，额莱杰如实诉道："我顺着人走过的路迹、河水流过的水道找到了王子们，也见到了龙神沃德沛德仁姆。但是，要赎回君主止贡赞普的遗骸，需要一个目如鸟目、眼皮长至能遮目的男儿去替代。如此男儿，我还未找到。请给我备口粮，我要继续上路去寻找。"说罢，额莱杰带着口粮又上路了。走到一座山下，他见到一名正修水渠的妇女，她的后背上背着一个男孩，正好目如鸟目、眼皮长至能遮目。额莱杰问道："我要带走你的儿子，你有什么条件？"妇女答道："我别无他求。一旦赞普驾崩，要为他束发髻，并涂朱砂于面颊，遗骸也要修饰，聚珍宝藏于墓穴中，如此能否做到？"额莱杰发誓说能办到，就把修渠妇女的儿子献给龙神，把止贡赞普的遗骸赎回来了。额莱杰在羌朵拉布修筑墓穴，把止贡赞普的遗骸埋葬在内，并由王子涅奇主持举行了下葬仪式。

不久，王子夏奇带着3300名兵卒杀回钦瓦城堡；接着，进兵攻陷了洛昂的城堡娘若香布，荡平了他的属地，杀死了他属下的100名男人、100名女人。其他属民被关进监牢，牲畜收为公产。夏奇登基继承王位，称为布德贡杰。①

四、止贡赞普的传说之二

悉补野王系传至斯赤赞普（ སྲིབས་ཁྲི་བཙན་པོ ）时，请来一名叫玛玛卓夏吉林玛②的老女人，给刚出生的王子取名。老人认为时下"国政不稳，执政有劫难"，就给他取名为止贡赞普。

当时，一名极具魔幻本领、名叫阿柴的苯教徒来到悉补野。此人口中念诵绵绵不绝的咒语，就能上天飞翔。止贡赞普向阿柴问道："我被赐名为止贡赞普，究竟是何意？"阿柴答："玛玛给您取这个名字，意即最终毙命于刀下。"止贡赞普听后，心中甚是不快，说道："既然我最终将毙命于刀下，那就要与洛昂比武。"临比武前，止贡赞普派一只听觉异常灵敏的神犬前去探查洛昂的动静。洛昂得知神犬在偷听，就故意说反话："比武中，我能斗败赞普，但若是赞普驱赶驮有尘土袋子的7头红色黄牛、母牛来战，我就不能敌了。若是赞普绕着脖颈挥舞宝剑，我也不能敌。若是赞普右手牵一只猴子、左手牵一只猫来战，我也不

---

① 这一传说故事的基本轮廓见敦煌古藏文历史文献所载，可参见《敦煌藏文吐蕃史文献译注》，甘肃教育出版社2000年版，第156—166页。

② 14世纪的史料中，把玛玛卓夏吉林玛（ མ་མ་ཐོ་ག་ལ་ཤྲེག་ཤྲེང་མ ）视作止贡赞普的奶妈。根据早期史籍记载，她应该是一名苯教的巫婆。

能敌。若是赞普胸前挂着宝镜来战，我更不能敌。"神犬把听到的洛昂的话如实说给止贡赞普，止贡赞普说："那就照洛昂所言行事吧。"于是，在比武当天，止贡赞普右手牵了一只猴子，结果，他的保护神——男神无影；左手牵了一只猫，结果，他的保护神——女神无踪。止贡赞普挥舞宝剑时，砍断了天绳，断了升天路。黄牛、母牛驮着的装满尘土的袋子被洛昂刺破后，止贡赞普的兵士在弥漫的尘土中不知所措。洛昂在人群中凭借发光的宝镜，认出止贡赞普，挥刀杀死了他。尔后，洛昂把止贡赞普的尸体装进一口密封的红铜棺中抛入年楚河，又漂进藏曲河，最后漂流到工布，被龙神廓德仁姆的女佣齐玛拉仁获得。

止贡赞普被杀后，他的 3 个王子被追杀，就骑上白色神牛逃亡到工布等地。夏奇骑在牛角上，涅奇骑在牛鬃上，恰奇骑在牛背上。后来，夏奇成为娘布王，恰奇成为工布王，涅奇则流落到波窝。

如此，赞普的宝座虚位达 13 年之久。此后，止贡赞普的遗孀在草场上牧马时，梦见与一个龙神之子般的奇人结合。梦醒之时，她看见眼前有一头牦牛悠悠游荡。8 个月之后，止贡赞普的遗孀分娩出一个血淋淋、拳头般大小的肉团。杀之乃情深骨肉，于心不忍；育之却无四肢，如何养育？最终，她把肉团置入牦牛角中养之，逐渐成长为一个男孩，取名为若莱杰，意即牛角中生出来的男孩，又名额莱杰。

额莱杰长大后，问其母："谁是我的父亲？他在何处？"他母亲回答："你父亲被洛昂所杀。"额莱杰得知父亲被杀，就去寻找他的遗骸。得知父王止贡赞普的遗骸在龙妖齐玛拉仁手中后，额莱杰试图赎回，但被告知要用目如鸟目的奇人来顶替，方能赎回。额莱杰无奈，到处寻找这个奇人。果然，在一个叫艾康帕的地方，有一名女孩，其目如鸟目，眼皮能将眼睛遮蔽。额莱杰见了此女，先是欲偷，却不成；后欲买，亦不成。女孩的父母问道："你求我家女孩，是何目的？"额莱杰如实回答后，女孩的父母说："若答应给装有止贡赞普遗骸的棺椁钉上100只藤钉，我们的女儿就可以交给你。"额莱杰许诺照办，带着女孩赎回了止贡赞普的遗骸，并把遗骸带到了色莫普。尔后，额莱杰亲自任工头，动员悉补野父系九族的人，在色莫普为止贡赞普的遗骸修筑墓穴。传说，后来又把止贡赞普的遗骸运到额玛塘境内的昌莫昌琼，并修筑墓穴，墓穴取名为囊斯替。

为了夺回赞普的王位，额莱杰用计除掉了洛昂。额莱杰把一只毛上涂有毒汁的白色猎犬献给洛昂。洛昂手触犬毛后，便僵硬得无法挥动，其属臣齐集前来探视。额莱杰趁机攻陷了洛昂的城堡娘若香布，杀死了洛昂手下的100名男子、100名女子。然后，额莱杰把三名王子中的涅奇从波窝迎请到雅砻继承王位，称为沃德贡杰。沃德贡杰称赞额莱杰的功劳："你远胜我之舅父"，便赐名为库门松（ཁུ་སྨོན་གཟུངས）。① 从此，"库"成为悉补野时期著名的氏族。

五、阿吉王的传说

传说11世纪，在米林境内，有一户相传为吐蕃工噶布王家族后裔的人家，生了一个聪明而可爱的男孩。男孩长到10多岁时，已开始学习各种知识，还能骑马、射箭，具备了王族风范，被当地人称为阿杰（ཨ་རྒྱལ），意即阿吉王（ཨ་རྗེས་རྒྱལ་པོ）。

阿吉王出生后，工布地区风调雨顺、一片安宁，既没有村落之间的纷争，也没有天灾、瘟疫的侵害，乡民安居乐业，一时传为佳话。

---

① 这个历史传说的基本轮廓见《弟吾教法源流》(藏文版)，西藏藏文古籍出版社1987年版，第244—248页。

阿吉王成长为一名英俊的少年时，曾授受了一只被视作菩萨化身的老鸦的预言："在羌纳境内有一个吉祥的村落，名为隆奈（ཀྲུང་གནས།），森林茂密、五谷丰登、牲畜繁衍。村落里有一名智慧空行母化身的美丽少女，年满16岁，与你有几世缘分。你可与此女结成终生甘苦伴侣。"

于是，阿吉王依照预言，踏上了寻访少女的路途。一天，他终于在隆奈村落的人群中看到一个美丽俊俏的姑娘，认定此女便是预言中所说智慧空行母化身的少女。就在这天晚上，阿吉王来到少女家，拜见其父母，并提出借宿一晚的要求。两位老人见阿吉王气度不凡，认定他是大户人家的公子，满口答应，并对他毕恭毕敬、殷勤款待。阿吉王趁机仔细打量姑娘，只见少女长得秀外慧中、颖悟绝伦。尤其值得称道的是，此女名为堪卓仁钦卓玛，上敬奉三宝、下乐善好施，是一个与佛法有殊胜因缘的智慧空行母化身。于是，阿吉王正式向少女的父母提亲，准许他迎娶少女为妻。两位老人满怀喜悦地答应了阿吉王。不久，在一个充满祥兆的吉祥日子，阿吉王和堪卓仁钦卓玛举行了隆重的婚礼。

婚后，两人恩爱、亲密无间，并生育有4名天仙般的女儿。尤其是二女儿慈悲、善良的菩提之心，无人可比，具备了空行母的一切美德。

这时，名震藏地的密宗高僧、佛经翻译家惹译师（ར་ལོ་ཙཱ་བ།）云游到工布。由于早年阿吉王与惹译师结成福田与施主的关系，当惹译师在工布讲经传法时，阿吉王把二女儿奉送给惹译师做明妃。不料，此事引起工布人的极大愤怒。人们怀疑惹译师不是真正的得道密宗大师，而是借行道之名霸占民女的假修密者。为了平息民众的愤怒，惹译师当着众人的面，施展了种种不可思议的法术，令工布百姓人人曰不可思议、啧啧称奇。工布人这才确信，惹译师实乃法力无边、修行深邃的高僧。

一次，阿吉王前往拉萨的祖拉康朝圣。途中，阿吉王一行来到墨竹工卡境内的斯钦拉措湖畔时，见天色已晚，便宿营歇脚、烧茶做饭。阿吉王按照工布人的习俗，烧烤工布的猪肉。不料，烧烤猪肉的阴气招惹了斯钦拉措的龙神。第二天一早，阿吉王一行欲整装出发，龙神却施展隐形障眼法，隐去了阿吉王骡马的踪影。阿吉王见状，知道是龙神施法，便向着湖心高声喊道："若我的骡马仍不见踪影，我将从工布驱赶来百头白色牦牛到此，掀翻湖畔所有草场。"斯钦拉措的龙神听罢，惊恐不安，即刻让隐身的骡马一一现身，送还给阿吉王；并发誓从而后，不再侵害路过的工布朝圣人。

阿吉王来到拉萨的祖拉康朝拜神圣的觉沃佛[①] 时，见觉沃佛塑像前供奉的酥油灯暗淡无光，不禁向觉沃佛感慨道："神圣的至宝觉沃佛，您在祖拉康的佛殿中，享用如此微薄可怜的食物。您尊前的供品不时被狗盗走，您尊前的这盏灯又不时被风吹灭，如此窘境，令我不安。"说罢，阿吉王在觉沃佛塑像前献上了从工布带来的丰盛供品，并给油灯添满了酥油。

阿吉王拜完觉沃佛后欲走出祖拉康，去帕廓街转经。不料，此时祖拉康外雨水不停，街道泥泞不堪。阿吉王只好脱下靴子，想寄存在佛殿，但佛殿里的香灯师早已外出，还没有归来。于是，阿吉王把靴子寄存在觉沃佛塑像跟前，转身走出祖拉康，虔诚地沿着帕廓街的转经路，口诵嘛尼，绕转了几圈。香灯师回到佛殿，看到觉沃佛塑像前有一双靴子，感觉玷污了佛殿的神圣，欲拿走从佛殿扔出去。这时，觉沃佛开口说道："这双靴子是工布阿吉王寄存在我处的，不可扔弃。"

不久，阿吉王转完帕廓街，回到觉沃佛塑像前取走靴子，向觉沃佛献上虔诚的告别礼，并发出诚挚的邀请："至宝觉沃佛，来年四月十五日，我邀请您到工布做客。我要用工布独有的猪

---

① 觉沃佛，是指拉萨大昭寺的释迦牟尼佛塑像。

肉、青稞酒、小麦饼和荞麦饼①，来盛情地款待您。"觉沃佛微微点头，应允了阿吉王的邀请。

　　来年藏历四月十五日，阿吉王来到斯果杰瓦（ ཨེ་སྒོར་རྒྱ་བ ），恭候觉沃佛的到来，但始终没有见到觉沃佛的身影。倒是这天，阿吉王的妻子堪卓仁钦卓玛到江边取水时，有缘在水中谒见了觉沃佛显灵的尊容。堪卓仁钦卓玛恭请觉沃佛前往阿吉王的府邸做客。觉沃佛许诺后，跟着堪卓仁钦卓玛前去。当走到一块巨石跟前时，觉沃佛开了金口，说道："我不能走进俗人之家。"说着，他把身影融入巨石中，一尊觉沃佛的石像赫然显现在巨大石壁上。从此，这一觉沃佛的石像被工布人视作与拉萨大昭寺的觉沃佛无二的圣物，一直受到虔诚的供奉和拜谒。②

　　不知哪年哪月，阿吉王奉藏王之命，准备带领工布民军上前线抗击来犯之敌。阿吉王本想欢度新年之后再出征，但由于军情紧迫、时不待人，他只好下令，工布人在十月一日那天，提前欢度新年，而后随他奔赴前线。从此，每年藏历十月一日，工布人都欢度新年，这是今日工布新年的来历。③

----

① 工布独有的猪肉、青稞酒、小麦饼和荞麦饼的藏文原文是：བག་ནན་གྱི་ག། ནས་ནན་གྱི་ཆང་། སྲོ་ནན་གྱི་སྤག་བན། བ་ནན་གྱི་ཡ་འ།

② 今西藏林芝市巴宜区米瑞乡境内有一座寺庙，叫作曲觉拉康，与这一传说有关。但曲觉拉康供奉的觉沃佛石像被说成是观世音像，而非释迦牟尼像。

③ 阿吉王的传说主要根据《林芝文史资料点滴》（内部资料，林芝市政协文史资料委员会编写）撰写，并参考了《惹译师传》和《上师教诫》（རྒྱན་བཟང་བླ་མའི་ཞལ་ལུང་）等。

第二十章　历史名胜古迹

林芝市历史悠久，文化底蕴深厚，有许多历史文化遗存和名胜古迹，包括珍贵的千年石刻碑铭、规模宏大的吐蕃墓葬群、闻名于世的苯教圣迹和佛教名寺名刹等。所有这一切是林芝先人留给后世的历史文化遗产，具有极大的历史价值、科学价值和艺术价值。

一、吐蕃石刻、墓葬、碉楼

工布雍仲增石刻

巴宜区米瑞乡雍仲增（今称作玉荣增）村内保存有一块珍贵的吐蕃石刻碑铭，曾被称作《工布石刻碑铭》《工布德木摩崖石刻》，今以《工布雍仲增石刻》闻名于藏学界。

碑铭刻在一块天然大石上，南面磨平后，整出高 1.85 米、宽 1.75 米的一个平面，上书 21 行、365 字，除两三个字的字形模糊外，其余清晰可读。底座高 0.25 米，刻有 10 个"雍仲"（ གཡུང་དྲུང་ ）纹饰。

这一碑铭当是在藏王赤德松赞（800—815 年在位）登上王位不久，应工布王芒布杰之请刻文勒石的，属于 9 世纪初的珍贵历史文献。工布王即工噶布王，原是十二邦国之一工布的君主，与吐蕃王室同出一源，均属第七代悉补野王止贡赞普的后嗣。7 世纪，吐蕃统一王朝建立后，工噶布王作为王室的分支，依旧拥有对工布邦国的统治权，享有种种特权，这在赤松德赞（755—797年在位）时期曾以盟誓的形式得到过确认。但其后的岁月中，工噶布王所享有的经济、差税等方面的特权仍不断受到地方官员的侵犯。赤德松赞执政以后，工噶布王芒布杰上书赤德松赞，要求以盟约的形式再次明确保护工噶布王所享有的特权，并请求责令地方官员不得损害工布邦国的利益。

赤德松赞答应了工噶布王的请求，以盟约形式颁布了文书，并镌刻在石壁，以传至永久。

碑铭全文译作如下：

天神赞普赤松德赞、赤德松赞父子二代在位之时，颁布盟文于工噶布王。

天神后裔工噶布王及其臣合奏：

初恰·雅拉达楚[①]之子聂赤赞普降临拉日羌脱山上，为人主以来，至止贡赞普，传世七代，皆居于钦瓦达孜宫[②]。

止贡赞普之子有兄涅奇、弟夏奇。弟夏奇为天神赞普，兄涅奇为工噶布王。[③]兄噶布王自上部下迁之始，供奉兄弟二人之护神，与护神工尊德木相伴始终。为敬奉祖神雅拉达吉[④]及天神之子，我等不惜生命之危供奉。天子赞普社稷大业，如此崇巍，盔帽如此之坚挺，在苍天般覆盖下的天子治下，有我等众多臣民可驱使。初，我自兄弟分离，至天神与臣民还不曾分离之时，一切欢然安乐，赐我治理属下政事之权，如"雍仲"般坚固。然今日，地方"喀索"长官以种种差税，欺凌之至，故，奏请颁授一份永世安宁之盟誓敕书。王准之，以存放于"颇罗弥"匣中盟文为模本书写了本盟约文书。赞普天子赤松德赞之时曾颁授盟约于工噶布王。

---

① 恰·雅拉达楚系 ཁྱུ་ཡང་དགག་རྒྱལ 的对音。恰为古代藏族著名氏族，恰·雅拉达楚是悉补野氏族的祖先。

② 钦瓦达孜系 ཕྱིང་བ་སྟག་རྩེ 的对音，为古代悉补野赞普最早修建的王宫，地处今西藏山南市琼结县县城所在地。

③ 《工布雍仲增石刻》中的涅奇（ཉི་ཁྲི）、夏奇（ཤ་ཁྲི）即聂奇和夏奇，在后期藏文史料中通常分别写作涅赤（ཉི་ཁྲི）、夏赤（ཤ་ཁྲི）。

④ 雅拉达吉系 ཡ་ལ་དགག་བྱིན 的对音，为雅拉达楚的另一种写法。

今天子德松在位之际，增授盟誓敕书。工噶布王之大位，惟许噶布芒布杰子嗣后裔继位，终不得由他人篡位。若噶布芒布杰后嗣断绝，为不使王兄噶布王王位无名失传，择噶布坚赞之后嗣继任王位。若坚赞濒临绝嗣，按其遗言从近亲中封授合适之人。今后，工噶布王之奴户、田地、牧场绝不减损，不增派王室劳役，不增收官府差税。向官家府库所缴纳之物，青稞或稻米皆可。驿站之役，依现役路程服役，不再远延。如同天子父王所颁授盟约敕书，天子德松之时，君臣合议，颁此盟约。

从上述盟约中可以看出，赤德松赞郑重许诺了三件大事：一是工噶布王的大位只由工噶布王芒布杰的子嗣后裔或其近旁子嗣继承，不得由其他姓氏的人篡位或继位。二是工布邦国的奴户、田地、牧场不减少、不受损。三是不向工噶布王的辖境增派劳役，亦不增收官府的差税；驿站的劳役，依照原有规定支差，不再增加役程。

《工布雍仲增石刻》问世于赤德松赞执政时期，迄今已有 1200余年，是研究吐蕃时期历史、政治、经济极为重要的珍贵史料。

丹娘朗嘎吐蕃石碑

位于米林县丹娘乡朗嘎村旁一座山坡上，今称之为丹娘朗嘎吐蕃石碑。

此碑由碑帽、碑体、碑座组成。碑帽为三角形，正面刻有日、月、狮子纹饰。碑座正面为长方形，中间绘有大象，四周以宝珠围绕。碑体高 3.83 米，宽 0.90 米，厚 0.31 米。

这块碑刻由于石壁粗糙，加之 1000 多年的日晒雨淋，文字风化十分严重，所述 31 行文字基本上磨损殆尽，仅有 30 余字可以释读。

20 世纪 90 年代，西藏自治区文物管理委员会工作人员对该碑文进行了第一次考察。1991 年，《雪域文化》发表了欧朝贵撰写的《米林丹娘石碑及艺术特点》一文，对石碑的基本造型、碑帽、碑座的纹饰进行了介绍和初步的讨论。由于欧朝贵文中没有涉及对残存碑文的释读，因此，对碑铭的年代和基本内容无从论及。

1995 年以来，西藏自治区社会科学院科研人员多次赴朗嘎村，对碑文作进一步的研究。2011 年出版的《吐蕃碑文汇编及校注》(藏文版)①一书，收录了丹娘朗嘎石碑残存文字 30 余字。依据残存文字中出现的"赞普赤松德赞时期""子嗣""君臣合议""盟约"等文字，以及吐蕃碑刻文字特殊的表述形式，《吐蕃碑文汇编及校注》的编著者巴桑旺堆确认，此石碑为赤松德赞时期颁给工噶布王盟约性质的文书，《工布雍仲增石刻》所提及的"赞普天子赤松德赞之时曾颁授盟约于工噶布王"一句，能够提供旁证。该盟约的主要内容可能涉及以下几点：赞普许诺工噶布王治理下的工布或工域邦国固有的各种特权得以继续维护，保证地方官员不得侵害工噶布王的利益，保证工噶布王的君王之位只由工噶布王的后嗣继承等。

由于工噶布王的祖先出身于吐蕃王族，与吐蕃王室源自同一血脉，因而，其世袭政权仍以邦国之名在政治、经济上享有种种特权，有权独立管辖境内属民，不用向吐蕃王朝或王室承担沉重的差税劳役。而这种特权有时受到吐蕃王朝派到地方的官员的挑战和侵犯。于是，赤松德赞与工噶布王举行盟誓，尔后，以盟约性质的文书明确规定国王对工噶布王的种种承诺，也规定了在此前提下工噶布王忠诚于对吐蕃王室的条文。丹娘朗嘎吐蕃石碑应该是这种历史背景下产生的珍贵历史遗产。

---

① 巴桑旺堆：《吐蕃碑文汇编及校注》(藏文版)，西藏人民出版社 2011 年版。

列山古墓葬群

位于朗县金东乡列村东北约 1500 米的列山山坡上，海拔 3200 余米。主墓地西南面的金东河从东南流入雅鲁藏布江。

此墓葬群是 20 世纪 80 年代西藏文物界发现的西藏古代重要墓地遗存之一，整个墓地分为东、西两大墓区，中间为相距 1.5 公里的深沟和山梁，共有 184 座封土墓。其中，东墓区东西长 1.2 万米，南北宽约 650 米，面积 78 万平方米，有 162 座封土墓，呈扇形分布。另外，有殉马坑、祭祀场所遗址、房屋遗迹和石碑座。西区面积略小，有封土墓 21 座，呈曲尺形分布。

列山古墓葬群按封土形状，墓形由梯形、方形、圆形和亚字形 4 种形状组成。其中，梯形封土墓最多，共有 153 座。该墓形前宽后窄，平面和立面均呈梯形，分别用夯筑和石土混合堆筑两种方法建成。最大的梯形封土墓高 14 米，面积近 3000 平方米；最小的封土墓仅露出地面，面积约 11 平方米。方形封土墓亦称塔形墓，有 2 座，平面呈正方形，立面呈塔形，分 4 级，不出檐，由塔基、塔身和塔顶 3 部分组成，以土、石、木逐层夯筑而成。圆形封土墓有馒头形和圆锥形两种形制。其中，馒头形为大、中型墓形状，而圆锥形为小型墓形状。亚字封土墓只有 1 座，立面似方形城堡，4 面各有一"马面"。它们是研究吐蕃时期墓葬制度的重要实物资料之一。[①]

列山古墓葬群如果以面积 700 平方米以上为大型墓穴、90 平方米至 700 平方米为中型墓穴、90 平方米以下为小型墓穴计算，则大型梯形封土墓有 23 座，中型的有 74 座，小型的有 56 座。列山墓地还发现殉马坑 28 处、房屋遗迹 1 处、祭祀场所遗址 2 处、石碑座 1 处。殉马坑的特点是，地面上遗存有长条形石

---

① 以上文字根据中国藏学出版社于 2012 年出版的《西藏自治区志·文物志》编写，见该书第 314—317 页。

墙，均分布于梯形封土墓前，且与墓穴底边平行。各墓前的长条形石墙长短不一，最长42米，最短者仅4米。房屋遗迹南北长6米，东西宽4米，面积约24平方米，南、北、西3面保留有夯筑残土墙。祭祀场所遗址位于东墓区南部边缘低一级的台地上。台地宽阔，东西长约300米，南北宽约160米。祭祀场所平面为长方形，2处祭祀场所相距34米。其中一处长70米，宽26米，面积1820平方米。石碑底座位于东墓区西北处，形状近似圆形，直径1.02米，高0.37米。碑座周围用阴线刻莲纹，线条粗犷，古朴笨拙。碑座正中有长方形碑槽，深14.8厘米，宽19.5厘米。根据碑座四周的长方形石墙基遗迹判断，原先该碑刻可能建有碑亭。

列山墓地的发现及其宏大壮观的场景震撼了学术界，引起了藏学界的极大关注。但是，藏文史籍中对列山墓地没有留下片言只语的文字记载，墓穴所在村落百姓口中，贴近史实的口传故事也早已失传，既无文献佐证，又无口碑史学。因此，为何在金东地区发现如此大规模的墓穴、如何还原历史背景、如何界定墓主身份，成为学者们研究的主攻方向。经过30多年的研究，民族史学界、藏学界学者以历史文献为基础，从历史地名学、宗教学、历史学等多学科的角度进行相互参照研究，梳理了围绕列山墓地所在地的历史谜团，提出列山墓地所在金东地区，最早处于十二邦国之一钦域邦国（ རྒྱལ་ཕྲན་མཆིམས་ཡུལ་ ）的发祥地境内，古地名称作钦域。7世纪，吐蕃统一王国建立后，此地隶属于钦氏家族统领的下约茹千户府的辖境。列山墓地极有可能是钦氏家族的主墓地，而且多数大型墓穴建成于吐蕃王朝时期。

汉文史籍《新唐书》和《旧唐书》中，钦氏被称作琛氏。自从松赞干布的第三代祖辈卓念德如（ འབྲོ་གནན་ལྡེ་རུ་ ，约6世纪下半叶），从钦氏家族娶钦萨·鲁杰恩莫措（ མཆིམས་ཟ་ཀླུ་རྒྱལ་དན་མོ་མཚོ ）为王妃后，钦氏家族与吐蕃王室结成了牢固的联姻关系。松赞干

306

布以后，钦氏代代有女性与吐蕃王室联姻，家族男性屡屡出任权倾一时的大相、统兵将军，钦氏家族成为地位崇高、权势显赫的外戚势力。吐蕃王朝时期，该家族曾出现过彪炳史册的钦·杰斯修丁（མཆིམས་རྒྱལ་གཟིགས་ཤུ་ཏེང་）、钦·赞协莱斯（མཆིམས་བཙན་བཞེར་ཞིགས་ཞིགས་）等宰相级大臣和统兵将领，为吐蕃的强盛作出了巨大的贡献。学术界认为，列山古墓葬群中几座面积在 2500 平方米以上的高大陵墓，只有钦氏家族的钦·杰斯修丁等人拥有的尊贵地位、无上荣耀、赫赫战功才能般配，也唯有钦氏家族才有权势、财力修建如此壮观的墓葬群。

目前，列山墓地是钦氏族或家族主要安葬之地的观点基本上为国内外学界的共识，但围绕墓葬的许多涉及历史、考古的问题仍然需要学术界进一步研究。

秀巴碉楼

藏民族独特的历史文化遗存——碉楼，分布在青藏高原广阔的藏区，西至西藏日喀则、山南、林芝，东至四川西部，南至云南迪庆等地。其中，西藏林芝市工布江达县境内的秀巴碉楼，是西藏境内外形壮观、保存较为完整的一处碉楼群。

秀巴碉楼群由 5 座碉楼组成，高 40—50 米，间距四五十米不等。碉楼相互呼应，互为掎角。碉楼由片石和木板搭建而成，外观呈现出 12 面棱柱的几何状体，棱角分明，下宽上窄，随高度增加而内收。碉楼内为规则的八角形。墙体厚约 2 米，非常坚固，内侧则嵌有木板。

四川大学石硕教授，曾引用古代汉文史籍《后汉书·南蛮西南夷列传》《隋书·附国传》等书中对川西藏族先民的记载"皆依山居止，累石为室，高者至十余丈"，"无城栅，近川谷，傍山险"，提出了川西碉楼已有 2000 多年历史的观点，认为"皆依山居止，累石为室""近川谷，傍山险"，是藏区碉楼产生的自然环境条件。

秀巴碉楼虽然既缺乏历史文献记载，又无可靠的口传历史故事，但碉楼所处的自然环境符合"皆依山居止，累石为室""近川谷，傍山险"的条件。

21世纪初，法国的女碉楼学家弗德瑞克曾从秀巴碉楼遗址处带走了一小块木头，并在法国作了碳-14年代测定，推断秀巴碉楼是属于9—10世纪的历史文化遗存。[①] 学者们认为，这个结论基本接近历史实际情况。

根据后期藏文史书记载，悉补野或十二邦国时期，今工布江达县大部分隶属于娘布邦国的辖境。大约3世纪前后，地处雅砻的悉补野邦国第七代国王止贡赞普被反叛大臣所杀害，他的三个王子分别逃亡到工布、波窝、娘布避难。后来，二王子涅赤返回亚隆，继位为第八代赞普；大王子夏赤留居工布，成为工布王；三王子恰赤则占据娘布，成为娘布邦国的君主，统治今工布江达县辖境。从3世纪至7世纪上半叶，古西藏境内邦国林立，割据地方，各自为政，互相征伐不已。629年，松赞干布建立统一政权——吐蕃王朝后，娘布王作为吐蕃王室后裔，享受特殊的政治和经济待遇，在辖境拥有相对独立的管辖权。

9世纪下半叶，吐蕃王朝崩溃，西藏陷入了封建割据时期。地方上有许多割据势力，相互间为争夺土地和财产征伐不断，人民苦不堪言。

根据以上大的历史背景，学者们对秀巴碉楼大致作出以下推断。

秀巴碉楼与川西碉楼一样，早在上千年前就已经建成。秀巴先民"依山居止，累石为室"，选择了"近川谷，傍山险"的自然环境。

---

① 参见弗德瑞克著、刘溯等译：《喜马拉雅的神秘古碉》，深圳报业集团出版社2005年版。

秀巴碉楼产生的社会环境是，古代邦国或部落之间发生战争，或村寨之间经常发生冤家械斗。保护自己的领地、村寨不受侵犯，对付邦国或部落之间的战争，是秀巴碉楼群形成的主要原因。

秀巴碉楼的主要功能有二：一是民居功能。从碉楼内侧嵌有木板的痕迹来看，碉楼内部应有几层民居房屋，以木板为每层的楼板（川西丹巴碉楼一般高 20 余米，最高者可达 50 余米。古碉内一般有 10 余层）。二是由于古代尤其是 9 世纪下半叶，吐蕃王朝崩溃，地方战事不断，修建这种碉楼能充分发挥军事功能。碉楼上部设有瞭望孔，可观察四周情势，当外敌来侵时，易于登顶防守。同时，碉楼顶部还可以燃放狼烟，向远处传递信息。

秀巴碉楼以石砌工艺修筑，挺拔壮观，异常牢固。古藏文中的"卡宗"（མཁར་རྫོང་）一词，就指修筑在山腰或山顶之上的石砌建筑。秀巴碉楼为代表的西藏碉楼文化，是以传统的石砌房屋建筑技术为基础的建筑文化，说明藏民族先民早在上千年前就掌握了精湛的石砌建筑工艺。

二、苯教遗址及寺院

苯日神山

苯日神山，简称苯日，是西藏最著名的神山之一，位于林芝境内。这里土地肥沃，既能耕种，又有茂密的原始森林。苯日由三座独立的山峰组成。据《苯日山志》记载，三峰是西方的穆日山、中央的苯日和东南方的拉日羌脱山。拉日羌脱山比苯日低很多，它的山脚接触到雅鲁藏布江和娘曲（尼洋河）的东岸。娘曲在三山山麓之下汇入雅鲁藏布江。雅鲁藏布江在德木地区拐弯之前，继续围着东岸的拉日羌脱山和南岸的鲁王山缓缓向东流约20公里，然后向东南拐弯，峡谷也逐渐变窄，这部分地区被称为"工布峡谷"。此后，雅鲁藏布江又绕着南迦巴瓦峰转了一圈，就昂头向南进入墨脱县境内。

关于苯日的由来，流传着几种苯教传说故事。其中一则传说是：工布的妖魔恰巴拉仁盗窃了顿巴辛绕·米沃切祖师的七匹马，并藏在工嘎布王的城堡内。祖师为了驯服工布地区的野人并找回自己丢失的马匹，从沃莫龙仁前来工布。当他到达工布时，恶魔恰巴拉仁心生一计，变出一座大黑山试图阻挡顿巴辛绕·米沃切的去路。然而，祖师抓起这座黑山，轻轻搁置在一方，此山从此变成了祖师讲经布道的圣迹。后来，此山被称作图珠大苯日山，意即顿巴辛绕·米沃切心力变化之山。另外有一则传说：当顿巴辛绕·米沃切到达工布讲经布道时，工布地区的保护神工尊德木，试图在雅鲁藏布江北岸竖起一座高大的黑山挡住祖师的通路。而祖师却以法力变幻出了一座比那座黑山更高的山，命名为"苯日"（意即苯教神山）。工尊德木斗法不胜，反被祖师降伏了。又有一则传说讲：苯日是悉补野第一位国王聂赤赞普的化身，因为聂赤赞普从十三级天宫下凡到人间时，就降落在拉日羌脱山上，而拉日羌脱山是苯日山的一角。

14世纪，苯教名士日巴竹赛杰来到工布朝圣、巡礼，并在此闭关修行了3年，获得了苯教先人高士的摄力，成就了自身的修行法力。1330年，即藏历第六绕迥铁马年，日巴竹赛杰开创了转游苯日神山的先例。从此，苯日成为苯教徒心目中的神山圣迹，每年都有络绎不绝的信徒前来转山。尤其是，每逢马年，上自阿里、下自嘉绒的苯教徒千里迢迢前来工布，转游苯日神山，朝拜顿巴辛绕·米沃切留下的圣迹，使转游苯日神山成为苯教徒的重大宗教活动。

苯教徒转苯日山的方式与佛教徒不一样，他们顺着逆时针的方向来转山。转山一趟需要两天时间，大约有60公里的路程。转山的朝圣者一般来自藏区各地，有一部分人要在苯日山周围逗留很长时间，为的是完成"百转"，即绕神山转 100 次的功德。坐落在朝山道附近村庄里的大多数百姓都信仰苯教，像色秀、噶尔、色姆、达孜和邦那等村落至今仍盛行苯教仪式仪轨。历史上，尽管苯日山地区受到较大规模的藏传佛教传播活动的冲击，但苯教的传播仍在苯日山周围得到了发展。直至今日，苯日山的转山道上坐落有 8 座苯教寺院。其中，主要有 14 世纪，由日巴竹赛杰修建的色迦更钦寺和扎尊·囊喀仁钦修建的杰日寺；16 世纪，由莫兰扎西修建的大卓萨寺；17 世纪，由董恭·丹巴伦珠修建的达孜寺等。

色迦更钦寺 （ སྲིད་རྒྱལ་དགོན་ཆེན་ ）

又称苯日衮钦（ བོན་རི་དགོན་ཆེན་ ），位于巴宜区林芝镇卡斯姆（ མཁར་སྲི་མོ་ ）村后山坡深处，是工布境内具有悠久历史的苯教寺院。民间传说，悉补野第一代国王聂赤赞普和辛南喀囊朵（ གཤེན་མཁན་རྒྱུ་མ་བོག་ ）曾来到此地讲经修道。第二代国王穆赤赞普时期，雍仲苯教盛行于吐蕃上下，形成了 37 处苯教修行聚集地，其中一处名为工布斯木唐（ ཀོང་རྒྱུལ་ཤེ་མོ་ཐང་ ），便是此地。

9 世纪以后，工布地区的苯教传统基本衰竭，既没有教士前来传教，也没有苯教徒修习教义，更没有人能够指认识别出工布的一些著名苯教遗迹。14 世纪，苯教名士日巴竹赛杰来到工布传教。从此，工布的苯教传播历史获得了新生。日巴竹赛杰生于 1270 年，即藏历第五绕迥铁马年。61 岁时，他遵循斯巴杰莫（ སྲིད་པ་རྒྱལ་མོ་ ）的预言，来到工布苯日一带朝圣，便意识到此处乃是雍仲苯教创始人顿巴辛绕·米沃切曾经降伏鬼魅、传播苯教的圣地。日巴竹赛杰首先在玉普闭关修行 3 年；尔后于 1330 年，即藏历第六绕迥铁马年，开创了转游苯日神山的先例（ གནས་སྐོར་བྱེད་ ），同时创建了色迦更钦寺。据说，日巴竹赛杰法力高深，寺院外部建筑、内部所供，皆由他谋划厘定。建寺之初，就聚集了百余名出家的苯教徒前来修习。日巴竹赛杰于 80 岁入寂。现寺院四周，有许多诸如足迹等传说为日巴竹赛杰的遗迹。

日巴竹赛杰入寂后，由尼玛坚赞出任住持，到 17 世纪中叶，先后有 11 任住持。第十一任住持丹巴坚赞时期，由于圆满完成了五世达赖喇嘛阿旺洛桑嘉措交付的一些事项，西藏地方政府下发文书，准许色迦更钦寺享有寺院建筑盖金顶、筑椽柳女儿墙（སྙིན་རྒྱན་）的特权。第二十八任住持贤潘尊珠（གཞན་ཕན་བཙོན་འགྲུས་）于 1915 年，即藏历第十五绕迥木兔年，出生在今那曲市聂荣县境内，1995 年入寂，是一名高寿、对寺院颇有建树的住持。第二十九任住持凯珠尼玛出生于今那曲市巴青县境内，曾任县地、两级政协委员、西藏自治区佛协委员，2012 年逝世。

色迦更钦寺于 1950 年的"铁虎年大地震"中遭受严重毁坏后曾重建，但在"文化大革命"中又被毁坏。1980 年以后，在第二十八任住持贤潘尊珠、第二十九任住持凯珠尼玛的努力下，寺院修建工程逐渐展开。信教群众先后捐款 60 余万元，国家有关部门拨款 5 万元，寺院始有今日的面貌。

现寺院主要供奉的，有日巴竹赛杰的鎏金塔、顿巴辛绕·米沃切的合金塑像等。另外，保存或拥有苯教经典 3000 多函。

色迦更钦寺一年的主要宗教活动有：从藏历元月初五开始，为苯教被誉为第二个顿巴辛绕·米沃切的丹巴坚赞的诞辰，举行为期 15 天的上师供奉仪轨。藏历二月，为纪念顿巴辛绕·米沃切成道和降伏魔鬼，诵读苯教《大藏经》。藏历四月十日，为纪念苯教名师阐巴南喀的诞辰，四月十三日，为纪念日巴竹赛杰入寂，举行系列活动，包括当地百姓演出歌舞。藏历六月十日，开始为期一个月的夏令安居（དབྱར་གནས་）。藏历九月，为纪念顿巴辛绕·米沃切入寂，举行盛大仪轨。从藏历十二月十五日开始，为纪念顿巴辛绕·米沃切诞辰，举行为期 15 天的诵经和廿九朵玛仪式（དགུ་གཏོར་）。

三、佛教名寺名刹

布久拉康（ བུ་ཆུ་གསེར་གྱི་ལྷ་ཁང་）

布久拉康，全称为布久色吉拉康，位于巴宜区布久乡境内，修建于7世纪上半叶，是史料记载的今林芝市境内最早的藏传佛教寺院，也是历史上工布地区最负盛名的寺院。641年，即唐贞观十五年，文成公主带着12岁等身释迦牟尼像远嫁吐蕃，与松赞干布联姻。当时，松赞干布、赤尊王妃要修建佛堂，知道文成公主通晓汉地阴阳五行算计，就请她代为推算在何处修建佛堂合适。

文成公主根据80种五行算图一推算，便得知雪域吐蕃为罗刹女仰卧之地，沃塘湖乃是罗刹女心脉所在，应填平湖水、修建佛堂。惹木齐（ ར་མོ་ཆེ་）地下是龙神宫殿所在，乃为恶道之门，应当迎释迦牟尼佛像安住于此，即能镇伏。于是，文成公主建议修建惹萨祖拉康（今大昭寺）、惹木齐（今小昭寺），又建议为了按住罗刹女仰卧的肢体，修建昌珠（ ཁྲ་འབྲུག་）、噶蔡（ ཀ་ཚལ་）、藏章（ གཙང་འབྲམ་）、冲巴江（ གྲོམ་པ་རྒྱང་）4座神庙，以分别按住罗刹女的四肢，称之为镇肢佛堂。此后，为了更稳妥地按住罗刹女的其他肢体，修建了布久（ བུ་ཆུ་）、昆廷（ མཁོ་མཐིང་）、强珍（ བྱམས་སྤྲིན་）、扎敦（ བྲ་དུམ་）4座重镇神庙（ ཡང་འདུལ་གཏུག་ལག་ཁང་）。[1] 从此，布久寺以吐蕃4座重镇佛堂之一闻名于藏区。

历史上，布久寺以有"五个一百"、香火鼎盛而著称。"五个一百"，即主殿中供奉有酥油灯百盏、果类百种、鲜花百枝、净水百碗、熏香百炷。[2]

布久寺在旧西藏享有极高的地位，属于西藏地方政府直属寺

---

[1] 参见《西藏王统记》（藏文版），民族出版社1981年版，第132—133页。

[2] 参见《西藏自治区志·文物志》，中国藏学出版社2012年版，第406页。

院。开展维修工程时，西藏地方政府全权负责，动员其他藏区的力量投入维修。1950 年，察隅、墨脱、工布地区发生强烈地震，布久寺遭受了极大破坏。西藏地方政府为了布久寺灾后维修工程的顺利进行，曾在一两年之内专门下达公文几十份。公文中，对布久寺灾后维修工程需要的木料、石块以及劳工，包括修补壁画的画匠等从何时何处征集，都有详细的指令和筹划。

德木寺（དེ་མོ་དགོན་）

　　德木寺，在清代汉文史料中又写作第穆寺、德摩寺等，是著名的格鲁派寺院，位于西藏林芝市巴宜区米瑞乡境内，由一世帕巴拉活佛创建于 15 世纪下半叶，初名为德木拉卡洛色林寺，简称德木拉卡寺或德木寺，第一任住持为一世帕巴拉活佛的侄子贡觉迥乃。贡觉迥乃曾学习、听闻佛法于拉萨哲蚌寺洛色林札仓的上师绛央列白曲觉尊前，遂成为精通佛法诸经的高僧。由于贡觉迥乃出任德木寺的住持暨上师，由此传承下来的活佛系统称为德木活佛。二世德木活佛班觉扎西，出生于尼洋河流域的工布萨嘎曲康，拜哲蚌寺洛色林札仓大学者索南扎巴为师，勤奋学习诸多显宗经典，学成后主持德木寺的教务。16 世纪末，三世德木活佛拉旺确列南杰，被三世帕巴拉活佛通瓦团丹任命为负责管理工布、波窝境内格鲁派众寺的总寺主。因此，这一时期，德木寺呈现一派欣欣向荣的景象。

　　在德木寺的历史上，四世德木活佛与五世达赖喇嘛阿旺罗桑嘉措有师徒关系，对德木寺的扩建亦贡献颇多。四世德木活佛全名为阿旺格列坚赞，出生于工布地区的扎其玉麦（今西藏林芝市巴宜区巴吉村），曾求学于拉萨哲蚌寺洛色林札仓，成为精通五部大论的高僧。1652 年，即藏历第十一绕迥水龙年，四世德木活佛随五世达赖喇嘛阿旺罗桑嘉措一同前往北京觐见清顺治皇帝。四世德木活佛出任德木寺住持期间，将德木寺由原址鲁朗沟德木拉卡迁至今米瑞乡曲尼贡嘎村。四世德木活佛负责新寺的修建，新寺建在帕巴曲宗[①]，即今天的寺址。新寺未建前，四世德木活佛对寺址进行了考察，见地形上部状如右旋的白海螺，下部犹如乌龟向下爬行，四周如莲花盛开，又呈现八吉祥图案，认为选择此地建寺大吉大利。新寺建成后，主大殿有25柱大小，高3层。弥勒殿有10柱大小，高4层，一、二层为弥勒佛塑像，三层为跳神服饰仓库，四层为活佛居住的房间；另外，二、三层还分别建有供奉合金塑像的佛堂以及司库。五世德木活佛阿旺南喀绛央也出生于工布的扎齐玉麦，曾赴北京参加宗教大典，并圆寂在北京。

1757年，即藏历第十三绕迥火牛年，七世达赖喇嘛格桑嘉措圆寂。出生在布久境内、年届35岁、七世达赖喇嘛格桑嘉措的高徒、六世德木活佛阿旺绛白德列嘉措出任西藏摄政，在新的达赖喇嘛年满18岁亲政前，代理掌管西藏地区的政教事务。从此，德木寺作为西藏摄政的母寺，在西藏各大寺院中享有很大权势和特殊礼遇。寺院拥有大量的庄园和奴户，寺产迅速膨胀。寺院建筑中，新扩建了25柱大小的摄政府邸、25柱大小的德木寺拉章。摄政府邸的附属建筑有活佛起居室、佛堂、贵宾室等。拉章的附属建筑有僧室、密宗殿等。德木寺鼎盛时期，僧众达500余名。

1899年，即藏历第十五绕迥土猪年，发生了八世德木活佛阿旺洛桑赤列绕杰怂恿左右亲信，用"符咒谋害"十三世达赖喇嘛土登嘉措的事件。西藏地方政府对德木活佛进行了严厉的惩罚，决定革除德木活佛的呼图克图封号，不准德木活佛再转世，并没收了活佛拉章及德木寺拥有的众多庄园和寺产。

清末，哲蚌寺洛色林札仓、色拉寺麦札仓、德木寺等僧众，通过西藏地方政府和驻藏大臣上书清廷，认为八世德木活佛是被

---

① 参见第司·桑杰嘉措:《黄琉璃宝鉴》，中国藏学出版社1989年版，第291页。

诬陷、受冤枉的。于是，清廷下达了"复其职权，归还其一切财产"的诏令①，但未能得到贯彻执行。

1912 年，即民国元年，拉萨爆发驻藏前清川军与藏军之间的战斗。由于战斗中，德木活佛在拉萨的官邸祖庙丹吉林寺的僧人协助川军作战，作战结束后，川军返回内地，而活佛属下丹吉林寺的僧人再次受到了西藏地方政府的迫害，丹吉林寺的主体建筑被毁，丹吉林寺和德木寺遍布于堆龙、墨竹、工布等地的庄园、财产再次被没收。

1950 年的"铁虎年墨脱大地震"中，德木寺受到了严重的破坏，后重建，除了少量僧舍外，基本上恢复了原貌。

历史上，德木寺学经传承源自哲蚌寺洛色林札仓，历代德木活佛年轻时攻读佛学知识亦在此札仓。德木寺的佛教仪轨与其他格鲁派寺院大同小异，唯独每年藏历八月二十七日、二十八日举行的法舞（འཆམ），闻名于工布，极具特色。

羌纳寺（ཆབ་ནག་དགོན་）

位于米林县羌纳乡境内。15 世纪下半叶，宗喀巴大师亲传弟子、出生于工布地区的丹巴塔吉在下工布的结果修建寺院，寺名为羌纳日沃甘丹（ཆབ་ནག་རི་བོ་དགའ་ལྡན），开创了修习格鲁派的传统。丹巴塔吉圆寂后，由仁钦南杰出任住持。从第一任住持丹巴塔吉至 17 世纪末，先后经 24 任住持的传承，羌纳寺成为工布地区著名的格鲁派寺院，僧人最多时达 370 余名。②

根据另一寺志，羌纳寺的修建者另有其人。1479 年，即藏历第八绕迥土猪年，由二世达赖喇嘛根敦嘉措的弟子仁钦南杰修建了寺院。据说，当初选择寺址时，地形、地貌多呈现吉祥的

---

① 参见西藏自治区政协文史资料委员会编：《西藏文史资料选辑》（第 8 辑），1986 年出版，第 232 页。

② 参见第司·桑杰嘉措：《黄琉璃宝鉴》，中国藏学出版社 1989 年版，第 290 页。

征兆，寺前大江犹如供奉的法云，寺后山岩形同宗喀巴大师的塑像。寺院建成后，从仁钦南杰开始，逐渐形成了名为夏额瓦（ཞལ་ངར་བ་）的活佛传承，但活佛传承的认定断断续续，20 世纪 50 年代的活佛传承才至五世。二世、三世夏额瓦活佛主持教务时，羌纳寺的主体建筑不断扩大，先后修建了包括大殿在内、面积有 120 多柱子大小的房间。

1950 年"铁虎年墨脱大地震"中，羌纳寺完全被毁。1957 年，移到现址重建寺院，并易名为羌纳梯钦林（ཆབ་ནག་ཐེག་ཆེན་གླིང་）。重建的寺院主体建筑高 2 层，弥勒殿高 3 层，大殿面积有 26 柱，护法殿面积为 8 柱，有僧众 200 余名。"文化大革命"时期，寺院再次遭受破坏，主体建筑被毁。改革开放后，又重建寺院，逐渐形成了今日的规模。现寺院建筑面积 5088 平方米，大殿面积为 1600 平方米，东、西僧房面积 2100 平方米。

历史上，羌纳寺僧人的显宗课程，要赴拉萨入色拉寺麦札仓工布康村学习，密宗传承源自拉萨上密宗院。17 世纪上半叶，七世达赖喇嘛格桑嘉措时期，羌纳寺成为西藏地方政府直接管理的属寺（གཞུང་འབྲེལ་དགོན་པ་），委派一名拉章第巴管理寺院涉及的政教事务，3 年一届。拉章第巴如果在任期内名声较好，又有属民请愿，经西藏地方政府批准可续任。平常的寺院事务由吴载（དབུ་མཛད་）、经师（སློབ་དཔོན་）、格贵（དགེ་བསྐོས་）三方联席负责。有关事务包括严肃寺院戒律、处理日常事务、起草上报给第巴的信函、管理僧众的饮食生活等。

羌纳寺的宗教活动主要有：每年藏历正月，仿效拉萨的传召法会，从正月初三至十五日举行盛大法会。尤其是正月十五日迎请弥勒佛的仪式和当日精彩纷呈的法会供品，闻名于上、下工布。

扎西绕登寺（བཀྲ་ཤིས་རབ་བརྟན་དགོན་）

位于米林县扎西绕登乡境内。15 世纪下半叶，由二世达赖喇嘛根敦嘉措的弟子仁钦南杰修建。传说，仁钦南杰曾在路途上先后遇见两人，一人名为扎西（意为吉祥），另一人名为绕登（意为永固），于是看作一个佛缘，故寺院建成后取名为扎西绕登。

历史上，扎西绕登寺形成了两个活佛系统：扎西绕登活佛和森夏活佛（གཙང་ཤར་སྤྲུལ་སྐུ）。从仁钦南杰传承下来的活佛系统称为扎西绕登活佛，简称扎绕活佛，但这一活佛系统的认定坐床一直处在断断续续之中。从一世活佛仁钦南杰至五世活佛阿旺洛桑曲吉尼玛，相隔 500 余年。阿旺洛桑曲吉尼玛于 1959 年后定居丹麦，在西方建立佛学修习中心，给西方人传授格鲁派教法；1992 年，参加在挪威法尔根举行的第六届国际藏学会；2012 年，在丹麦去世。

另一个活佛系统称为森夏活佛，已传承了四代。一世森夏·益希嘉措、二世森夏·阿旺洛追，皆出生于今扎西绕登乡境内。三世森夏·仁钦赤列出生于桑耶。四世森夏·阿旺洛桑曲吉坚赞出生于今扎西绕登乡的朵喀，现居住于尼泊尔。

历史上，扎西绕登寺有几经毁坏又重建的历史。17 世纪，寺院第二十二代住持扎囊绛巴旺杰时，被火烧毁，后又重建如初。17 世纪末，僧众达 270 余名。1950 年"铁虎年墨脱大地震"中，寺院建筑受到了毁灭性破坏。1957 年，重建了两层高的寺院，规模远不如以往。好景不长，"文化大革命"时期再次遭受破坏。1980 年后，在僧人和信教群众的参与下，寺院得以逐步重建。现占地面积 4861 平方米，建筑面积达 2677 平方米。大殿面积为八柱两层，内殿为弥勒殿。大殿主要供奉有宗喀巴大师三师徒、莲花生大师、释迦牟尼、观世音、一世扎西绕登活佛仁钦南杰、一世森夏·益希嘉措等塑像。内殿主供奉两层高的弥勒塑像，其右供奉三世佛，其左供奉宗喀巴大师师徒三尊。

历史上，寺院僧人学习中观论曾蔚然成风、辉煌一时，后逐渐衰微。一般僧人的显宗课程要赴拉萨三大寺工布康参学习，密宗传承源自拉萨下密院。

扎西绕登寺的宗教活动，主要有每月吉日举行供奉十三面大威德、胜乐、上师等仪轨。平常为护法神等举行酬补仪轨，以弥补祭祀亏缺，酬谢护法神和菩萨的恩泽。[1]

扎西曲林寺（བཀྲ་ཤིས་ཆོས་གླིང་）

历史上称作扎西曲龙寺（བཀྲ་ཤིས་ཆོས་ཁྲུང་དགོན），位于工布江达县嘎旦村，修建于 15 世纪下半叶，是格鲁派早期在今林芝市境内最为知名的寺院之一，也是格鲁派大活佛帕巴拉一世至三世的重要道场。1439 年，即藏历第七绕迥土羊年，出生于娘蒲（今西藏林芝市工布江达县娘蒲乡）的杰瓦帕巴拉，即一世帕巴拉，是 15 世纪格鲁派著名的高僧。他一生中，在龙布、工布、波窝等地先后修建了龙布日沃曲培（ལོང་པོ་རི་བོ་ཆོས་འཕེལ）、龙布尼达塘（ལོང་པོ་ཉི་ཟླ་ཐང）、波窝倾多寺（སྤྲོ་བོ་ཆུ་མདོ་དགོན）、德木罗色林（དེ་མོ་རོ་གསལ་གླིང）、易贡强巴林寺（ཨེ་གོང་བྱིག་ཆེན་བྱམས་པ་གླིང་དགོན）、波堆岗那寺（སྤྲོ་སྟོད་སྒང་ནག་དགོན）、嘎朗寺（ཀ་གནམ་དགོན）等 20 多座格鲁派寺院。其中，扎西曲龙寺是杰瓦帕巴拉修建的第一座格鲁派寺院，也是杰瓦帕巴拉传授佛法的重要道场。

1487 年，即藏历第八绕迥火羊年，杰瓦帕巴拉在措高湖上部的岗囊圆寂。其法体被迎请到扎西曲龙寺，修建了名为扎西沃巴的金质灵塔。从此，该金质灵塔成为扎西曲龙寺最为神圣的宗教圣物。

16 世纪上半叶，出生于工布的二世帕巴拉曾在扎西曲龙寺讲授佛法，举行佛事活动。二世帕巴拉圆寂后，其转世灵童于 1567 年，即藏历第十绕迥火兔年，出生于龙布堆（今西藏林芝

---

[1] 参见第司·桑杰嘉措：《黄琉璃宝鉴》，中国藏学出版社 1989 年版，第 290—291 页。

市工布江达县工布江达镇达帕村一带）。灵童5岁时，被高僧贡确扎巴等人认定为二世帕巴拉的转世灵童，取名为通瓦团丹，迎请到扎西曲龙寺坐床，成为三世帕巴拉。从此，通瓦团丹于28岁前往昌都、登上强巴林寺法座前，主要在扎西曲龙寺学习佛法。通瓦团丹圆寂后，四世帕巴拉·曲吉杰布又出生于龙布堆。1608年，即藏历第十绕迥土猴年，4岁的灵童被迎请到扎西曲龙寺，举行坐床典礼，后来由四世达赖喇嘛云丹嘉措剃度并赐名为"帕巴拉曲吉杰布"，成为四世帕巴拉。

15世纪下半叶，扎西曲龙寺建寺之初，一世帕巴拉委任南喀贝为主持教务的法座。至17世纪末，洛桑坚赞出任法座，有18代法座主持寺院教务，使扎西曲龙寺成为龙布地区佛法昌盛的寺院，僧众达120余名。寺院的显宗学习传承，来自拉萨哲蚌寺洛色林扎仓和色拉寺麦扎仓；密宗的修行传承，最初由一世帕巴拉建立，后逐渐断承，再无修行传承。[1]

扎西曲龙寺原为3层建筑，1层为大经堂和主殿堂，供奉有3层高的弥勒塑像；2层有3间小佛堂、1间僧房、1间库房；3层有4间佛堂。"文化大革命"期间，扎西曲龙寺遭受了严重破坏，寺院建筑被拆毁，寺内的金银佛像、珍贵佛经以及其他文物损失殆尽。1985年开始重建，现寺院建筑为2层：1层为大经堂，2层为新建的灵塔殿、法相殿等。

倾多寺（རྒྱ་མདོ་）

位于波密县倾多镇。倾多意为两河汇水之地，即因地处波堆藏布河及亚龙藏布河汇合之处，故得名。出生于1439年，即藏历第七绕迥土羊年的杰瓦帕巴拉，即一世帕巴拉活佛，曾在波窝地区修建寺院，讲经说法，广招弟子，佛法业绩宏大，成为传

---

① 参见第司·桑杰嘉措：《黄琉璃宝鉴》，中国藏学出版社1989年版，第288页。

播格鲁派教义的知名高僧。15 世纪下半叶，他先后修建了波窝的倾多寺（ སྒྲོ་བོ་ཆུ་མདོ་དགོན་ ）、易贡的帖钦强巴林寺（ ཨེ་གོང་ཐེག་ཆེན་བྱམས་པ་གླིང་དགོན་ ）、波堆的岗那寺（ སྒྲོ་སྟོད་སྒང་ནག་དགོན་ ）、嘎朗寺（ ག་གནམ་དགོན་ ）等 20 多座格鲁派寺院。其中，倾多寺成为波窝境内著名的格鲁派寺院。

13 世纪，直贡噶举派高僧噶瓦当巴（ གྲུབ་ཆེན་མགར་བ་དགའ་བ་ ），修建了波窝第一座寺庙——普龙寺（ ཕུ་ཀླུང་དགོན་ ），并在此修行传教。后来，噶瓦当巴的侄子辈后嗣噶玛前往拉萨色拉寺求学，拜坚赞桑布等高僧为师，学习显、密诸经。噶玛曾向上师表达了在波窝修建一座传承宗喀巴大师教诚的讲经院的愿望。于是，上师派遣弟子桑杰扎巴前往普龙寺，设立了讲经院。后来，普龙寺修习显宗的讲经院僧人和修行密宗的密宗院僧人发生了严重不和事件。这时，正好一世帕巴拉活佛恰达德庆多吉（ ཁྱབ་བདག་བདེ་ཆེན་རྡོ་རྗེ་ ）在波堆藏布和亚龙藏布两河汇合处修建的寺院刚刚奠基。寺院落成后，普龙寺讲经院的僧人迁到了这座新寺。从此，寺院以倾多寺闻名于波窝地区，成为波窝地区最大的格鲁派寺院。17 世纪末，寺院香火鼎盛，僧人曾多达 700 余名。[1]

据说，还没有修建寺院前，噶瓦当巴曾来到两河汇合处察看风水。高僧言道：此处乃是圣十六罗汉聚集之所，神圣异常。观四周地貌，处处呈现吉兆：后山状如佛法圣地灵鹫山，前山状如大象驮宝，周围四山如吉祥八徵；右侧犹如蓝宝石色的河水长流，寓意讲经兴盛、修道昌隆；左侧犹如琉璃似的河水长流，寓意波窝民众心归善道、皈依佛法。后来，把一世帕巴拉活佛为新寺奠基之年，即 1463 年，也就是藏历第八绕迥水羊年，视作倾多寺建成之年，至今已有 550 多年。

---

① 参见第司·桑杰嘉措：《黄琉璃宝鉴》，中国藏学出版社 1989 年版，第 317—318 页。

倾多寺初建之时，主要建筑和殿堂是亚洛拉康（ཡར་ལོ་ལྷ་ཁང་），有大殿、弥勒殿、护法殿及僧舍和净厨（ རུང་ཁང་ ）。大殿面积 36 柱，弥勒殿 4 柱。后来，扩建的布果拉康（ དབུར་མགོ་ལྷ་ཁང་ ）和森康拉康（ གཟིམ་ཁང་ལྷ་ཁང་ ）成为寺院的主建筑。布果拉康主殿面积 12 柱，森康拉康主殿有 8 柱 4 层高。

1911 年，即清宣统三年六月，清军与波密民军之间爆发战争。清军将领凤山率领五路边军向波密进军。第一路彭日升管带率部从硕般多进兵，于六月十日抵达距倾多寺 20 余里处，倾多寺派 3 名僧人代表前来投诚。是日，彭日升所部进驻倾多寺。清军在倾多寺设立了以凤山为首的波密战事督办处。

1932 年，即藏历第十六绕迥水猴年，西藏地方政府收回波密的管辖权后，在倾多新设立了波堆宗，倾多寺隶属于波堆宗管辖。第一任波堆宗宗本拉乌达热·土旦丹达主政时，森康拉康的四五层被拆毁，原因是楼层太高，风势过大，影响建筑物稳定。从此，寺院逐渐衰微。1963 年，在倾多设置西藏自治区第二监狱（简称"二监"）后，倾多寺 4 个佛殿中的森康、亚洛、吉 3 个拉康，成为监狱守军和管理干部的住房及收押犯人的狱房。布果拉康成为僧众从事佛法活动的唯一场所，当时有 40 余名僧人。"文化大革命"时期，寺院大部分建筑被彻底拆毁。森康拉康因为用作粮库，第一层被保存下来，但壁画被毁。1984 年，第二监狱搬迁到他处后，森康拉康能开展正常宗教活动。从 1994 年起，连续重建了亚洛佛殿，新修大殿面积有 16 柱，附属建筑有弥勒殿、护法殿和 16 间僧舍等。

倾多寺的住持或上师传承延续了 500 多年。第一任住持为贡确迥乃，即德木寺第一任住持，兼任倾多寺住持。第七任住持沃卡桑杰桑布时期，佛法昌隆，香火鼎盛，修建了著名的布果拉康。

倾多寺先前的佛教文物主要有释迦牟尼塑像、弥勒塑像、宗喀巴大师塑像，以及高僧灵骨金塔2座、金汁书写的经书100函、合金佛像36座、大藏经《甘珠尔》2套、《般若经》5套、银制佛塔2座、唐卡400多幅等。现供奉的新造或重新收集的佛像中，有1座2层楼高的铜质镀金弥勒塑像、1座高约2层半的释迦牟尼塑像，另有观世音、宗喀巴大师三师徒、密集本尊、尊胜佛母、金刚手等菩萨塑像。

历史上，倾多寺的僧人人数变化较大，最多时达700余名（17世纪末），1959年前后有40余名，现有20余名。寺院的显宗学习传承来自拉萨哲蚌寺洛色林札仓，密宗修行传承源于拉萨上下密院。

塔巴寺（ཐིགས་འབགས་དགོན་）

位于察隅县古玉乡。据说，古玉（མགོ་ཡུལ་）一名源于此地被视作杂隅（今称察隅）地区的源头，故有其名。古玉乃是措珠、果坚、措龙三地合称之名。原先，三地有四座噶举派寺院，即衮钦寺（དགོན་ཆེན་དགོན་）、朵热寺（རོ་ར་དགོན་）、卓寺（འབྲོག་དགོན་）、拉贡寺（ལ་དགོན་དགོན་）。15世纪，宗喀巴大师入门弟子藏巴桑杰班觉（གཙང་པ་སངས་རྒྱས་དཔལ་འབྱོར་）来到古玉，便把四寺合为一体，修建了一座新寺，名为塔巴寺（མཐིལ་བ་དགོན་）。传说，塔巴寺一名，来源于藏巴桑杰班觉建寺之初亲自测量地基，不料，测量过的地基内有一处地面凸出，自然形成了一处高台。于是，藏巴桑杰班觉把寺院建在高台上，故命名为塔巴寺（ཐིགས་འབགས་དགོན་），意即测量引出的高台。

寺院建成后，藏巴桑杰班觉任第一任住持。17世纪下半叶，第十五任住持工布丹真（ཀོང་པོ་དམ་ཚིག）时期，古玉一地隶属于工布德木活佛管辖。当时，五世达赖喇嘛阿旺洛桑嘉措的弟子、四世德木活佛阿旺格列坚赞，奉达赖喇嘛之命来到古玉传播格鲁派教义。当审视塔巴寺的四周风水时，四世德木活佛认为寺址必须位移到险要之处。于是，在塔巴寺以西有林木的高地上修建了一座新建筑，名为桑昂曲廓（གསང་སྔགས་ཆོས་དགོན་）。不久，紧挨着寺院，西藏地方政府修建了一处建筑，为新设的宗政府机构所在地。

从此，寺院名为桑昂曲林，宗政府名为桑昂曲宗（གསང་སྔགས་ཆོས་རྫོང་）。修建寺院和宗政府时，动员了察隅地区2900多民户出力出物，落成后成为闻名康区的寺院与宗政府。

1909年，即清宣统元年，赵尔丰进驻昌都（察木多），赶走了西藏地方政府在东部康区的军事力量，着手在金沙江以西进行改土归流。是年十一月，赵尔丰令边军后营管带程凤翔率部西取桑昂曲宗，为设治做准备。1910年，即清宣统二年的元月一日，程凤翔率部抵达桑昂曲宗，地方官员早已逃走，只见附近塔巴寺的78名僧人和百姓前来投诚。

塔巴寺先前有4座佛殿：祖拉康、尼玛拉康、银质佛像殿和能仁殿。主寺大殿高3层，第二层为长寿殿，第三层是银塔殿。"文化大革命"时期，寺院遭到了彻底破坏，只剩下残墙断垣。1986年，经政府有关部门批准，并下拨3.8万元，在原寺院的老僧人和当地信教群众的积极参与下，先后恢复重建了经堂、银塔殿、长寿殿、护法殿、罗汉殿等。

历史上，塔巴寺作为康区著名的格鲁派寺院，佛法昌隆，香火鼎盛，拥有众多属寺，如左贡境内的亚达寺（གཡར་རྟགས་དགོན་），八宿境内的协塔热寺（བཤད་ད་ར་དགོན་）、加日寺（རྒྱ་རིས་དགོན་），波密境内的日额寺（རི་ཁ་དགོན་）等18座寺院。塔巴寺珍贵的宗教文物众多，其中有木刻版《甘珠尔》两套、金汁书写的《甘珠尔》一套、宗喀巴大师师徒三人金塑像三座、弥勒镀金塑像一座，以及释迦牟尼、文殊菩萨、金刚持菩萨等金质或镀金塑像。

塔巴寺有三个活佛传承系统：季吉（ཆེ་སྐྱིད་）、岗珠（སྣང་གྲུག་）、拉通（སྤྲུག་མཚོང་）。季吉活佛出任住持，传至九世，九世季吉活佛丹增群培去世于 2003 年。岗珠活佛只传了两世。二世岗珠活佛楚臣嘉措于 1945 年，即藏历第十六绕迥木鸡年坐床，后赴拉萨色拉寺学习佛法，1959 年不知所终。拉通活佛也只传了两世，二世拉通活佛去世于 1952 年。

塔巴寺的佛事活动与其他格鲁派寺院大致相同。[①]

仁青崩寺（རིན་ཆེན་སྤུངས་དགོན།）

位于墨脱县墨脱镇仁青崩自然村，是墨脱境内著名的宁玛派寺院。墨脱又名白玛圭（近代汉文史料中写作白马冈，或白玛岗），是藏传佛教传说故事中莲花生大师曾经预言过的佛法秘境，也是宁玛教派传播历史悠久的地方。1796 年，即藏历第十三绕迥火龙年，噶举派大师卓堆林巴（གཏེར་ཆེན་འགྲོ་འདུལ་གླིང་པ་）来到白玛圭，修建了仁青崩寺。卓堆林巴为噶举派伏藏师，出生于 1757 年，即藏历第十三绕迥火牛年，曾拜宁玛派高僧法师达瓦扎巴为师，学习大圆满教义。卓堆林巴一生中，上至冈底斯山、下至嘉绒传播佛法，无数百姓成为他的信徒。

仁青崩寺建成后，成为白玛圭境内藏传佛教的重要道场，是当地群众从事佛法活动的主要场所。1950 年"铁虎年墨脱大地震"前，寺院建筑外形独特，有 12 个房角，2 层楼高。一层大殿面积 12 柱，但二楼的佛堂及房屋如何布局现已无从知晓。"铁虎年墨脱大地震"中，寺院被毁。1951 年重建时，没有达到原先的建筑外形标准和规模，只是新建了 2 层楼的经堂，有 6 柱面积。"文化大革命"中，寺院遭受彻底破坏，建筑被毁，文物丢失已尽。1986 年，在上级主管部门拨款 8 万元基础

---

① 参见第司·桑杰嘉措：《黄琉璃宝鉴》，中国藏学出版社 1989 年版，第 310—311 页。

上，寺院僧人募集钱款，按照被毁前的标准重新修建了寺院，逐渐有今日的布局。

现在仁青崩寺主要供奉的，有莲花生大师塑像、莲花生大师8种化身合金塑像8座。寺院建寺之初修习宁玛派教义，后改宗噶举派。历史上，僧人最多时达60余名，最少时有16名。[①]

---

① 普布多吉主编:《林芝名胜古迹》，人民出版社2017年版，第322页。

大事年表

新石器时期（距今 5000 多年前）

20 世纪 50 年代至 70 年代，我国科学工作者在今西藏林芝市巴宜区（原林芝县）和墨脱县境内，发现了新石器时期的人类骨化石和诸多新石器遗址及石器采集点。

远古时期

根据苯教史书记载，苯教创始人顿巴辛绕·米沃切来到工布，即今西藏林芝市巴宜区、米林县境内传教，遇到了当地"鬼神"的阻挠和反对。顿巴辛绕·米沃切以无边的法力一一征服了那些凶残的"魔鬼"，于是，工布变成一个苯教盛行的地区。

公元前 2 世纪

根据 13 世纪问世的藏文史学名著《弟吾教法源流》记载，波密（波窝）地区出生的一名长相神奇的男儿流落到雅砻，后被雅砻人拥戴为国王，取名聂赤赞普，成为吐蕃国王系的始祖、悉补野邦国的第一代国王。

3 世纪前后

悉补野第七代国王止贡赞普被杀，王子涅奇（后称涅赤）、夏奇（后称夏赤）逃亡到工布。后来，夏奇返回雅砻，重新掌权，成为悉补野第八代国王。而涅奇留居工布，建立政权，成为工布或工域邦国第一代君主，即工噶布王。

6 世纪

西藏高原邦国林立、互不统属，有十二邦国和四十二小邦国之称。其中，著名的"钦域那布古苏"（简称"钦域"）邦国的统治辖境以今西藏林芝市朗县为中心，包括下塔布和上工布地区；"工域邦国"的辖境以今西藏林芝市米林县为中心，包括整个古工布地区，即今巴宜区和米林县大部；与悉补野国王同祖同源的娘尊王建立的"娘域邦国"辖境，以今西藏林芝市工布江达县娘蒲乡一带为中心，包括今工布江达县的大部分地区。以上3个邦国的历史延续了几百年。

6 世纪下半叶

钦域邦国的首领、钦氏家族的钦萨·鲁杰恩莫措，与雅砻悉补野第二十九代国王卓念德如（松赞干布的曾祖父）联姻。从此，奠定了后来200多年间悉补野王族与钦氏家族之间牢固的联姻关系。从而，钦氏家族也成为吐蕃时期权势最为显赫的外戚家族之一，其男性被赞普呼为"尚"（意为母舅），通常出任吐蕃重臣。

7 世纪初

赤伦赞（又称囊日伦赞）赞普亲率精兵万人，由雅砻涉渡大江，攻打森波杰的城堡，灭森波杰邦国于拉萨河（史称吉曲）畔。当时悉补野新征服的疆域，上自帕雍瓦纳（今西藏拉萨市达孜县境内）以下，下至工布直纳以上。自此，工布大部分地区完全置于吐蕃统治之下，但工噶布王统治的工域邦国仍享有相对独立的自治权。

629 年（藏历土牛年，唐贞观三年）

松赞干布登基，首先平息了属邦工布、娘布、塔布、涅泥等地的叛乱。尔后，随着政权的巩固，设置军政一体的区划，把吐蕃本土全境划分成卫茹、约茹、叶茹、茹拉、孙波茹和象雄赤德。其中，约茹有上约茹和下约茹之分。下约茹辖区包括今西藏林芝市巴宜区和朗县、米林两县，由钦氏家族统领。

755 年（藏历木羊年，唐天宝十四年）

钦氏家族凭借国舅身份，在吐蕃的政治舞台上大显身手。是年，钦氏家族首领钦·杰斯修丁开始参与吐蕃军政大事的决策，后与宰相大臣韦·囊热苏赞共同主持了夏季议事厅会议。

同年，赤松德赞继位。其执政期间，应工噶布王的请求，立誓结盟，并把盟文刻石立碑，以期传至万世。此石碑至今依然竖立在西藏林芝市米林县丹娘乡朗嘎村境内。

763 年（藏历水兔年，唐广德元年）

赤松德赞委任钦·杰斯修丁为统兵大将领，与额兰·达扎路恭一起率领吐蕃大军深入唐朝境内，进攻长安和周边地区。是年，钦·杰斯修丁率领的吐蕃军队在周至一带与唐军激战，尔后短暂攻陷了长安。唐代宗李豫遁至陕州。因钦·杰斯修丁战功卓著，赤松德赞授予他最高等级的松耳石告身，并食邑9万民户。

779 年（藏历土羊年，唐大历十四年）

吐蕃第一座三宝俱全的寺院桑耶寺落成。赤松德赞赞普与众臣为弘扬佛教，结盟立誓。钦·杰斯修丁以大相即宰相身份，参加了兴佛盟誓，并在誓文上以首席大臣的身份签署了姓名。

797 年（藏历火牛年，唐贞元十三年）

赤松德赞驾崩，由牟尼赞普嗣位。钦氏家族出身的钦·赞协莱斯官居大臣之位。钦·赞协莱斯作为一名有权势的、代表苯教势力的人物，曾代表苯教徒，参与了一场由王室组织的、著名的佛教与苯教的辩论。辩论中，他以犀利的词语，同佛教代表人物毗若杂那唇枪舌剑，为后世留下一段珍贵的史料。

8 世纪下半叶

著名藏医宇妥·云丹贡布到下塔布（今西藏林芝市朗县）等地培养弟子，教授医学，传授《四部医典》等医学理论和技能，为形成后来的藏医南方学派打下了基础。同时，他在米林、米瑞等地采集草药，开设医学课程，留下了许多至今百姓仍津津乐道的历史遗迹。

800 年（藏历铁龙年，唐贞元十六年）

赤德松赞登基为王。出身于钦氏家族的大将钦·芒杰芒罗官居大臣之位。赤德松赞赞普执政后，应工噶布王的请求，仿效父王赤松德赞的做法，再次与工噶布王立誓结盟，郑重许诺：工噶布王及其子嗣代代享有的地方特权将得到保护，并保证受封的奴隶、农田、牧场三项权益永世不变。刻有盟文的石刻，至今依然留存在西藏林芝市巴宜区米瑞乡玉荣增村内。

841 年（藏历铁鸡年，唐会昌元年）

尊崇佛法、大力维护佛教利益的吐蕃国王赤祖德赞（即赤热巴巾）被杀，达磨嗣位，随即发生灭佛运动，激起了佛教门徒的强烈反抗。

不久，达磨赞普被佛教徒弑杀。他的两个王子沃松和永丹为了争夺王位，互相征战。沃松占据约茹，永丹占据卫茹，史称卫约之争。这种局面逐渐波及吐蕃全境，每处地方都分成两种势力，纷争不断，从而从根本上动摇了吐蕃王朝的根基。

869 年（藏历土牛年，唐咸通十年）

吐蕃全境爆发平民起义。起义首先发端于东部康区，随即蔓延吐蕃全境，史称犹如"一鸟凌空，众鸟飞从"。当吐蕃全境爆发平民起义时，钦域和工布地区有六人响应，史称"钦工六人"。根据史籍记载，钦域平民起义的首倡者是一位杰出的女性——柏萨·阿莫吉。她提出了"不砍干山头，要砍湿人头"的口号，带领起义军在钦域和工布地区攻城拔寨、节节胜利，先是推翻了钦域地区首领的统治，继而攻陷了工噶布王王宫所在地直纳，推翻了工噶布王的统治。

877 年（藏历火鸡年，唐乾符四年）

起义军合谋瓜分吐蕃国王的陵墓，历代吐蕃国王的陵墓被掘，王室后裔四处逃散。至此，吐蕃王朝彻底崩溃，西藏陷入长达 400 余年的封建割据时期。其间，没有一种政治势力建立过统一的地方政权。

9 世纪末

在封建分裂、割据时期，吐蕃腹地形成了 10 个割据的地方小政权。今西藏林芝市辖境在这一时期无统一的政权体制，工布、娘布等地仍由工噶布王和娘尊王的后裔统治。其他一些地方，则由新兴的地方势力集团统治。

11 世纪

根据史籍和民间传说，工噶布王的后裔阿吉王在工布羌纳一带崛起，曾统治过今西藏林芝市巴宜区和米林县的大部分辖境。

1142 年（藏历第二绕迥水狗年，南宋绍兴十二年）

藏传佛教噶举派达隆支系的创始人唐巴扎西贝（1142—1210年）出生。后来，他在塔布地区（今西藏林芝市朗县、山南市加查县一带）讲经收徒，传授噶举派达隆支系的法门。

1211 年（藏历第四绕迥铁羊年，南宋嘉定四年）

藏传佛教噶举派的著名僧人藏巴嘉热·益西多吉（1161—1211年）圆寂。他生前将藏区与珞瑜交界处的杂日山指认为藏传佛教密宗的上乐金刚圣地，开创了称为"杂日绒果"的大型转山巡礼的先河。从此，每年来此转山、朝拜圣地的信徒络绎不绝。尤其在每隔 12 年的猴年，转山规模宏大，朝圣者达数万人。

1244 年（藏历第四绕迥木龙年，南宋淳祐四年）

藏传佛教萨迦派首领萨迦班智达，赴凉州与蒙古王子阔端会面，成功商谈了西藏地区接受蒙古汗王统治的相关条件。其后，蒙古汗王支持的萨迦派在西藏建立了萨迦地方政权。

1271 年（藏历第五绕迥木龙年，元至元八年）

元朝正式对西藏地区行使管辖权。西藏地区成为元朝的一个行政区域，名为乌思藏纳里速古鲁孙等三路宣慰使司都元帅府，其辖境包括今林芝市在内的西藏自治区大部分地区（今西藏昌都市辖区除外）。

1303 年（藏历第五绕迥水兔年，元大德七年）

三世噶玛巴·然琼多吉受比丘戒律，尔后游历各地，遍访圣迹；尤其是应工布地区广大信徒恳请，多次前去讲经说法、摸顶赐福，赢得了当地无数信徒的虔诚敬仰。这为后来藏传佛教噶玛噶举派在工布地区广泛传播、几代后世噶玛巴在工布地区驻锡传教，奠定了基础。

1330 年（藏历第六绕迥铁马年，元至顺元年）

根据苯教典籍《斯米》（ བཟེར་མིག ）记载，是年，苯教修行师日瓦珠赛开启了在工布地区苯日山转山巡礼的先河，至今已有600多年的历史。

1339 年（藏历第六绕迥土兔年，元至元五年）

三世噶玛巴·然琼多吉圆寂。其高徒格桑同珠在察隅境内修建有衮钦（ དགོན་ཆེན ）、朵热（ རོར་དགོན ）、拉衮（ ལ་དགོན ）、卓衮（ འབྲོག་དགོན ）等4座寺院。后来，四寺合并为一座寺院，称为塔巴寺。

1354 年（藏历第六绕迥木马年，元至正十四年）

西藏地方政权发生更替。帕木竹巴万户府首领绛秋坚赞推翻了萨迦地方政权，建立了帕木竹巴地方政权。今西藏林芝市大部分辖区隶属于帕木竹巴地方政权。

1362 年（藏历第六绕迥水虎年，元至正二十二年）

四世噶玛巴·瑞白多吉从元朝京师返回西藏。途中，他应工布地区广大信徒的一再虔诚之请来到工布，讲经传法，赐福地方。其间，瑞白多吉巡礼工布和塔布交界之地的、上辈噶玛巴未曾巡礼过圣迹的"杂日措噶"时，从东面的米木孔山口择路，创造了转游此山的先例。

1368 年（藏历第六绕迥土猴年，明洪武元年）

朱元璋建立明朝。明朝对西藏的统治基本沿用元代制度，设立乌思藏卫指挥使司，管理西藏中部地区。今西藏林芝市隶属于乌思藏卫指挥使司管辖。

1383 年（藏历第六绕迥水猪年，明洪武十六年）

四世噶玛巴·瑞白多吉从雪卡启程，经娘布来到北方，于当年藏历七月三日圆寂，享年 44 岁。

1384 年（藏历第六绕迥木鼠年，明洪武十七年）

五世噶玛巴·得银协巴生于娘当（今西藏林芝市工布江达县娘当村），1 岁多时被迎请到工布的则拉岗驻锡。

1385 年（藏历第六绕迥木牛年，明洪武十八年）

明廷诏令设置必力工瓦万户，即直贡万户府，其辖地含今西藏林芝市朗县、山南市加查县境内的一些地区。

1403 年（藏历第七绕迥水羊年，明永乐元年）

明永乐皇帝闻得五世噶玛巴·得银协巴的大名，特遣司礼监少官侯显和高僧智光等人持诏书进藏迎请。

1407 年（藏历第七绕迥火猪年，明永乐五年）

年初，五世噶玛巴·得银协巴经长途跋涉抵达京师（今南京）。永乐皇帝派遣驸马、都尉沐昕前去迎接，尔后在华盖殿设宴赐见。

三月，得银协巴在京师灵谷寺设道场，"建普度大斋，资福太祖高皇帝、孝慈高皇后"。

四月，永乐皇帝敕封得银协巴为"万行具足十方最胜圆觉妙智慈善普应佑国演教如来大宝法王西天大善自在佛领天下释教"，并赐印、诰。从此，"大宝法王"之名闻名于藏区。

1408 年（藏历第七绕迥土鼠年，明永乐六年）

五世噶玛巴·得银协巴一行在中原逗留了 1 年 3 个月之后，

离开京师起程归藏，明廷仍派侯显护送。永乐皇帝要求，凡日后有朝廷"遣使往迎，祈望当召赴得银协巴一行"。

1409 年（藏历第七绕迥土牛年，明永乐七年）

五世噶玛巴·得银协巴从明朝京都回到藏区。途中，他朝礼圣迹、讲经说法、修缮庙宇、教化群生；尔后，来到楚布寺驻锡。

1413 年（藏历第七绕迥木马年，明永乐十一年）

藏传佛教噶举派直贡支派（明史称其为必力工瓦）首领被明朝中央政府封为阐教王，其辖地包括今西藏林芝市朗县的部分地区。

1415 年（藏历第七绕迥木羊年，明永乐十三年）

八月，五世噶玛巴·得银协巴突然感到不适，并在八月十五日圆寂，年仅 32 岁。他患病期间，近侍弟子举行长寿仪轨，祈祷大师久住世间。大师却明确表示他即将圆寂，并预言其转世灵童将诞生在朵康地区的噶玛附近。他嘱咐贴身近侍保管好所有书籍、佛像及法器，言及将有一名新主人前来认领。

1422 年（藏历第七绕迥水虎年，明永乐二十年）

六世噶玛巴·通瓦团丹 7 岁时，经巴松（扎松）来到则拉岗驻锡。工布地区成千上万僧俗信徒，目睹了五世噶玛巴·得银协巴转世灵童的尊容。此后，从虎年至马年（1422—1426 年），通瓦团丹在杂日神山的各处圣迹朝圣巡游。

1439 年（藏历第七绕迥土羊年，明正统四年）

苏喀瓦·娘尼多吉出生于下塔布的拉多（今西藏林芝市朗县拉多乡）。娘尼多吉是著名藏医药家、藏医南方学派的创始人，著有《医典释难——宝镜千万舍利》《四部医典广泛·水晶彩函》《药味论》等多部医学著作。

15 世纪中叶

藏传佛教香巴噶举派著名高僧唐东杰波，在今西藏林芝市米林县南伊乡境内为修建铁索桥，锻造了大量铁制套环。同一个时期，唐东杰波的女弟子曲吉卓美（一世多吉帕姆活佛）在南伊沟修建寺院，潜心修行。

1453 年（藏历第八绕迥水鸡年，明景泰四年）

六世噶玛巴·通瓦团丹一生中长期在工布地区驻锡传教，留下了许多传奇故事。是年元月，他圆寂在工布的则拉岗。

1459 年（藏历第八绕迥铁龙年，明天顺三年）

是年，七世噶玛巴·曲扎嘉措的行辕在工尊德木山（工布地区的著名神山）前坝上欢度新年时，今西藏林芝市巴宜区米瑞乡玉荣增村一带的一名豪门施主前来朝拜，并献上了百匹良马。

1475 年（藏历第八绕迥木羊年，明成化十一年）

是年，七世噶玛巴·曲扎嘉措驻锡楚布寺时，因拉萨附近发生教派冲突，便移驻工布的则拉岗。在驻锡工布期间，他巡访了上辈诸位噶玛巴留下足迹的众多圣迹，诸如那普、巴松、雪卡等地，调解了工布与波窝之间的纷争。他还应波窝信徒之请，经鲁朗，到倾多、易贡、玛库塘等地讲经说法。

1504 年（藏历第八绕迥木鼠年，明弘治十七年）

七世噶玛巴·曲扎嘉措决意闭关修行 3 年。他修行期间，工布信徒无法谒见上师的尊容，故民间广泛盛传上师已入寂。

1506 年（藏历第八绕迥火虎年，明弘治十九年）

是年新年过后，七世噶玛巴·曲扎嘉措应弟子、信徒恳请，在工布结束闭修，出关接见成千上万的信徒，并摸顶赐福，不久便安然入寂。

1523 年（藏历第九绕迥水羊年，明嘉靖二年）

新年节庆后，八世噶玛巴·弥觉多吉应工布地区高僧、施主和信徒的一再邀请，从康区到达工布的德木、布久等地传法，受到了虔诚的供奉。此后 10 多年间，弥觉多吉驻锡则拉岗和工布其他地方，一方面专心著述，另一方面向弟子巴卧等藏传佛教噶举派高僧讲授噶举派经典。

1536 年（藏历第九绕迥火猴年，明嘉靖十五年）

八世噶玛巴·弥觉多吉随行辕从则拉岗出发到巴松观湖，尔后前往直贡。从此，弥觉多吉再也没有回到工布，一直在恰域、曲水、塔布、琼结、塘波齐等地讲经说法。

1570 年（藏历第十绕迥铁马年，明隆庆四年）

九世噶玛巴·旺秋多吉首次启程前往塔布、工布，并在是年冬天抵达塔布。工布上下的寺院和施主听到旺秋多吉已经莅临塔布的消息后，纷纷派人献茶、献礼，恭请旺秋多吉前去朝拜圣迹，教化群生，为地方加持赐福。

此后 4 年间，旺秋多吉一直在工布讲经收徒，朝礼圣迹，给信徒摸顶加持。同时，他在工布的行辕建立学经堂，集中了一批年轻僧徒学习佛教各法门经典。

1585 年（藏历第十绕迥木鸡年，明万历十三年）

享誉藏区的藏传佛教宁玛派传奇性高僧、伏藏师仁增嘉村宁布出生于瓦如纳彩，即今西藏林芝市工布江达县巴河镇政府驻地。

1591 年（藏历第十绕迥铁兔年，明万历十九年）

九世噶玛巴·旺秋多吉及其行辖第三次前往工布、波窝地区巡游。此后在长达 9 年的时间里，旺秋多吉一面传教，一面出资建寺，弘扬藏传佛教噶玛噶举派教法。同时，他在驻锡地则拉岗给六世噶玛夏玛巴讲授各种教法，授予多种灌顶教诫。大约 45 岁时，旺秋多吉离开工布前往桑珠孜（今西藏日喀则市）。

17 世纪初

古如南杰家族从今西藏林芝市朗县仲达镇境内开始发迹，成为塔布地区最负盛名的地方豪族，其统治的辖境包括今朗县、加查县大部分地区，一度与仁蚌家族、藏巴家族齐名于西藏政坛。

1618 年（藏历第十绕迥土马年，明万历四十六年）

西藏地方政权发生更替，藏巴第斯（汉文史料中称为藏巴汗）彭措南杰占据卫藏大部分地区，推翻了名为帕木竹巴、实为仁蚌家族统治的政权。于是，今林芝市大部分辖境置于藏巴第斯政权之下。

1631 年（藏历第十一绕迥铁羊年，明崇祯四年）

四世德木·阿旺格列坚赞出生于工布地区的扎其玉麦（今西藏林芝市巴宜区巴吉村附近），由四世班禅罗桑确吉坚赞认定为三世德木活佛的转世灵童，由五世达赖喇嘛阿旺洛桑嘉措授给比丘戒、赐给法名。

1642 年（藏历第十一绕迥水马年，明崇祯十五年）

五世达赖喇嘛阿旺洛桑嘉措在青海蒙古和硕特部落首领固始汗的武力帮助下，推翻了藏巴第斯政权，建立了甘丹颇章地方政权，并派兵征服了工布地区。

1648 年（藏历第十一绕迥土鼠年，清顺治五年）

五世达赖喇嘛阿旺洛桑嘉措的高徒、四世德木·阿旺格列坚赞，在今西藏林芝市察隅县境内修建桑昂曲林寺。接着，西藏地方政府在同一地方设立了宗一级地方机构——桑昂曲宗。

1652 年（藏历第十一绕迥水龙年，清顺治九年）

三月，五世达赖喇嘛阿旺洛桑嘉措从拉萨启程进京，于年底到达北京。五世达赖喇嘛阿旺洛桑嘉措的高徒、四世德木·阿旺格列坚赞随行进京觐见顺治皇帝，次年返藏。

1662 年（藏历第十一绕迥水虎年，清康熙元年）

由于工布地区原是藏传佛教噶玛派势力雄厚的地区，甘丹颇章政权初建之始，还没有建立完整的宗谿体制。是年，工布发生叛乱，西藏地方政府摄政赤列嘉措派兵镇压，恢复了工布地区的统治秩序。

1663 年（藏历第十一绕迥水兔年，清康熙二年）

西藏地方政府正式设立则拉岗宗，委派一僧一俗两名宗本进行管理，任期 3 年。此后，又陆续设立了觉木宗、雪卡宗。

1670 年（藏历第十一绕迥铁狗年，清康熙九年）

五世德木·阿旺南喀绛央出生于工布的扎其嘉囊（今西藏林芝市巴宜区巴吉村一带），由五世达赖喇嘛阿旺洛桑嘉措剃度并赐法名，又在五世班禅洛桑益希尊前受沙弥戒、比丘戒。后来，他圆寂在北京。

1673 年（藏历第十一绕迥水牛年，清康熙十二年）

离开西藏长达 30 年的十世噶玛巴·曲英多吉，以及在绛域（云南丽江）出生的六世噶玛巴红帽活佛的转世灵童回到拉萨。五世达赖喇嘛阿旺洛桑嘉措会见了他们。此举标志着藏传佛教格鲁派和噶玛噶举红帽派之间消除了敌对状态，自此相安无事。

1678 年（藏历第十一绕迥土马年，清康熙十七年）

是年，德木寺的分寺分布于工布、波窝等地。

1700 年（藏历第十二绕迥铁龙年，清康熙三十九年）

塔布地区（今西藏林芝市朗县、山南市加查县一带）发生地震，出现发出巨响、火焰闪动等奇异的自然现象。

1717 年（藏历第十二绕迥火鸡年，清康熙五十六年）

蒙古准噶尔部派军队侵扰西藏。江达（今西藏林芝市工布江达县）籍贵族阿尔布巴·多吉杰布率领当地民军，设卡抵御准噶尔军队入侵。这一时期前后，西藏地方政府的公文中把则拉岗宗、觉木宗、雪卡宗、江达宗合称为工布四宗。

1720 年（藏历第十二绕迥铁鼠年，清康熙五十九年）

清康熙帝派清军入藏，驱逐侵占西藏的蒙古准噶尔部军队。当清军兵至嘉黎（拉里），进攻盘踞在直贡、墨竹工卡一带的准噶尔军队时，江达籍贵族阿尔布巴·多吉杰布率 2000 多名民军协助清军作战，准噶尔军队兵败逃窜。阿尔布巴·多吉杰布因所立战功，被清朝授予贝子之衔，不久又升任西藏地方政府噶伦。

是年，清朝在昌都至拉萨的川藏大道上正式设立 3 个粮台塘汛：硕般多、嘉黎、江达。其中，嘉黎、江达两汛由前藏游击统领，硕般多一汛由察木多（即昌都）游击辖制。

1723 年（藏历第十二绕迥水兔年，清雍正元年）

六世德木·阿旺绛白德列嘉措出生于工布布久一个叫作仲麦（今西藏林芝市巴宜区布久乡境内）的村庄。他被认定为上辈德木活佛的转世灵童后，被迎请到德木寺供养，后来成为博学多才的高僧和七世达赖喇嘛格桑嘉措十分看重的高徒。

1726 年（藏历第十二绕迥火马年，清雍正四年）

清朝在江达设外委一员，率兵驻防，经管塘汛事宜。地方事务则仍由西藏地方政府管辖，委派有两名宗本。

1727 年（藏历第十二绕迥火羊年，清雍正五年）

阿尔布巴、隆巴鼐、扎尔鼐等三名前藏噶伦为了争夺政治权力，合谋杀害了西藏地方政府后藏籍首席噶伦康济鼐，随即发生了前、后藏战争。后藏噶伦颇罗鼐从后藏起兵攻打前藏，阿尔布巴、隆巴鼐、扎尔鼐三人战败被擒。阿尔布巴及三个儿子同隆巴鼐、扎尔鼐等人一起，以谋反罪被清廷诛杀。

18 世纪中叶

原住在今不丹的一些百姓开始东迁，进入白玛岗地区定居下来。其后，又有达旺（门隅的核心地带，今位于印度非法占领的所谓"阿鲁纳恰尔邦"境内）一带的部分门巴人沿雅鲁藏布江而下，分别翻越多雄拉、德阳拉和鲁霞拉等山进入墨脱境内，迁徙到白玛岗定居。

1748 年（藏历第十三绕迥土龙年，清乾隆十三年）

清廷在江达重新设置外委一员，管理钱粮塘汛事宜，并驻兵46 名以资镇守。

1757 年（藏历第十三绕迥火牛年，清乾隆二十二年）

七世达赖喇嘛格桑嘉措圆寂后，六世德木·阿旺绛白德列嘉措奉旨出任摄政，代理掌管西藏地方政教事务，成为清代西藏历史上的第一个摄政。

1759 年（藏历第十三绕迥土兔年，清乾隆二十四年）

清朝赐给六世德木·阿旺绛白德列嘉措"管理黄教巴勒布诺门汗"名号，并拥有皇帝授予的金字银印。

1760 年（藏历第十三绕迥铁龙年，清乾隆二十五年）

八世达察·济咙呼图克图出生在波窝的尼确村（今西藏林芝市波密县扎木镇通木行政村尼足自然村），由六世班禅罗桑巴丹益西认定为前世达察活佛的转世灵童，并赐名益希罗桑丹白贡布。

1780 年（藏历第十三绕迥铁鼠年，清乾隆四十五年）

八世达赖喇嘛绛白嘉措，委派工布地区的藏族僧人岗布巴·邬坚卓堆林巴到白玛岗传教。由于宗教和文化上的冲突，藏族、门巴族与珞巴族之间发生了尖锐矛盾，珞巴族头人被波窝嘎朗第巴派来的人所害。后来，通过几次与珞巴族的谈判，最终征得珞巴族同意，藏族和门巴族修建了藏传佛教寺院——仁青崩寺，全名为"德旺仁青崩"。

1791 年（藏历第十三绕迥铁猪年，清乾隆五十六年）

八世达察·济咙呼图克图益希罗桑丹白贡布出任西藏地方政府代理摄政。是年，在清军驱逐入侵西藏的廓尔喀军队的战争中，作为代理摄政的八世达察活佛与八世达赖喇嘛绛白嘉措一起，积极配合前方清军的军事行动，组织动员后方力量向前线提供了有力的支持。

1793 年（藏历第十三绕迥水牛年，清乾隆五十八年）

在代理摄政八世达察活佛的协助下，清朝将军福康安、驻藏大臣和琳，与西藏地方政府共同议定了著名的《钦定藏内善后章程》（简称《二十九条章程》）。

1804 年（藏历第十三绕迥水牛年，清嘉庆九年）

八世达赖喇嘛绛白嘉措圆寂。八世达察活佛正式出任西藏地方政府摄政，与清朝驻藏大臣共同主持了九世达赖喇嘛隆多嘉措的坐床典礼。

1811 年（藏历第十四绕迥铁羊年，清嘉庆十六年）

七世德木·阿旺洛桑土丹晋美嘉措出任西藏地方政府摄政，清廷赐给他"额尔德尼诺门汗"的名号。

1830 年（藏历第十四绕迥铁虎年，清道光十年）

西藏地方政府对卫藏地区，包括今林芝市巴宜区以及米林、工布江达、朗县等三县辖境内的土地、民户，进行调查核定，制定了《铁虎年清册》。

1833 年（藏历第十四绕迥水蛇年，清道光十三年）

波窝嘎朗第巴属下豪族唐堆扎布挑起地方事端，并越境在达宗（今西藏昌都市边坝县）境内，抢劫来往于川藏官道的官方信使和民间商旅，严重扰乱了地方安宁。次年，西藏地方政府派兵清剿。由于波窝地区山高林密，地形十分险峻，战事费时3年。

1836 年（藏历第十四绕迥火猴年，清道光十六年）

清军配合西藏地方政府派遣的藏军平定了波窝战乱，处死唐堆扎布，恢复了地方安宁。战事结束后，清道光皇帝下令嘎朗第巴统领波窝事务。西藏地方政府对原管理的部分宗，不再委派官员负责税收和地方治安，转由嘎朗第巴自行管理。

1876 年（藏历第十五绕迥火鼠年，清光绪二年）

在塔布的朗村，即今西藏林芝市朗县曲江冲康村出生了一名男婴，被认定为十二世达赖喇嘛赤列嘉措的转世灵童。

1877 年（藏历第十五绕迥火牛年，清光绪三年）

经八世班禅丹白旺秋等人公秉，由清朝驻藏大臣转奏，清光绪皇帝批准，十二世达赖喇嘛赤列嘉措的转世灵童、出生于塔布朗村的男婴免予金瓶掣签，为十三世达赖喇嘛，取名为土登嘉措。

1879 年（藏历第十五绕迥土兔年，清光绪五年）

十三世达赖喇嘛土登嘉措，在拉萨布达拉宫举行坐床大典。

1880 年（藏历第十五绕迥铁龙年，清光绪六年）

门巴族与珞巴族发生大规模械斗，门巴族首领诺诺拉求助于波窝嘎朗第巴。于是，嘎朗第巴派遣民军援助门巴族。最终，珞巴族战败。后经双方在仁青崩寺谈判，门巴、珞巴两族同意一如既往，和睦相处；并确定仰桑河以上，由嘎朗第巴管辖。从此，嘎朗第巴成为白玛岗地区的实际统治者。

1881 年（藏历第十五绕迥铁蛇年，清光绪七年）

波窝嘎朗第巴扎布·索朗央坚，在墨脱的地东村建立地东宗，并委任门巴族头人诺诺拉担任地东宗第一任宗本，任职 3 年。

1885 年（藏历第十五绕迥木鸡年，清光绪十一年）

九月，由于十三世达赖喇嘛土登嘉措未成年，按照定制，八世德木·阿旺洛桑赤列绕杰奉清光绪帝圣旨任摄政，掌管西藏地区政教事务。

1895 年（藏历第十五绕迥木羊年，清光绪二十一年）

十三世达赖喇嘛土登嘉措亲政，八世德木·阿旺洛桑赤列绕杰辞去西藏地方政府摄政职务。

1899 年（藏历第十五绕迥土猪年，清光绪二十五年）

西藏政坛发生与八世德木·阿旺洛桑赤列绕杰关系密切的僧人，用符咒谋害十三世达赖喇嘛土登嘉措的事件。受其牵连，八世德木·阿旺洛桑赤列绕杰被革除呼图克图名号。西藏地方政府宣布禁止德木活佛系统转世，并没收了德木活佛在拉萨的驻锡寺丹吉林寺和德木活佛拉章的全部财产。

1901 年（藏历第十五绕迥铁牛年，清光绪二十七年）

九世德木·丹增嘉措出生在江达宗阿沛鲁定村（ རྒྱ་ཞིངས་ ）。后来，十三世达赖喇嘛土登嘉措确认其九世德木活佛的身份，但他失去了呼图克图一级的大活佛等级。

1905 年（藏历第十五绕迥木蛇年，清光绪三十一年）

嘎朗第巴在甲琼建立嘎朗央宗（位于非法的"麦克马洪线"以南），察隅藏族人居美出任嘎朗央宗第一任宗本（1905—1908 年）。

1907 年（藏历第十五绕迥火羊年，清光绪三十三年）

清廷任命赵尔丰为川滇边务大臣。赵尔丰首先在康区设立州、县，任命委员。今西藏林芝市察隅境内设有两个委员：桑昂委员和察隅（杂瑜）委员。

1909 年（藏历第十五绕迥土鸡年，清宣统元年）

清军入藏。西藏地方政府派代本（清史中写作戴奔）江堆夺吉率藏军驻守江达，抗拒清军，并与清军标统陈庆率领的官兵发生战斗。藏军战败，退守墨竹工卡。清军管带张鸿升领兵乘胜追击，直抵拉萨。

1910 年（藏历第十五绕迥铁狗年，清宣统二年）

清军管带陈渠珍率部从德木（德摩）翻山，经鲁朗孤军东进，在冬九一带与波密民军交战，陈渠珍兵败。清朝驻藏大臣联豫电请川滇边务大臣赵尔丰出兵增援，攻打波密。赵尔丰命边军从硕般多、洛隆、桑昂曲宗进军波密。

六月末，边军攻陷波密，与驻藏清军长官罗长裿会师于易贡。嘎朗第巴白玛才旺逃亡白玛岗，被当地人诱杀。

1911 年（藏历第十五绕迥铁猪年，清宣统三年）

英国军官贝尔未经许可闯入中国察隅境内，从事非法活动。是年，清军左参赞罗长裿在波密、冬九设县，在白玛岗设治局。不久，辛亥革命爆发，结束了清朝封建专制统治。波密、冬九、白玛岗的相关设治随即夭折。

1912 年（藏历第十五绕迥水鼠年，民国元年）

拉萨发生留守的前清川军与藏军之间的战斗，德木活佛在拉萨的祖寺丹吉林寺的僧人协助川军作战。战事结束后，西藏地方政府没收了丹吉林寺的财产，取消了德木活佛的大活佛等级。

同年，西藏地方政府在洛隆宗成立朵麦基巧，总管东部藏区军政事务。

1913 年（藏历第十五绕迥水牛年，民国二年）

民国政府设川边特别行政区，划泸定以西 32 县为川边特别行政区，设置委员，统一县治。川边特别行政区中，拟在金沙江以西新设 13 个县。其中，位于今西藏林芝市境内的，有波密、桑昂曲宗、察隅（即杂隅）、太昭等 4 个县。

1914 年（藏历第十五绕迥木虎年，民国三年）

由于民国初期中原地区时局动荡，民国政府在金沙江以西新设 13 个县的计划未能在大部分地区实现，包括波密、太昭等地。波密大部分仍归嘎朗第巴统治，太昭由西藏地方政府设立的江达宗管理。

1917 年（藏历第十五绕迥火蛇年，民国六年）

藏军与驻昌都的彭日升统领的川军在类乌齐开战，彭日升战败投降，川军余部退回四川。金沙江以西地区包括桑昂曲宗、察隅等地，尽数落入西藏地方政府手中。

1926 年（藏历第十五绕迥火虎年，民国十五年）

西藏地方政府委任四品僧官堪穷（僧官品级）茹擦·贡布索

南，为波密、白玛岗地区的商务总管。茹擦·贡布索南在波密地区任职的 3 年间，残酷压榨当地百姓，激起民众反抗，从而引发西藏地方政府征讨波密嘎朗第巴的战争。

1928 年（藏历第十六绕迥土龙年，民国十七年）

波密嘎朗第巴旺钦杜堆起兵反抗西藏地方政府，杀死驻波密曲宗达兴的藏军代本达那及 20 余名藏兵。西藏地方政府随即派大军前往四面围剿。经两天战斗，波密民军战败，西藏地方政府收复波密全境。旺钦杜堆经白玛岗逃亡印度。

1931 年（藏历第十六绕迥铁羊年，民国二十年）

末代波密嘎朗第巴旺钦杜堆病死在印度阿木桑邦。

1932 年（藏历第十六绕迥水猴年，民国二十一年）

是年，波密事件平息后，西藏地方政府派人到波密，清查户口，核定税额。同时，设立驻曲宗的基巧，总管波密地区。下设波堆（又称倾多宗，位于上波密地区）、易贡（又称波麦，位于下波密地区）、曲宗等 3 个宗。

1933 年（藏历第十六绕迥水鸡年，民国二十二年）

藏历十月三十日，十三世达赖喇嘛土登嘉措圆寂。国民政府追封他为"护国弘化普慈圆觉大师"。

1934 年（藏历第十六绕迥木狗年，民国二十三年）

热振活佛出任西藏地方政府摄政，将没收的德木活佛系统的财产、谿卡（庄园）归还德木活佛的拉章（拉萨丹吉林寺），并允许重建被毁坏的丹吉林寺及德木活佛拉章。

1950 年（藏历第十六绕迥铁虎年）

8 月 5 日，察隅发生强烈地震。根据仪器记录，震级为里氏 8.6 级，震中烈度为 11 度。强震给察隅、墨脱、工布（今西藏林芝市巴宜区和米林县辖境）造成了重大伤亡和财产损失。

12 月 12 日，昌都战役结束后，中国共产党西藏工作委员会在四川甘孜召开会议，决定从中国人民解放军第 18 军 53 师中抽调部分干部与战士负责波密地区的工作。